通学问法

北大法学院"全球教席"学者讲座精编

北京大学法学院　编

法律出版社
北京

图书在版编目(CIP)数据

通学问法：北大法学院"全球教席"学者讲座精编 / 北京大学法学院编. -- 北京：法律出版社, 2024
ISBN 978-7-5197-8271-9

Ⅰ. ①通… Ⅱ. ①北… Ⅲ. ①法学-文集 Ⅳ. ①D90-53

中国国家版本馆CIP数据核字(2023)第168455号

通学问法:北大法学院"全球教席"学者讲座精编
TONGXUE WENFA:BEIDA FAXUEYUAN "QUANQIU JIAOXI" XUEZHE JIANGZUO JINGBIAN

北京大学法学院 编

责任编辑 陆帅文
装帧设计 贾丹丹

出版发行 法律出版社
编辑统筹 法律教育出版分社
责任校对 杨锦华
责任印制 刘晓伟
经　　销 新华书店

开本 710毫米×1000毫米 1/16
印张 16.75　字数 253千
版本 2024年1月第1版
印次 2024年1月第1次印刷
印刷 北京盛通印刷股份有限公司

地址:北京市丰台区莲花池西里7号(100073)
网址:www.lawpress.com.cn
投稿邮箱:info@lawpress.com.cn
举报盗版邮箱:jbwq@lawpress.com.cn

销售电话:010-83938349
客服电话:010-83938350
咨询电话:010-63939796

书号:ISBN 978-7-5197-8271-9　定价:58.00元
凡购买本社图书,如有印装错误,我社负责退换。电话:010-83938349

编写说明

作为中国现代法学教育的摇篮，北京大学法学院（以下简称北大法学院）在100余载的历史进程中，始终担负着培养兴国安邦之才的重任。习近平总书记把坚持统筹推进国内法治和涉外法治作为全面依法治国的重要战略之一。在中华民族伟大复兴战略全局和世界百年未有之大变局的历史交汇期，培养高素质涉外法治人才对推进我国法治建设、应对内外部挑战、实现民族复兴伟业具有重要意义。北大法学院以实际行动落实全面依法治国战略，致力于培养通晓国际规则、周全应对涉外法律挑战、在国际合作与竞争中维护国家利益和国民福祉的卓越涉外法治人才。

发轫于北大百廿校庆（2018年）之际的全球教席计划是北大法学院推进涉外法治人才培养的鲜明例证。北大法学院充分挖掘国际化教学资源，创立了中国高校法学院中第一个“全球教席”（Global Faculty）项目，聘请来自耶鲁大学、斯坦福大学、牛津大学、东京大学等世界著名法学院和机构的22位全球顶尖学者担任教席。他们定期来北京大学讲授国际法律课程，担任优秀学生的国际导师，与中国学者开展学术交流与合作研究。

面对新冠疫情冲击，北大法学院坚守初心使命，坚持守正创新，于变局中开新局。北大法学院充分利用互联网技术，将全球教席计划“搬到”线上，精心打造了全球教席“云课堂”项目，由全球教席学者围绕国际前沿热点法律问题开展线上讲座。项目的所有参与者共同致力于打造一场场深度与广度兼具的高质量课程。全球教席学者们克服时差、技术等重重阻隔，精雕细琢每一场讲座的每一个细节，提出回应时代呼声的问题，与听众们深入交换意见，以全局性的战略眼光与广博的国际化视野洞悉问题，拓宽解决问题的思路。学院教师们就讲座主题与开讲学者共同反复打磨，并在讲座现场分享中国学者的真知灼见。项目执行团队为每一场讲座精心设计个性化海报，利用多种媒介进行“地毯式”宣传，并及时呈现讲座的文字实录内容。互联网的开放性与包容性也为教学资源共享提供了更多可能。讲座除北大法学院学生参与之外，更吸引了诸多其他院校师生、法律实务工作者以及社会公众的广泛关注与参与。

值此全球教席计划创办五周年之际，北大法学院在征求教席学者与评议人的意见后，决定对2020年以来举办的58场“云课堂”讲座中的20余讲精粹内容进行整理出版，将这些精彩的思想落于纸面，让它们被更多的人看到并从中受益。

全球教席“云课堂”项目的成功举办以及本书的出版，离不开法律出版社、北大道安基金等社会各界的关心与支持，更离不开由北大法学院教师与博士研究生组成的本书编辑精益求精、孜孜不倦的努力——每一篇讲座精粹都经历了现场听讲、录音整理、翻译校对、精华提炼和文字打磨五个流程。在此一并致谢。

最后，愿本书读者在阅读中收获思考和启发，愿更多有识之士在国家法治建设与涉外法治人才培养的征途上留下自己的足迹。

北京大学法学院

2023年12月

法为基石，法律人为领导者（代前言）

葛维宝*

担任北京大学法学院全球教席项目的主席是我的荣幸。本书的出版是全球教席项目的一个里程碑。书中收录所有文稿均根据全球教席教授为北大法学院师生所作讲座整理而成，包括这篇“前言”亦是如此。无论如何，这篇前言没法充分展现本书所涵盖文稿内容之丰富、学识之渊博、思想之深刻，但它至少能为理解书中多数文稿的主题提供一种思维框架：所有文稿都体现了论者对国际视野下法律学术事业之热忱，都涉及方兴未艾、变动不居的重要法律问题，而法律人则可以且必须在解决这些问题的过程中发挥“领导者”作用。

一、法为基石

我所说“法为基石”，部分指的是为大众所熟知的一种观念，即法律是秩序井然的国内社会之基础。但这个说法还指向另一个相对不太为人熟悉的观念，即法律需要成为各国之间和平交流、共同繁荣之基础。近年来，人们越发认识到法律与规则作为国际秩序基础的重要性，就这些国际法律与规则的内涵却产生越来越多的分歧。

作为秩序井然的国内社会之基石的法律至少包括三个主要部分：第一，政府治理社会需要法律。第二，需要基于法律约束政府自身的行为——这是“法治”区别于“以法而治”的关键。第三，应当实施人民接受、信任的良善之法——这就要求人们围绕法律展开持续、坦诚的辩论，并对法律时时予以革新和改进。

40 多年来，中国一直在建设现代化的国内法律体系。中美两国的政治体制迥然不同，但我坚信两国都必须做到如下两件事，才可使法律为繁荣与稳定

---

* 耶鲁大学 Potter Stewart 讲席宪法学教授、蔡中曾中国中心主任。本文系根据葛维宝教授 2020 年 12 月 8 日在北京大学法学院的讲座内容整理而成。

奠基：第一，法律不仅要有效管理社会，还必须约束政府自身。第二，必须不断探索国内法律体系的最佳完善路径。也正是基于对这两点的认可，为进一步推动其法治发展，中国于 2021 年 1 月印发了《法治中国建设规划（2020—2025 年）》。

中美两国的国内法主要处理其本国自身事务，但国内法同样也有国际影响，而该种影响随着全球互动的广泛化而日渐提升。例如，国内法可以让人们从全球经济体系中的潜在获益变大，也可以使其变小——最为明显的，便是国内法可以鼓励或不鼓励对外贸易与外商投资，可以为外国商人与投资者创造公平或不那么公平的竞争环境。当今中美关系复杂的一个重要方面，就涉及两国国内法对双边贸易与投资的影响。当然，有关环境的国内法对于全球气候危机也有不可忽视的影响。

但当我讲"法为基石"的时候，我想要特别强调的一点是，纯粹国内法不足以应对这个时代的全球性问题。法律应当成为国际性安排的"基石"。国际社会需要双边、多边和国际协约与行事准则来规范国际行为。这些协约和行事准则是一种法律。这类规则需要由国家之间谈判达成，它们对于各国实现交往带来的潜在利益、限制潜在风险以及应对当今世界面临的巨大全球性挑战，都起到至关重要的基础性作用。有些国际问题领域已有一些规则，但在大多数领域中，我们还需要再多做努力——如以下八个领域：

· 气候变化：为了拯救我们的地球，亟需完善国际协约以厘定各国碳排放规则。

· 贸易与投资：WTO 贸易体系的规则需要更新并加强，其他双边、多边协议形成自身的规则也会有帮助。

· 新兴科技：我们需要为新兴科技的使用制定技术标准与法律标准，这些标准与规则应由各国通过合作共同制定。

· 全球健康：我们需要从新冠疫情中吸取教训，制定规则以更好地保护人类免受全球大流行病的侵袭，并改进国际性应对措施。

· 核武器：我们需要对这些终极大规模毁灭性武器的开发、控制与不扩散之规则进行更新。

· 网络安全：这是一个存在巨大风险的新兴领域，迫切需要制定全球行事准则以保护安全、经济繁荣与隐私。

·人权：在政府对待本国人民、外国人、难民、战俘等的方式上，我们需要更新并执行最低限度的国际标准。

·危机管理：我们迫切需要更新管理军事危机的行事准则以防止不必要的、灾难性的、可能仅由于意外事件引发的军事冲突升级。

我列举这八个领域的主题旨在强调，为了给实现和维持更大程度上的国际稳定与进步奠定基础，我们亟需各方同意的法律和行事准则。这对各国领导人和外交官而言并非易事，因为国家之间除了共同利益还有利益分歧。竞争无法避免，但这也正是需要用规则为竞争划定界限的原因之一。正如我们在体育竞技、国内市场经济竞争中需要用规则划定界限一样，我们也需要规则与界限来约束和指导诸多领域的国际关系。

我承认，在现实中，在许多情况下，对国际事务起决定性作用的是权力，而不是法律或行事准则。我深信，在未来一段时期内，一项最有挑战的工作就是拓宽法律和规则事实上约束国际事务的范围，并要求各国遵守这些法律和规则。

法学院需要在课程设置和学术研究中更加关注法治的这些国际向度。全球所有优秀的法学院都在努力满足这一需求。整个世界也已经注意到，中国在提出建设中国特色社会主义法治体系时，尤其提出"要加强涉外法治人才建设"。在这方面，北京大学法学院一直处于中国领先的位置。北京大学法学院有许多研究比较法和国际法的专家，也有诸多专注于这些领域的研究机构，如北京大学国际法研究所、北京大学中美法律与政策联合研究中心、北大—耶鲁法律与政策改革联合研究中心、北京大学国际知识产权研究中心、北京大学世界贸易组织法律研究中心等。北京大学法学院也以各种形式与世界各地的诸多法学院建立了全球合作伙伴关系。与此同时，作为顶尖法学院，北大法学院也拥有来自世界各地的全球教席教授——他们都是与北大法学院有紧密联系的国际顶尖学者，会定期亲自到访北大，与北大教师建立了友谊，喜欢与北大学生交流，并且正向本书中所展示的那样，对其与北大法学院的常年合作极其投入和认真。

二、法律人为领导者

行文至此，我已说明了法律是或者可以是秩序井然、繁荣稳定的国内社会之基石,也越发需要成为一个秩序井然、繁荣稳定的世界之基础。

现在我想谈谈法律人的角色,特别是法律人在其所处社会以及在全球化时代成为或能够成为重要领导者的方式和原因。

法律人在美国长期扮演领导者的角色。对此,我谈一点有意思的史实,读者对此未必都有了解。18 世纪美国独立战争时期的许多领导者都是法律人,比如托马斯·杰斐逊(Thomas Jefferson)和约翰·亚当斯(John Adams)。在美国《独立宣言》中,革命者对英国人的不满在很大程度上也被归结于法律不公——这种不公无法和平解决,需要一场革命。独立战争胜利后,早年的美国在很大程度上也由法律人塑造。美国是由《宪法》这份法律文件所创造的,而《宪法》则主要由法律人起草。时任总统乔治·华盛顿(George Washington)并非法律人,但他的副总统约翰·亚当斯是一名法律人。他的两名主要内阁部长都是法律人——亚历山大·汉米尔顿(Alexander Hamilton)任财政部长,托马斯·杰斐逊任国务卿(美国的外交部长)。在中国,汉米尔顿可能是美国开国元勋中最少为人知的,但他却是国家银行与贸易体系等美国经济体系基本制度的创始人。法律人亚伯拉罕·林肯(Abraham Lincoln)则是在 19 世纪南北战争期间挽救了美国政治体系的领导者,他消除了美国最大的法律和道德不义——奴隶制。

而美国法律人并非只在历史上担任领导者。时至今日,法律人在政界、商界、学界、民间等美国社会的方方面面都发挥着重大作用。我想再次强调的是,在美国,法律人不仅在日常法律实务领域发挥领导者作用,也在更广泛领域中发挥领导者作用,包括政府政策制定的各个领域。例如,美国建国以来的 44 任总统中,包括现任总统在内,有 27 位具有法律人背景。在现政府中,许多内阁高官(部长级别)都是法律人,包括外交、商务、公共卫生、国土安全、农业、住房和城市发展、能源、贸易等多个联邦政府部门的负责人。这些并不是典型的“法律”岗位,其工作内容可能有法律成分,但它们主要关涉政策制定。

毫无疑问,法律人并非唯一能够成为优秀领导者的群体,许多法律人实际上也并不是好领导。但在领导力方面,法律人确实有一定优势。这部分是由于法律本身渗透在包括政府、市场、社会的方方面面,部分则是由于领导者所做的许多重大决策往往会涉及法律。同时,法律人的思维被训练过,他们也拥有很多领导者必备的技能。法律人往往具有出色的分析能力,了解制度如何运作,具备解决问题的经验,会对公平问题有所关照,能够说服并带动他人。

法律人还能接触到领导者才会处理的广泛类型的政策问题，这也是由法律问题往往横跨许多社会活动领域的特点所决定的。

中国当然有不同的有关法律和法律人的传统。但随着法律在中国变得越来越重要，我相信法律人的作用也会显著增强。北京大学法学院等中国最好的法学院，就应当越发重视将学生培养成为领导者，而非仅仅是优秀的日常法律工作从业者。我所在的耶鲁大学法学院，就以培养领导者而自豪，耶鲁的许多毕业生在美国政府和美国社会中发挥着领导者作用。北京大学法学院也应向类似方向发展。领导者的概念其实是非常宽泛的，当然包括领导大型律师事务所的顶尖执业律师，也包括那些能够以创新的方案处理最困难和最新颖法律问题的从业者。法学院很容易培养解决法律问题的专家。中国最好的法学院应当做得更好，其毕业生们可以是政界、商界、学界及其他各界的领导者，他们可以促进中国乃至世界范围的变革。

为此，法学教育必须发展与革新。法学院应当开设更多涉及与法律有所交叉的政策问题的课程，也应当开设更多涉及国际问题的课程。法学院应当为学生提供更多他们毕业后能够用到的技能和知识，也应当加大力度鼓励学生创新。法学院应当在学生中营造预期，让他们意识到自己就是未来的领导者。

而在这篇前言收尾时，我尤其想对正在阅读本书的学生说几句话——你们正处在职业生涯的“前言”阶段。我希望你们从本书中明白一件事：你们可以成为领导者。

领导力始于在自身领域成为领导者的渴望。我们每个人都有多重的人生目标，但我希望你想要成为领导者，为你的国家和全球化做出贡献——用分析、说服和解决问题的法律技能以及法律知识，帮助自己的国家用最好的方式发展，并让我们共同的地球更加繁荣、可持续且和平。

中国正经历着世界历史上任何国家都从未有过的快速变革。作为年轻的中国法律人，你们将拥有人类历史上极其难得的机会——在你们的国家乃至整个世界发生重大变革的时代，大显身手！

2023 年 8 月 25 日

陈靓（北京大学法学院 2022 级法学博士研究生）译

戴昕（北京大学法学院长聘副教授）校

目 录

公司反贿赂法:比较分析

Jeremy Horder

主讲人简介

Jeremy Horder 是英国伦敦政治经济学院刑法学教授、英国人文和社会科学院院士、中殿律师学院名誉委员。他曾担任牛津大学法律系主任、伦敦大学国王学院 Edmund - Davies 刑法学讲席教授、英格兰和威尔士法律改革委员会成员并主要负责刑法改革。Horder 教授的专著包括由牛津大学出版社出版的《公职渎职论刑》等。

主题演讲内容精编

不同国家的企业刑事责任模型

今天,我将主要介绍各国惩治公司贿赂的制度。在刑事领域起诉公司的罪行可能是一件困难的事,因为公司并非总是需要对员工的行为负责。一些国家依靠行政处罚来惩罚公司,比如德国主要利用罚款处罚公司,而不是通过刑罚。此类国家虽然没有规定刑事责任,但可以因某些雇员的违法行为对公司施加行政处罚。这种模式使监管机构更容易惩罚公司,因为要依据刑法去证明公司符合刑事犯罪标准是更难的。不过,在英国、美国和中国,对公司实施行政处罚是不够的,人们需要以与对待个人相同的方式对待公司。

我将从在英国适用的一视同仁原则开始讲起。根据一视同仁原则,可以确定公司的刑事责任。该原则规定:公司只有在董事参与犯罪的情况下才会承担责任。50 多年来,其一直是主导的标准,但它也并非没有问题。例如,在一家大公司里,中层管理人员可能直接操办犯罪活动,而这种犯罪不会被归咎于公司,因为作为中层管理人员的经理不是董事。公司越大,证明公司参与犯罪的可能性就越小,因为董事几乎不知道这些罪行。在这种情况下,高级管理人员有动机和理由让中层管理者犯罪以达成其目的并逃脱指控。

以下是我对中国刑法中有关企业责任如何运作的理解。根据《中华人民共和国刑法》第 30 条的规定,公司、企业、事业单位、机关、团体实施的危害社会的行为,法律规定为单位犯罪的,应当负刑事责任。我认为这包括贿赂。根据该法,单位犯罪是由单位的集体决定或由负有责任的人作出的个人决定,而作为单位犯罪,导致犯罪行为的个人决定必须反映单位的意志。这看起来有点像一视同仁理论。然而,我认为中国的责任比英国法律稍微宽一点,因为在中国法中,负有责任的人是任何有权根据法律或单位章程代表单位行事的个人。这可能包括董事、董事会主席、总经理或任何负责具体部门、机构或事项的人。

在美国的语境下,这一制度通常被称为替代责任原则。在美国,公司对其代理人的犯罪行为或不作为负有责任,如果:(1)代理人具有犯罪过失;(2)他们是在其受雇或权力的“实际或明显”范围内行事,且他们至少部分打算使公司受益。美国法律比英国宽得多,也比中国宽一些。该原则是在 1909 年确定的。例如,雇员为确保使用铁路而非水路运输糖而支付贿款,铁路公司的律师认为,宪法没有赋予国会将刑事责任归于公司的权力。法院认为,该公司负有责任,“……代理人的行为,在行使委托给他的权力时,出于公共政策的利益,通过将他的行为归于他的雇主,从而对他所代理的公司施加惩罚”。我们认为,只有当公司做了错事时,公司才能被指控。然而,法院认为,即使公司告诉员工不要行贿,这些公司也应该承担责任。一个例子是 Hilton Hotel 案。在该案中,酒店公司实际上有员工不允许参与贿赂的政策。问题是,即使公司明确告诉员工不要贿赂,公司也被要求为员工的贿赂行为负责。我认为这是令人惊讶的,是不公平的。美国的替代责任原则太宽了,尽管我也认为英国的适用范围太窄了。美国和英国的制度都不能令人满意。事实上,在美国的制度下,公司可能会隐瞒员工的错误行为。因为一旦发现错误行为,公司就有责任。讽刺的是,尽管美国的理论适用范围更广,但它反而激励公司努力来掩盖这些罪行。

我接下来谈谈英国法律中的一个例外。英国法律的基本原则是,除非董事犯罪,否则犯罪不能归咎于公司,但是存在例外情况:贿赂和逃税。在贿赂中,当公司“未能防止”作为代理人的雇员(在某些情况下包括子公司)在世界任何地方实施贿赂时,即构成犯罪。该例外就像是采纳了美国的理论。然而,英国的制度仍然强调犯罪是一种严格的责任,而不是美国的替代责任。因此,在英国,如果证明公司有适当的程序防止贿赂发生,公司就可以免于责任。而证明其程序“充分”的举证责任在于公司。问题是,在实施犯罪之前,这些程序是否会被认为是适当的,这取决于公司的业务性质、经营业务的国家/地区、资源、类似公司在预防方面的投资等。例如,如果一家公司涉及武器,则更有可能涉及腐败风险。此外,任何在英国做生意的公司都将受到英国法律的审查,即使它是一家中国公司。

英国如何惩治公司贿赂

接下来我们将看看英国的法律制度,比较一下英国法律和其他制度的异同。虽然大多数法域采取不同的方式,但是归根结底都是为了实现相同的目的,因此采取的路径就是值得研究的重要问题。英国于 2010 年对《贿赂法》进行了全面修正。该法区分两种犯罪,一种涉及付款人的行为,另一种涉及收款人的行为。我主要想关注第一种,因为它是由公司实行的。如果付款人直接或间接地向另一人提供、许诺或给予好处,并打算诱使另一人做不适当的事情或奖励某人的不正当行为,则会被判刑。一个非常简单的例子是,一家公司为了从政府官员那里获得一份合同而支付了一大笔钱,这就符合本条款。

2010 年英国《贿赂法》给出了"不正当"的定义,即一项职能或活动的履行如果违反相关期望,将是不正当的。陪审团需要审查的问题是,在某些情况下,他们是否真诚地、公正地或按照信义义务行事。英国法律特别指出要避免考虑当地的习俗。如果履约不受英国法律的约束,除非适用于有关国家或地区的书面法律允许或要求,否则任何当地习俗或惯例都应不予理会。

英国《贿赂法》的一个非常重要的目标是禁止公司投标政府合同。英国《贿赂法》修订了关于公共采购的立法,对贿赂的定罪使公司或其董事没有资格参与投标政府合同。但是这会给政府造成负担:政府依赖私人公司,如果他们有罪,私人公司应该被禁止与政府签约,这可能会使政府陷入困境,因为他们必须找到其他人来购买军火或提供监狱服务。我应该说明一下该法的管辖权。虽然我称为英国法律,但它实际上是全球适用的。它不仅适用于英国的居民,也适用于居住在英国的人。除了总部设在英国的公司,该法第 7 节也适用于在英国从事经营的其他公司。例如,英国子公司有可能因未能制定适当程序防止发生贿赂犯罪而使其外国母公司承担刑事责任,反之亦然。

英国《贿赂法》第 7 节是关于犯罪的规定:有关商业组织 C 将被认为在本节下构成犯罪,如果与 C 有关联的人 A 贿赂另一个人,并打算:(1)为 C 取得保持业务,或(2)在为 C 办理业务时取得或保持一项优势。但 C 可以证明其已经制定了"适当的程序",旨在防止与 C 有关联的人从事这种行为,来为自己辩护。

英国政府已经就"适当程序"的含义制定了"指导意见"。我们假设你有一家英国公司,你有一名员工在中国工作。海外员工或代理人在中国境内实施贿赂,英国公司将被判有罪,因为它没有阻止贿赂的发生。但总体来说,如果该公司能证明它们有阻止贿赂发生的良好程序,它将被视为"充分",而得以逃脱制裁。现在的问题是,如果一家公司与海外的投资企业者共同犯下贿赂罪,那么会发生什么。2015 年 12 月 18 日,Sweett 承认未能防止贿赂,而且他们没有适当的程序来防止贿赂，因此作为母公司的 Sweett 在监管其子公司方面的系统性失误使 Sweett 负有责任。最后，Sweett 支付了 225 万英镑的罚款。

什么是“适当的程序”取决于正在做的业务。例如，如果你在交易军火，这是一个高风险的行业。任何军火贸易公司都必须有非常好的程序来防止贿赂。但如果你是一个制造月饼的工厂，不太可能遇到贿赂，那么你不需要同样的程序。公司越大，业务越具有多样性，你就越需要有适当的程序，合规部门的人就需要越多。但法院会最终决定你是否有适当的程序来防止贿赂。不过，英国政府取消了一部分的反贿赂程序：相称程序、高层承诺、风险评估、尽职调查和沟通、监测和审查等。该指导意见还阐明，合理的招待不应违反该规定，例如，吃午饭、看体育节目来认识彼此是允许的，不属于贿赂的范围。

如你所看到的，英国政府还在海外案件中列出了风险信号，如与当地代理商签订合同，提供政治/后勤支持；与当地供应商签订合同，为独家供应提供折扣；与当地专业人员签订合同，按照合同批准/签署工作；利用在国外注册的子公司支付咨询和/或咨询服务/医院费用，大量资金转移到境外账户。这些将导致法院产生“该公司可能存在贿赂行为”的怀疑。我将再举一个特殊的例子：行贿者已经离开了公司的情况下，陪审团不相信该公司有足够的程序来防止贿赂。公司辩称：(1)公司的业务规模意味着不需要具体的反贿赂方案；(2)工作人员不需要被特别告知不要行贿，因为每个人都知道这是一种犯罪；(3)公司已经制定了涉及透明度和完整性的政策和程序，包括在墙上张贴了标志，以提醒雇员采取合乎道德的行动；(4)公司在合同中使用了禁止贿赂的标准条款。

法官在此案中没有判处任何刑罚。这个案子值得关注，因为我们从该案中看出，一般来说，自我报告是一家公司所能拥有的最有力的缓解措施；同时，业务招待行为的合法性可以基于以下三点判断：一是合理的或相称的招待（邀请低级别的员工到海外旅行将不相称）；二是它有一个善意的商业目的；三是它不影响交易。此外，我们应该考虑适用于接受者的内部行为守则，这是法律所未涵盖的。

■ 美国和中国如何惩治公司贿赂

我要谈谈国际社会为惩治贿赂所作的努力。这一努力始于 1977 年美国

《反海外腐败法》(FCPA)。美国证券交易委员会(SEC)在国会对时任总统尼克松(Nixon)非法竞选活动进行调查后,开始调查美国公司的非法外国付款。最臭名昭著的罪犯是美国最大的国防承包商洛克希德公司。这一丑闻让人们强烈地认为需要有一项针对美国公司活动的明确立法,特别是当他们在海外经营时。

在美国法律中,通常的预设是刑事法规不会适用于美国以外的国家。因此,想要涵盖海外公司的法规必须用非常明确的语言作出表达,而FCPA 正是这样做的。FCPA 的重要之处在于,其不仅是美国在国际上起诉贿赂的基础,它也为该组织的反贿赂部门提供了经济合作与发展组织(以下简称经合组织)发展的模式(经合组织将 FCPA 作为其范本)。因此,从广义上讲,许多国家必须遵循美国模式。英国法案在某些方面也是跟随美国的,因此美国模式是一个重要的模式。中国没有遵循这一模式,但它用其他方式实现了同样的目标。FCPA 有两个显著的特征。一是除禁止贿赂外,该法还要求会计部门充分披露付款情况,这是因为即使无法证明贿赂行为,该公司的账户也会出现一些情况提供线索。二是 FCPA 提供的是一种供应方措施,这意味着它只关注行贿者。

问题在于 FCPA 的适用对象。它不仅适用于所有美国公司,也适用于在美国注册的公司。因此,该法可以适用于外国主体,因为许多公司不可能只有单一身份。如果海外公司在美国境内开展"任何促进"贿赂或非法付款的活动,则可根据美国《外国证券法》受到起诉。如果海外实体也与美国实体共谋,则适用管辖权。该管辖权的适用范围十分广泛:例如,以美元支付或从美国服务器发送电子邮件,这些都可以赋予美国管辖权。对外国贿赂案件的管辖权很重要,因为这不仅是一个法律问题,也是一个道德问题和政治问题。

就贿赂立法所涵盖的内容而言,贿赂涉及向外国官员付款。有人会因为付款给官员而被捕。FCPA 明确规定,付款必须意味着"腐败"。使用"腐败"一词是为了明确表示,要约、付款、承诺或礼物必须旨在诱使接受者滥用其官方地位。通常,一家公司不会自己行贿,它会让一个代理人这样做。在 1998 年,美国国会稍微削弱了贿赂立法:若付款是"合理和善意的支出",如旅行和住宿,以及与产品的促销等有关的支出,或合同的履行,那么它们不是贿赂,而是为获得"例行政府行动"而支付的款项。例如,如果你要在海外建造一家工厂,而外国官员告诉你,你需要支付 1000 美元的费用。事实上,这是一种贿赂,但1998年FCPA修正案并没有说这是一种贿赂,它被称为“例行政府行动”。虽然美国允许少量贿赂的立法是可以理解的,但美国试图以更详细的方式解释它:这是贿赂,但是因为数目很小,所以不是会被入罪的贿赂。

便利付款包括外国官员通常会采取的行动,以取得许可证、执照或其他正式文件,使某人有资格在外国做生意;处理政府文件,如签证和工作订单;提供警察保护、邮件收发或安排与装卸货物有关的检查。这是有争议的,因为很难解释清楚“向外国政府官员支付巨额贿赂可能会使员工失去工作,甚至可能失去自由,但支付少量贿赂是可以接受的”。而且尽管某些行为合法,但是当你的公司被认为超越了当地公民和公司必须忍受的行政障碍时,你也很难在当地商界保持良好的声誉。便利付款的一个明显问题是,根据提供便利的国家的法律,这些付款是非法的,但是对于美国来说不是,所以这是一个很奇怪的例外。

我还要谈谈子公司的问题。当子公司支付贿赂时,母公司是否能有效地控制公司决定了其是否要为子公司承担责任。控制程度不仅要涉及整个过程,还要考察具体的交易中间体现出的控制程度。美国司法部和美国证券交易委员会在评估子公司是否为母公司代理人时,评估母公司的控制程度,包括母公司对子公司行为的了解和指导,无论是在一般情况下还是在特定交易的背景下。虽然在这一分析中母公司和子公司之间的正式关系是重要的,但实际上母公司和子公司如何互动的现实也是重要的。

如果存在代理关系,子公司的行为和认识将归咎于其母公司(替代责任原则)。比如,在美国公司的某国子公司的案件中,美国公司因某国子公司支付的贿赂而被认定负有责任。你可以看到,有趣的是,过失并不足以使母公司承担责任。虽然美国的立法是相当广泛的,但我们也应该谈论与1998年FCPA修正案一同被判定的“安全港”条款。如果一家公司正在考虑在海外付款,但公司担心被追责,它可以请求母公司许可。如果公司收到许可,并在允许的范围内行为,将不会被追究刑事责任。这被应用得很少,反映了这一规定对公司没有吸引力,但它是有趣的。

我们可以回顾中国的情况。《中华人民共和国刑法》第30条规定:包括在中国境内可以成为独立法人的任何实体,如合法成立的合资企业、外商独资企业以及外国公司、企业和机构。第15条规定:过失犯罪是指本应预见其行为可能对社会造成危害后果,但因其疏忽而没有预见,或已经预见而轻信可以避免,以致发生这种结果的行为。第31条规定:单位犯罪的,对单位判处罚金,并对其直接负责的主管人员和其他直接责任人员判处刑罚。然而,中国刑法关于"直接负责"的定义可能不清楚。

管辖权方面如何呢?中国公民在中国境外犯罪的,适用《中华人民共和国刑法》,按该法规定的最高刑为有期徒刑3年以上的,可以依法追究刑事责任。然而,据我所知,中国法律对公司或其子公司在国外犯罪的公司责任没有规定。中国法律比美国法律更宽容,因为贿赂国家工作人员的最低起诉限额为1万元,贿赂非国家工作人员的最低起诉限额为3万元。中国于2019年修正了《反不正当竞争法》,该法侧重于限制商业贿赂。中国在这方面确实有很多规定。

什么是暂缓起诉协议

本次讲座我们将关注除诉诸刑事法院这一通常方式以外的一种新的处理贿赂、欺诈、伪造账目等公司重大罪行的方式。我之所以打算在讲座中提及这些内容,是因为我认为在中国尚无所谓的"暂缓起诉协议"制度。我想先从英国制度开始,因为英国的暂缓起诉协议制度业已尝试从美国的经验中吸取一些教训,并进行改进。我希望向你们说明,暂缓起诉协议制度是处理公司犯罪的一种非常好的方式,它构建了一种非常有效的渠道,可以避免由刑事法庭处理案件带来的不确定性,以及将案件提交法院可能带来的较长的诉讼周期与诉讼拖延。这种制度还可以避免起诉大公司带来的相关成本,特别是当书证与人证均在海外时,这会给侦查造成困难。暂缓起诉协议是要求公司做出说明以让它们对其行为负责,而不必将案件提交刑事法庭的一种方式。

什么是暂缓起诉协议?根据英国法律规定,暂缓起诉协议是皇家检察署检察长或严重欺诈办公室主任——两个追诉严重犯罪部门的首脑——与特定组织达成的、在满足特定条件下暂缓对经济犯罪起诉的协议。所以,这不是放弃任何起诉的协议,而是将起诉推迟至未来的协议。该制度于2013年在英国开始生效。2013年确立这一制度的法案对暂缓起诉协议有什么规定?现在的情况是,检察官对一家公司被指控的犯罪行为进行调查,其与公司就如何处理这一不法行为达成协议,这是暂缓起诉协议的基础。随后,检察官向刑事法院提出申请,法官将审查该协议。此时,法官将提出所谓的"宣布不适当的案件”,即暂缓起诉协议首先是出于司法公正利益(interests of justice)。换言之,较之进行起诉,最好通过暂缓起诉协议解决案件。因此,法官必须首先认定协议是否为了司法公正利益。如果得出了肯定答案,法官还必须继续判断协议所依据的条款是否合理且相称。而且,除非刑事法庭高级法官认可这些因素,否则暂缓起诉协议将不能被推行。如果法官批准了暂缓起诉协议,那么已被启动的刑事程序在时间上将会中止。

暂缓起诉协议包括哪些内容?首先,公司要支付财务罚款。其次,公司必须赔偿受害者。当然,如在欺诈案件中,可能会有相当多的受害者,有些案例中可能有成千上万人。再次,有权要求公司向慈善机构或其他第三方捐款。最后,如你们所料,可能会有或将会有一项要求,即要求公司返还所有从被指控的犯罪过程中获得的收益。但事情远不止如此。暂缓起诉协议对公司组织的影响非常大,而刑事处罚很少能做到这一点。暂缓起诉协议可能要求公司配合任何由犯罪引起的调查。

当我们有了公诉机关和公司之间的协议并得到了法官的批准后,接下来会发生什么呢?存在两种可能:一是该公司在各方面符合暂缓起诉协议,其完成合规计划、支付罚款与赔偿金,配合对个人的调查等。当协议结束时,假设持续了两三年,如果最终公司已全面履行暂缓起诉协议,那么对公司的刑事诉讼就会终止。二是公司没有完全遵守暂缓起诉协议中的约定。在这种情况下,法官可能会邀请双方协商弥补违反协议的方式。在严重的情况下,如公司没有善意地达成协议而是继续参与犯罪行为,那么暂缓起诉协议可以终止,对公司的起诉将会被恢复。

我们将谈到一个真实案例,我认为这是阐明暂缓起诉协议制度如何运转的最佳方式。关于什么时候达成暂缓起诉协议才符合司法公正的利益?布莱恩·列文森爵士罗列了很多因素,首先就是犯罪的严重性。从理论上讲,至少犯罪越严重,为维护司法公正利益达成暂缓起诉协议而不是继续刑事起诉的可能性就越小。其次,如果缔结了暂缓起诉协议,这是否会为公司提供曝光和自我报告企业不法行为的动机?不仅是该公司,其他目睹了协议进行的公司也会认识到,“我们不想在未来被抓到从事违法行为,所以,我们要确保能够揭露不法行为并向当局报告”。因此,签订暂缓起诉协议将会向公司传递正确的信息,让它们自我报告不法行为,这是签订协议的理由。最后,法官提到了类似行为的历史情况。如果一家公司曾经卷入类似的行为之中,那就有理由不允许它们签订暂缓起诉协议,而改对其提起完整诉讼。但如果是初犯,应当允许公司签订暂缓起诉协议。

布莱恩·列文森爵士认为,在决定达成暂缓起诉协议是否适当时,确实需要考虑起诉产生的对员工和其他无辜的人的影响。例如,一个公司的欺诈或贿赂行为一直发生在高层,而没有涉及低层员工,如果你要在起诉后对公司处以罚款,这将实际上导致公司失去业务,而显然很多人会失去工作,这对市场可能也有重大影响。这些因素与决定是否应该达成暂缓起诉协议有关。暂缓起诉协议的功能是试图鼓励在公司之间形成这样一种观点,即自我报告不法行为并建立有效的合规结构是正确的做法。公开自己关于不法行为的不足之处,这才是正确的行为方式。最广为宣传与最具意义的暂缓起诉协议之一,是与著名的劳斯莱斯公司达成的。布莱恩·列文森爵士认为允许延期起诉是正确的。其中一个重要的因素就是我提到的外部效应。然而,他认为法官在这一点上相当一致,其不能把国家经济利益考虑在内。换句话说,你不能问"暂缓起诉协议对英国来说是好事吗"。在英国,这不是个关于暂缓起诉协议的适当的问题。你只能问一些更局限的经济问题:如诉讼继续,对雇员、股东、供应链上各方等的影响会是什么?正如你们所见,这涉及许多我业已提及的因素。

我们来看看英国和美国暂缓起诉协议之间的区别。例如,美国暂缓起诉协议是在没有过多法庭参与的情形下,由控方展开的协商。然而在英国,法官是同意暂缓起诉协议的核心,并要确保这符合司法公正利益。在美国,法官并不参与这些事项,而是由检察官自行决定这是否符合司法公正利益。更进一步,在美国,暂缓起诉协议可适用的犯罪范围比英国更广。当然,可以看到在英国只有八九十件暂缓起诉协议,在该制度被应用的最初的近 10 年间数量相对较少。而在美国,暂缓起诉协议成为白领犯罪刑事执法的所谓的主要支柱。美国在过去的 10 年间有超过 230 件暂缓起诉协议,数量庞大。对暂缓起诉协议的运用反映为司法部处理公司犯罪的官员数量的下降。调查犯罪实际上意味着检方负担了更重的压力,因而要与公司达成协议,因为其缺乏时间、资源以及人力来对这些公司提起诉讼。

犯罪行为的调查方式也有所不同,这取决于是要提起诉讼,还是要达成暂缓起诉协议。美国纽约州南区地区法官杰德·拉科夫(Jed Rakoff)在《纽约时报》上的一篇文章中说道:"如果要试图找到为公司犯罪行为负责的个人,那么你要从公司的底层开始,并尽力'策反'一些较低的或中层雇员,即较之拥护公司,这些雇员事实上决定与公诉机关合作,并提供公司内正在发生什么的信息。如果对公司的调查更为优先,那么在美国,情况则完全不同。一般来说,不用从底层开始调查公司、采访员工等。相反,你会邀请公司的法律顾问,提出你怀疑公司存在欺诈,并给公司提供一个自我调查的机会。换言之,请律师或调查人员来调查公司内发生了什么。公司要自行支付调查费用,结果是控方不需要为此支付费用或投入人力。”

此外,杰德·拉科夫(Jed Rakoff)提出,公司规模越大,面临严重或重大处罚的可能性就越小,因为起诉大公司会给国家经济带来风险。现在我们看到,英国法院认为国家经济状况不应纳入考虑,这与英国的任何起诉或司法考虑无关。在美国则不是这样,你可以把国家的经济状况考虑在内,但这是有争议的。因为在西方,所谓的独立检察官不能对一个政治问题发表看法。因此如果将美英进行对比,我认为存在一些显著差异。第一,英国检察官调查公司并不是为了让低层级员工成为公司内部的间谍。第二,在英国,国家的法律和经济影响与是否达成暂缓起诉协议无关。第三,在英国,起诉机构并不依靠内部调查进行决定,而是自己进行调查。

我还想讲一下多重管辖协议的问题。因为国际贿赂案可能涉及多个国家的调查。比如在空客案中就涉及英国、法国和美国的三方调查。所有这些调查机构都在同时关注这个问题。问题在于,在这种情况下,应如何管理暂缓起诉协议?例如,如果你在英国承认一项不法行为以换取暂缓起诉协议,该项不法行为是否可以被法国或美国公诉部门纳入考虑之中?如空客案,在达成协议时考虑了一些类似的因素,与调查人员的合作、没有犯罪前科、潜在的不成比例的后果,等等。我并不打算深入介绍本案,但需要说明的是,当公司内部对发生的事情进行调查时,在贿赂和腐败中起了重要作用的特定个人的名字会浮出水面。当然,随后可能会对这些人进行调查和起诉。但是在西方法律体系中,重要的是如果某人要就一个犯罪行为接受审判,而第三方的调查可能表明其有罪,则不能因此在审判时对该人产生偏见。换言之,控方不能因之前的调查而出现偏见。

最后我要提一点,那就是所谓的双重危险,这是由空客案提出的。在该案中,英国、法国和美国的检察官都在调查空客。假设英国检察官是第一个达成协议的,公司同意向英国当局支付巨额罚款。随之发生的是法国检察官想要达成协议,然后美国检察官也想达成协议。公司是否必须一次又一次地向与之达成协议的每个司法管辖区缴纳罚款? 换言之,不同司法辖区在调查上的协作,是有必要的。他们不能排他地取得所有利益,或者说公司不能支付两倍、三倍或四倍的罚金。实际上,其只应支付单倍的罚金。在这些案件中确实需要与国家公诉部门间的协作,但这可能很难实现。

因此,我们的结论是:暂缓起诉协议是一件好事。总体来说,我建议中国未来可以在立法中引入这一制度。不过,公诉部门的暂缓起诉协议在国际合作方面可能会遇到困难。

[本讲座中文内容以 Jeremy Horder 教授所作的四场"北大法学院全球教席云课堂"讲座"公司反贿赂法:比较分析之一"(2020 年 10 月 7 日)、"公司反贿赂法:比较分析之二"(2020 年 10 月 21 日)、"公司反贿赂法:比较分析之三"(2020 年 10 月 28 日)、"公司反贿赂法:比较分析之四"(2020 年 11 月 4 日)为基础进行整理。北京大学法学院 2018 级博士研究生马铭骏、2022 级博士研究生项佳航、2022 级法学硕士研究生曹婧怡参与翻译整理,北京大学法学院长聘副教授江溯审定。]

国家建设与商业公司的兴起

张泰苏

主讲人简介

张泰苏是美国耶鲁大学法学院教授，主要研究方向为比较法律史与经济史、私法理论以及当代中国法律与政治。张教授先后在耶鲁大学获得了历史和数学学士学位、法律博士和历史学博士学位。他曾任杜克大学法学院副教授和中国法律与历史国际协会会长。著有《儒家法律和经济学：前工业革命时期中英的亲属与财产关系》《清代财政国家的思想基础》。

主题演讲内容精编

资本积累的三种途径

今天讲座的内容主要来自我和同事 John Morley 合作的一篇论文，这篇论文发表在《耶鲁法律期刊》(*Yale Law Journal*)上。这是我为第三本书所做的准备。现在，我的第二本书的写作已经接近尾声。我的计划是写作三部曲，来探讨文化与法律在全球经济分化中的作用。换句话说，18 世纪至 19 世纪的中西经济分化导致了人们通常所说的“西方的崛起”和“中国在帝国晚期的相对经济衰退”，而我的三部曲正是想要说明，是什么导致了近代中西经济分化。今天这场讲座的内容是实现这个目的的关键。这三本书背后的核心观点是，在现代阶段，导致中西分化，至少是中国与西欧之间分化的主要原因是资本积累(capital accumulation)。我们通常认为资本积累有三种主要途径，但正如我在书中所解释的那样，出于各种各样的原因，这三种主要途径都未能在现代早期中国得到实现。

通常我们认为，大规模资本积累的实现途径主要有三种：第一种是所谓的自下而上的资本有机积累(organic/bottom up accumulation)，主要涉及大家庭从小家庭手中购买土地，通过土地兼并获得财富，并最终将土地财富转化为资本，投资到工业生产当中。第二种积累方式也就是我第二本书所讲的主题，即国家推动的积累(state driven accumulation)。因此，我的前两本书的核心观点是，出于各种法律的、意识形态的、文化的原因，无论是自下而上的资本有机积累，还是自上而下的国家财政税收积累，都从未在中国出现过。中国土地所有权分散，同时又有极低的税收，因此那些在西方社会十分常见的资本积累途径在中国的语境下都不可行。除此之外，还有第三种资本积累的途径——通过公司积累资本(accumulation via corporate joint ventures)。这一途径的基本假设是，你不需要拥有大地主或大土地所有者，你所需要的只是一群中等规模的关系网络中(medium sized networks)的中等规模的资本持有者。你可以将这些资本积累成一个单一的商业实体，使之达到你想要的必要规模经济，这基本上是通过某种形式的商业战略、伙伴关系、公司等来完成的。

我想论证的是,第三条途径实际上是依赖于第二条途径的,只有当你有相对强大的国家能力时,你才能通过企业合资来获得有效的规模经济和资本积累。由于清朝时期的中国是一个低税收的国家,因此,它不能真正拥有企业合资来提供必要的规模经济和所需的陌生投资者。具体来看,我们想问的问题是,为什么商业公司在人类历史上出现得这么晚,而在中国尤其晚?

■ 何为商业公司

“商业公司”(business corporation)是一个特定的法律术语,在这里,我们所谓的商业公司,具有以下五个特征:独立的法律人格(separate legal personalities)、集体治理结构(collective governance structures)、股份可以转让的股份制股权融资(joint – stock equity finance, in which shares are transferrable)、锁定投资(lock – in of investment)、资产分割:资产防御和有限责任(asset partitioning: entity shielding and limited liability)。其中,拥有独立于股东的法人资格和集体治理结构这两点很容易理解。所谓股份制股权融资,意味着股份可以转让,即你可以把你在公司里的股份卖给某个局外人;锁定投资意味着,一旦你投资了公司,再想从公司中抽走你的资金就会受到一定的限制。但大多数研究公司的学者都认为以上四个特征并不能真正区分现代商业公司和其他类型的合资企业,因为这些特征已经在前现代商业公司中大量出现。在西方,可以追溯到罗马时期,在中国至少可以追溯到宋朝。而资产分割(asset partitioning)则主要是一种现代现象。

资产分割意味着两件事:有限责任(limited liability)和资产防御(entity shielding)。通常人们更倾向于从商业角度谈论资产分割。在这个意义上,有限责任意味着,任何股东对公司债务的责任范围仅限于其原始投资的股份价值;而在我们的讨论中,资产防御更为重要。根据传统观点,资产防御是指公司免受股东个人债务的影响,除非特殊情况,股东的债权人不允许从该股东的股份中获得债务偿还。耶鲁大学法学院教授亨利·汉斯曼(Henry Hansmann)和其他学者多年来也一直在讨论这个问题。资产防御包含强型资本防御和弱型资本防御。

弱型资本防御,是指与每个股东的个人债权人相比,公司的债权人享有优先受偿权。这意味着当公司最终破产,不得不出售其资产来偿还其债务时,银行、贷款人、直接借款给公司的人，与个人股东的个人债权人相比，在受偿方面享有优先权。强型资本防御意味着公司受到绝对保护，不会被任何个人债权人强制破产清算（forced liquidation），没有任何股东的个人债权人可以强制公司出售办公室资产以偿还该股东的个人债务。

资产防御和有限责任使得现代公司的投资可以保持在可控的金融风险水平之上，公司的债务和个人股东的债务之间没有交叉污染的机会。将这些债务分开，不仅能够增加公司的财务安全，同时也能降低股东投资公司时承担的风险。

因此，我们想问的问题是，为什么这种特定的法律技术（财产分割）仅限于现代商业背景？在英国，商业公司是在东印度公司崛起后才出现，荷兰也是，而在法国、德国或其他欧洲国家，直到19世纪它才真正开始作为一种广泛的法律现象存在。中国则是在20世纪30年代通过颁布的公司法草案引入了商业公司，然而投资者和公司却从没真正使用过，直到20世纪七八十年代中国改革开放，到如今，商业公司在中国已经成为一种普遍的现象。

然而有趣的是，资产防御的基本概念早已为前现代商业行动者所广泛了解，并时常在谈论和写作中被提及，但直到现代，它从来没有作为一种经济现象或法律现象崛起。为什么会出现这种情况？对于这个问题，已经存在大量的讨论，现有研究成果非常丰富。

■ 现有研究及其不足

关于现代商业公司的出现，现有的研究可以分为两个基本类别：从需求出发的解释和从供给出发的解释。从需求出发的解释认为，现代商业公司的出现是对区域间贸易和远距离商业贸易崛起的回应。持这一观点的研究主要有Harris（2020）、Dari-Mattiaci et al.（2017）、Greif & Tabellini（2017）以及Guinanne et al.（2007）。他们的文章认为，现代商业合作是为了处理特定的问题，即长途贸易的问题。在长途贸易出现之前，并没有对商业合作的需求。

从供给出发的解释认为，现代商业公司的出现不仅仅与需求规模有关，更重要的是国家可以提供某些保证的能力。这是一个基本的制度经济学论点，他们认为最重要的供给因素是监督这些公司的国家是否能够作出可信承诺（credible commitments）。具体而言，他们指的是一种非常具体的可信承诺，即承诺不扣押公司资产,不超越合理手段地征收财产。用经济学家的话说,是尊重公司财产的可信承诺。当然我们可以清楚地看到,需求解释和供给解释并不是非此即彼的排斥关系,事实上许多学者都同时持有这两种观点。

在上述既有文献中存在明显的不足。首先,需求方的条件需要用更普遍和理论上更抽象的术语来阐述,以便解释现代公司在与远距离贸易关系不大的经济背景下的持续吸引力。现代公司,至少在现代背景下,一直有着很强的吸引力,在多种经济背景中得到了广泛使用,而这些经济背景都与远距离贸易关系不大。例如,主要的国内工业生产商往往是公司,但他们不从事远距离贸易。因此,这就引出了一个问题,为什么即使公司不从事远距离贸易,现代商业公司形式仍然具有吸引力?而且即使在历史上,商业合作的兴起确实是在远距离贸易之后,这仍存在一个解释上的问题,即究竟是远距离贸易的何种特点创造了这个局面?

其次,这也是我们想提出的更重要的论点,即上述两种解释忽视了现代国家建设对公司形式的积极贡献。当他们谈论现代国家在供给方面的因素时,国家是一个完全消极的角色,只要国家不扣押公司资产,或过度征税或任意提高税收等,我们就相安无事了。但事实上,我们想说的是,在整个现代商业公司的兴起过程中,国家实际上扮演着一个更积极的角色。国家不仅仅作为一个必须被防范的角色(因此应该作出可信的承诺不征用)而存在。更重要的是,国家为公司的兴起提供了必要的基础设施和后勤保障以及行政支持。在现代国家建设出现之前,你永远不会看到现代商业公司成为一种普遍的经济法律现象出现在世界的任何地方。中国的情况特别能说明这一点——现代公司形式在清末民初的中国并没有真正作为一种广泛的经济法律现象出现,直到20世纪三四十年代才真正有了普及的苗头,而且即使在那时,现代公司也只是一种规模非常有限的经济现象。直到20世纪七八十年代,现代商业公司才真正在中国起飞。

与此同时,自17世纪以来,在明朝时期,甚至可能在宋朝,远距离贸易已经是中国经济的一个主要特征了,彼时不仅有与外国之间的远距离贸易,而且在中国国内也有大量的远距离贸易(跨越的距离与人们所称的远距离贸易的距离相当)。由此可见,关于现代商业在需求方面的条件在中国已经存在了几个世纪。

如果我们认为供给方面的条件仅仅是国家作出不征收的可信承诺,那么清政府完全有能力作出该承诺。因为清政府的行政与执法能力较为虚弱,没有哪个经济行为者会真的害怕被其征用。其缺少基本的后勤保障和行政能力来大规模扣押任何形式的企业资产。因此,在这个意义上,现有的主流文献所描述的这两个条件,可能早在18世纪的中国就已经存在了。然而现实是,尽管这两个条件都存在,现代公司形式非但没有真正在中国出现,在被引入后还长期得不到使用。为什么会出现这种情况?

显然,中国的例子告诉我们,仅仅确定这两个条件是不足以真正解释这一现象的。因此,针对我们发现的这些不足,我们在这个项目中的目标是建立一个理论框架,对需求方面的条件给出一个更系统的解释。同时更重要的是,承认国家在现代商业公司兴起中的积极作用。对于大多数历史学家来说,这算不上是一部法律史的作品,而是一篇试图构建理论的经济法法理论文。在经验性研究层面上,我们的目标比较有限:我们试图通过在几个主要的现代早期经济体(中国、奥斯曼、德国、英国、荷兰和美国)的制度史上进行相对广泛的应用来说明该框架的潜在合理性。但可惜由于时间问题,我无法对这些案例进行更加细致地讨论,我们不打算给出明确的经验证明,只是想通过这些叙事描述一些理论框架。

现代商业公司的出现与国家建设

我们提供了以下观点:第一,现代商业公司的出现是为了回应大量陌生人之间合作的广泛经济需求,这些人对从事"厚重"经济活动的企业共享剩余索赔人地位(residual claimant status)。第二,也是我想提出的更重要的观点是,现代国家通过提供执行公司注册和投资协议所需的法律和行政基础设施,对公司的发展作出了积极的贡献,以至于现代公司的崛起依赖于——并且继续依赖于现代国家建设。特别是,它取决于具有强大信息和执行能力的专业化司法系统的建立。

在我开始讨论这些观点的细节之前,我想先谈谈不同类型的动机。我们的主张是,现代公司的崛起取决于具有现代法院系统的现代国家。这实际上将公司法与大多数私法区分开来。绝大多数私法,包括合同法、侵权法和财产法的核心部分、遗产、基本的商业信托等,在某些条件下都可以充分自我维持,不需要大量的国家干预,而且在强大的国家机构出现之前,它们也的确已经存在了几个世纪。有大量的理论文献认为，这些法律权利和义务、法律关系等，大多数根本不需要监督，所需要的只是能够执行法律规范的社区而已，而这些类型的社区显然在人类历史上已经存在了几个世纪。如果考察一下清朝的法律，你会从中发现现代合同法的主要构成部分、现代财产法的大部分等，在西方也是如此，大多数种类的现代西方私法在前现代法律体系中都有这样或那样的功能对应，特别是在习惯法中。实际上，在我们生活的土地上，有大量活跃的经济规则，这些实际上是当地社区为自己制定的习惯法。而在这些习惯法中，你会看到现代私法的大部分组成部分，所以，大部分的私法可以在没有现代国家的情况下存在。相反，在前现代法律体系中，几乎没有现代商业公司或与其功能等同的重要例子。它们的出现总是随着现代国家的崛起以及这些国家的行政和司法能力的极大扩展。因此，为什么某些类型的机构不依赖现代国家，而有些类型的机构，如商业公司，似乎则是一种严格的现代现象？

现在，让我们进入理论模型的讨论。我们在现代商业合作的需求方面确定了四个功能条件：“大量”“陌生人”“剩余索取人”和“厚重的商业活动”。当有大量的陌生人从事厚重的商业活动，而且这些陌生人在他们的公司内有剩余索取人，这就产生了对某些与现代商业公司功能相当的东西的需求。

“大量”的含义是不言自明的，它意味数量上的不易计算。“陌生人”意味着商业合作者不属于同一紧密的社区，因此不能依靠其成员的人际关系和社会资本。换言之，“陌生人”意味着商业合作者不容易对对方执行社会规范，因为他们不属于同一个紧密结合的社区。“剩余索取人”是指那些“拥有对一个组织的净现金流的剩余索取权”的经济代理人，在扣除了先前代理人的索取权之后才能得到报酬，因此，股东承担了公司的剩余部分，而债权人或与公司进行销售交易的商家，则在股东的基础上获得支付。所以在公司对其通常的商业交易进行全面核算之后，股东就是拥有那些剩下来的东西的人。

以上所有这些条件在现有的文献中已经得到了确认，我们在这里没有提供任何新的东西。我们的创新之处在于，我们认为有关商业合作的要求是有“厚度”。所谓的“厚度”，是指商业互动是偶然的和不可预见的，已经摆脱了先前合同的可能性。想象马云经营阿里巴巴时，他面对的是成百上千个决定，必须一直做决定，而且时间非常短，很多都是无法计划的。与此同时，假如我的表弟是个商人，我把我的一堆货物交给他，他拿走了我的货物，乘船到地中海的另一边把它们卖掉，然后回来给我钱。与阿里巴巴相比，这是一个“单薄”的商业运作,因为首先我面对的是一个人;其次,他真正需要做的只是拿着我的货物,去到一个城市,通过一次普通的市场交易卖给其他人。在我和我的表弟之间没有即时的偶然决定,而在阿里巴巴的情况下,根据公司当天实际面临的情况,公司每天的内部决策是密集、不可预测的。这就是我们所说的"厚度"——公司活动中缺乏完全的可预见性。

要理解为什么现代商业公司的发展依赖于现代国家建设,我们必须从需求方面的条件出发,因为当这些需求方面的条件不存在时,现代商业公司是无用的。为了协调大量陌生人之间长期密集的投资,现代商业公司应运而生,而这实际上也创造了对现代国家的需求。我们的前现代亲属组织当然也可以独立地在其社会规范中不断酝酿类似财产防御的机制,而我们的观点是,即使他们能够执行此类机制,但只要商业交易停留在亲属关系内部,这种机制就没有任何必要。因此,从本质上讲,对公司形式的社会需求的外部条件,创造了对现代国家建设的制度需求,以达到维持现代公司形式的目的。

为了更全面地理解这一观点,需要考虑商业公司为了执行其内部的法律安排,可能采用的替代现代国家的法律或准法律手段。想象你是一个生活在近代中国的徽州商人,想和其他 50 个徽州商人合股,为了达成这样的合作,你需要满足什么样的制度条件呢?在前现代的背景下,有两种基本的供给条件:紧密结合的社区内的习惯性自治(customary self-governance within closely knit communities),以及区域间的经纪人、仲裁员和地方法律的网络,如中世纪法商(inter-regional networks of brokers, arbitrators, and local laws like the medieval law merchant)。尤其是前者,完全能够在紧密结合的社区内创造和维持复杂的法律机构和权利,包括商业组织。很多理论和实证文献都认为,紧密结合的社区拥有每一个现代国家所具有的创造并执行规则的能力,只要他们留在社区内,前者完全有能力创造和维持各种非常复杂的法律机构、复杂的合同种类和复杂的公司安排。而且我们没有理由认为执行一个商业公司在某种程度上超出了他们的能力,实际上他们也确实在执行各种形式的前现代合伙协议,如当不同的实体之间存在一个投资时,只要这些当事方都在紧密结合的社区内,社区就有能力在这些伙伴关系中执行真正复杂的股东协议。

但正如我们之前提到的,这些类型的公司在前现代背景下往往缺乏资产分割机构,他们没有对公司的财产防御,也没有对投资者的有限责任,投资者对公司的债务承担无限责任,同时,公司通常很容易受到个别股东的个人债权人的索赔。即使在没有现代国家或现代法院系统的情况下，也没有明显的理论或理由说明在一个紧密结合的社区内，由相互熟悉的投资者组成的现代商业公司（有资产分割）不能正常运作。但问题是，在一个紧密结合的社区内相互熟悉的投资者很可能不需要——也许甚至不希望在一个现代商业公司内构建他们的合作。因此，我们认为早期现代社区自治无法提供资产分割机制，习惯法中也缺乏这样的安排，因为紧密结合的社区内缺乏需求。为什么会这样呢？要理解这一点，我们必须考虑资产分割的实际运作方式。

资产分割的基本作用，特别是在有限责任方面，是将风险从投资者和公司转移到债权人的身上。作为一个自我保护机制，风险必须去到某个地方。最终风险去到了公司的债权人那里，因为债权人可以强迫公司的股东用他们的个人财产来偿还公司的债务。所以，有限责任和资产分割的作用是减少公司及其股东在投资方面的风险，并将风险转嫁给公司和股东的债权人。然而这往往会导致更高的借贷成本，但债权人并不傻，如果你强迫他们承担更高的风险，他们会要求更高的利益来应对风险。我们认为，这种风险转移机制在一个紧密结合的社区背景下是不需要的，因为在任何紧密结合的社区，每个人都了解对方，那里存在高水平的信任和互助行动，随时有大量的防御机制和监督机制来对付公司不诚信的经理等，这些往往会给公司的投资者带来很大的信心。因此，在一个单一的紧密结合的社区内，伙伴关系（partnership）已经可以满足需要，反正在社区内投资的风险不大，没有必要为此承担更高的借贷成本。

然而，当社区之外的公司投资者存在时，尤其当有大量陌生人时，社区的习俗和规范不再能够有效地降低风险，也不足以实际执行公司的内部治理规则，此时便需要诸如财产分割之类的机制来管理投资者承担的风险。因此，如果想在社区之外投资，就必须依靠传统的经纪人、仲裁员和地方法律网络等。在中古史经济研究中，最常出现的例子是中世纪的欧洲法律商人体系，正如我们现在所知道的，他们并没有真正建立任何具有强大执法能力的中央法院。相反，它是一个由仲裁员和经纪人组成的地方法律网络，基本上帮助外部投资者遵守当地法律、当地规范和当地规则。这是如何发生的呢？假设我想同一个公司合作，但我不是那个社区的成员，我们互不信任。那么，我们要如何建立信任呢？于是我们找到中间的经纪人，经纪人认识我，担保我是一个好人，并向我保证他们是值得信赖的商业伙伴。在这个过程中，经纪人提供了双方所需要的风险缓解（risk alleviation），从而使这种商业关系得以真正发挥作用。

在近代历史上，这样的网络能够维持相当强大的区域间贸易和业务，但同时也有很明显的局限性。因为建立信任的基础是从当地找到中介，这意味着试图相互做生意的陌生人的数量越大，就越难找到一个共同的中介和认识所有人的经纪人来连接所有人并促成商业投资。如果没有信任基础，如何能够找到那个可以连接每个人的中间人？陌生人投资者的数量越多，就越不可能真正拼凑起这个网络，所需要的时间也越长。退一步讲，即使有这样一些中间人，他们成功地将所有这些陌生投资者联系在了一起，但当有纠纷发生时，你不认识这些投资者中的任何一个，你必须联系你的经纪人、担保人，有时他们也不认识对方，于是他们又去联系别的经纪人，于是最终产生了一个经纪人链条。虽然这个链条把这些大的投资者网络联系在了一起，但与此同时任何一种投资纠纷的解决都变得更加困难，而且成本很高，因为你必须通过一层又一层的中间环节来解决纠纷。为了适应这种执行的困难性，只能被迫减少合作的复杂性。用我们的术语说，这就意味着，有“厚度”的商业合作难以出现。而且在这种情况下，并不存在一个集中的规则来指导、约束经纪人，这使他们无法在商业关系中提供必要的信任水平。因此，在这些替代性的、分散的制度中，存在偶然性和社会距离之间的权衡。

综上，在一个紧密结合的社区中，每个人都认识对方，在那里可以有各种“有厚度”的商业合作，但无法与陌生人进行合作，一切纠纷都可以通过当地的习俗和地方规则解决，也就不需要现代公司。在法律商人的背景下，投资人通过中间人网络与陌生人做生意，但由于缺乏一个集中的执行机制，真正“有厚度”的商业互动同样难以产生，人们只能进行比较“薄弱”的商业活动，并通过合同来提前预防风险。从这个角度来看，现代国家所提供的，是将大量社会上有距离的行为者之间复杂和高度偶然的“厚重”商业关系制度化的能力。

现代国家的好处

现代国家的好处是什么？第一，现代国家通常覆盖更大的领土，并能在其中施加某种程度的法律统一性，这显然使陌生人之间的投资成为可能，而且使其成本降低。第二，现代国家有更强的执行力、信息形成和规则执行的权力，能够可靠地执行对内部人及外部人的判决，而不需要使用中介机构。第三，现代国家有行政力量来整理信息，以实际作出决定，他们有强大的执行力，既能找到这些信息,也能对所有各方执行决定。第四,也是现代商业公司背景下特别关键的一点,现代国家也许有独特的能力向投资者提供强有力的、可信的保证,即他们实际上会被执法机构平等对待,即使他们与管理机构的人没有社会联系,这就是剩余索取权地位(residue claim status)的重要性所在。他们只有在所有的优先贷款人都被付清后,才能获得公司的利润。他们的投资意愿在很大程度上取决于能通过投资协议条款得到非常有力的平等待遇的保证,这意味着如果我在这个公司有 30% 的股份,我希望在股东投票时得到确切的 30% 的投票份额,确保公司的大股东不能欺负我或欺骗我的股份,我必须和公司里的其他人一样,有权得到相同的对待。否则,如果要由我来承担公司业务往来的所有风险,我就没有足够的安全感来投资公司。所以,如果没有现代国家,在紧密结合的社区内,除我以外的其他人都相互关联,而我作为一个局外人,如何会有足够的安全感来相信这些人不会试图骗走我的股份?因此,如果你既想获得商业关系的"厚度",又想对所有这些陌生投资者作出可信的承诺,承诺他们将被完全平等地对待,此时就需要现代国家。

相比之下,现代国家和法律制度的政治基础往往更加非个人化和正式化,现代国家是"gesellschaft"而不是"gemeinschaft",它们依靠的是非个人化和正式的制度机制来获得法律权力,而不是个人关系或亲属关系等。因此,现代国家具有以下特质:正规化、制度可预测性和透明度,这有助于它同时对政治体的内部人士和外部人士作出可信的承诺。假设德国以国家名义向我保证,对待我会像对待德国投资者一样公平和平等,我会选择相信德国,因为它足够正规和透明。所以,我无所谓其他的德国股东,我是对德国这个国家有信心。所有的国家都同时可以对共同体内部的人和外部的人作出这类可信的承诺。在这里我使用的术语是"可信的承诺",这些种类的承诺与之前的学术文献中常见的可信承诺的种类不同,后者是绝对消极的,而前者是积极的。当人们谈论可信的承诺时,他们通常的想象是国家承诺不扣押公司资产。而我们这篇文章想要说明的是,只有现代国家才能作出积极的可信承诺的重要性,也就是现代国家具有一视同仁地面向内部人和外部人,作出将平等对待他们的承诺的能力。现代国家有能力对投资者的平等法律待遇作出可信的承诺,再加上它在大型的、社会关系比较离散的领土上的大量信息收集和执行优势,使它能够在制度上支持大型陌生人群体的商业公司的形成和运作。

结 论

如上所述,这是前现代法律或习惯制度一般无法提供的东西。前现代的习惯制度能够为非陌生人提供这种安排。但问题是,非陌生人之间不需要现代公司,而陌生人之间的复杂法律关系需要通过国家才能维持。因此,从理论上来讲,现代国家的崛起应该先于现代商业公司在经济上的出现,并在促进其崛起方面发挥着重要作用。

现在我们得出的另一个结论是,某些类型的法律制度,如公司背景下的资产分割,它们只在陌生人的社会经济关系中有用。正如我们所说,大多数种类的私法都与前现代的习惯法、合同、财产、侵权行为等有功能上的等同性,而破产、信托等只是一种现代现象,在前现代法律体系中根本就找不到破产法、公共信托法。现代公司、现代破产法和现代公共信托等,它们包含的法律特征和法律技术,只有在陌生人之间做生意的时候才有用。因此,它们需要现代国家和法律体系的发展作支撑。

以中国为例

1903 年 12 月,清朝商务部颁布《公司律》,正式引入财产分割制度。在此之前,几乎所有的家族企业或家族企业之间的合作,基本上都只是合伙,没有资产分割,特别是没有资产防御机制。直到 1903 年,有限责任制度只会在单次航行的贸易运输这种非常有限的经济背景下使用。想象一下,你有一批货物,你来到广州,在广州你认识了一位商人,他同意帮你把货运到菲律宾卖掉,于是你们组成了一个单次航行的“公司”,在其中你对这位商人的责任仅限于你要出售的货物的价值,而无论本次航行会产生多少债务。这样的有限责任制度和现代公司的功能区别在于,这样的“公司”并不能维持你和商人之间的长期互动,只是提供了一些很“薄”的互动,而不是“有厚度”的合作。在 1903 年《公司律》颁布之前,即使有合资企业从事“有厚度”的交易,它们也只是家族公司,承担完全责任。

而且正如许多学者(Kirby,Zelin 等)所认为的,在《公司律》出台后,它也几乎没有得到当时商业界的使用,直到 20 世纪 30 年代,才在南京国民政府的统治下逐渐被应用。当它引入法律本身时,它只是引入了法律概念,但没有现代国家这一整套行政与执法机制来提供实际支持。而中国的现代国家建设直到20世纪30年代才真正开始发生。因此,如果没有现代国家建设,即使立法者试图引入法律技术,也没有人会真正开始使用这种法律。即使在20世纪30年代之后,南京国民政府开始建设现代国家,他们也仍然没有做好这件事情,其结果就是基于现代公司的商业活动的整体水平虽然比之前有起色,但依然较低。

到了20世纪五六十年代,中国共产党领导下的国家建设真正为中国提供了现代国家能力,在这种国家建设真正成型的背景之下,到了20世纪八九十年代改革开放之后,现代公司才真正对商业投资者具有足够强的吸引力。因此,直到20世纪80年代至90年代,我们才看到有大量的公司使用现代公司形式来集资。

综上,在中国,商业公司作为一种主要的法律经济现象的出现,主要是因为现代国家能力的提高。即便有法律技术、有需求方的因素,有可信的不征用的承诺,但这些都不足以使一个商业公司对投资者有吸引力,因为这种吸引力出现的大前提是有现代国家。

评议交流环节

陈若英｜时任北京大学法学院副教授〔1〕

张老师为我们提供了一个非常宏大的历史背景,让我再次惊叹于他的历史训练。而且张老师思路非常清晰,他从需求和供给两个方面,从横向、纵向两个角度为我们逐一展开分析,探索其中发生的哪些变化最终导致了商事组织法上的差异,向我们展现了如何发现差异并且探究差异背后的联系,我很受启发。

关于今天的讲座内容,我有两个问题:首先,商事组织法上的资产分割功能是通过给予商事组织独立的财产和独立的主体资格,从而让投资者的债权人无法碰触公司财产,起到资产分割(asset partitioning)的作用。资产分割的

〔1〕 现任澳大利亚国立大学法学院资深讲师。

功能之所以会有，就是因为我们在法律上拟制了商事组织的独立性，通过法律形式，赋予它主体的独立性，从而给财产本身划定了边界，禁止其他人碰触，只有商事组织的债权人才可以。这样的操作实际上无法通过合同实现，是通过国家颁布的正式法律实现的。张老师主张在前现代社会已经出现了诸如此类的实践，但并不普遍。到了后来，通过商事组织法才正式确立下来。那么在历史上，产生了同样效果的实践是通过怎样的途径发生的？

其次，关于对"厚度"（thickness）的解释。张老师向我们澄清了"有厚度"的商业活动指的是具有大量的不确定性的商事活动。在我看来，这与法经济学上的不完全合同中的不确定性（uncertainty）可能是同一个概念。但我对张老师的论证和观点想要提出一点商榷的地方。张老师的思路是：因为投资的不确定性很高，而且这种不确定性包含诸多维度，无法通过原来的机制解决，因此需要一个更有能力的法院来解决，而这一切都是现代国家所提供的，是依靠这样的一种体系才最终实现了商事组织的这一系列功能，特别是资产隔离的功能。的确，商事投融资所带来的不确定性的确比普通的商事交易大得多，但是造成这种不确定性的原因究竟是什么？为什么其他的途径无法解决，而法院就一定可以解决吗？我的体会是，商事投融资当中最大的不确定性是人带来的不确定性，基于的是作为人的管理者的判断是否正确、是否忠诚和是否勤奋等。尤其随着工业革命的发展，人的价值和重要性相较于土地、矿产等不断提高，人所带来的不确定性也越来越高，因此，如果商事投融资中最"厚"的不确定性是人带来的，那么法院在这个问题上其实无法起到太大作用。举个例子来说，在上市公司中，最大的不确定性在于职业经理人的决策是否明智、是否忠实、是否勤奋。对此，普通法院最终形成了一套稳固的商业判断规则，只要管理人没有欺诈和自私自利的行为，法院就无从审判；至于管理人的决策是不是合理的、是否进行了尽职调查、是否明智，法院没有能力作出判断。尤其在现在，公司法、证券法等对管理者股东的权力扩大的认可越来越宽松，管理者股东对资产掌控的范围远远超出了他们与公司经济利益的勾连。那么，我们如何理解这两者之间存在的张力呢？

戴昕｜北京大学法学院长聘副教授

张老师的讲座理论性非常强，而且包含了两个非常经典的问题，第一点是将国家能力建设（state capacity）的问题引入经济理论中的企业理论（theory of firm)问题当中,这对法律经济学理论是一个很大的贡献;同时,张老师这篇文章抽象程度很高,虽然还未形成理论(theory),但他在其中揭示的核心要素对我们分析很多问题有很大帮助。

我基本同意张老师的观点。的确,在大规模的生人之间的复杂贸易中,需要国家至少提供一些法律技术或者法律基础设施,这也是宏观的制度讨论当中一个比较重要的讨论传统。我也完全同意国家能力的重要性。张老师提出的这套理论不仅揭示了为什么企业组织的外在形式会出现,而且也可以解释为什么资本市场在这之后才出现:当然是因为资本市场的发展需要更强的国家能力,才能支持这种具有更大规模的陌生人之间的资本要素的合作。具体到公司,我也有几个问题想要与张老师探讨。

如果细致地讲,现代企业法出现后,公司形式(corporate form)其实存在众多不同,有封闭公司(closed corporation),有开放公司(open public corporation),还有上市公司(public traded company)等,而且在企业组织刚出现时,封闭公司更多,开放公司则相对较少,而封闭公司的嵌入性(embeddedness)很强,它们是牢牢嵌入在社会网络当中的。

但是我们怎么理解这种企业组织最初出现时期的现象?Stewart Macaulay从合同法出发,认为在20世纪60年代的威斯康星商人之间,法律其实并没有什么用。同样地,企业法对早期的企业组织可能意义也不是很大。当然这并不是对张老师理论逻辑的反驳,从根本上也可以说是一致的:某种意义上真正的现代商业公司(modern corporation)必须要有比较强的开放性,封闭公司(closed corporation)或者家庭之间的合伙其实都不需要商业公司,而熟人之间之所以也要成立公司,可能是熟人有时候需要去和生人合作,也可能是熟人内部的一些其他的需求。

更早以前的儒家资本主义规模很大,从事的业务也非常复杂,但它的企业控制结构却比较简单,主要是基于家庭网络。在这种情况下,国家提供的公司形式(corporate form)可以满足他们什么样的需求?还是所说,只是因为这些企业也需要和他们家族以外的,特别是自己文化圈以外的其他人来往?所以我的第一个问题是为什么国家会从一开始到现在,都要提供多种不同的公司形式?不同的公司形式发挥的社会功能难道是一样的吗?

第二点是关于“厚度”的概念问题。我认为这个概念非常有趣,有很强的社会学意味。我对这个概念的理解是:“厚度”对应复杂性,复杂性源于不确定性，而不确定性来自能力（capacity），那么如果“厚度”主要考虑的是能力（capacity）或偶然性（contingency），那这与我们传统的经济理论到底有何不同？传统的公司经济理论强调所有权（ownership）与控制权（control）分离，因为需要控制的东西太多了，无法在合同中一条一条说清楚，所以变成了控制（control）而不是合同（contract）。而一般认为，拥有剩余索取权（residual claim）的人最应该来实施控制，因为他是最有动力进行管理和控制的。股东在取得控制权后，由于无法处理这么多事务，于是又增加了代理（agency），就出现了代理成本的问题，代理链条越长，越难进行合同上的控制。除此之外，还有协调（coordination）的问题，即使不必然存在尔虞我诈的情况，但是由于涉及的人数太多，必然需要一个组织形式来协调。

所以我的第二个问题是，张老师所讲的“厚度”与我们传统经济理论中所讲的代理问题（agency problem）、控制问题（control problem）、协调问题（coordination problem）到底存在怎样的区别？根据张老师的论述，陌生的股权投资者是为了获得平等对待（equal treatment）而联合在一起的，因此他们的主要需求是中立、可信的第三方，而这样的第三方是无法通过合约或网络提供的。刚才陈若英老师也指出，一切问题都是人的问题。在我看来两位老师在这个问题上的矛盾并不大，张老师认为国家并不能告诉你什么才是更好的控制安排（control arrangement），但是因为你们之间的问题你们自己无法解决，所以国家只是提供一个中介。我们对法官的要求只是中立。但我们现在也看到，现代国家似乎希望能不断提高司法的能力，比如特拉华法院很受欢迎，不是因为他更中立，而是因为他更专业。所以市场交易主体对国家的需求到底是什么？这可能更能帮助我们理解“厚度”对公司形式的影响到底在哪儿。

张泰苏

关于“厚度”概念的问题。严格意义上这不是一个新概念，而是传统公司理论的分支。在科斯的公司理论（theory of the firm）中，并没有严格区分不确定性的来源，而只是把所有的不确定性杂糅在一起，从而指出在某种情况下我们需要公司，而不能仅仅依赖合同。我们所谓的“厚度”指的是经济行为本身的性质，而不是经济关系的性质。经济关系带有不确定性，因此产生了一些代理成本（agency cost）。在这里，我们用“生人交易”这个概念来体现代理成本。然而，在经济关系带来的不确定性之下，还有单纯的经济行为本身的不确定性。科斯的理论和传统的经济法的概念肯定是已经包含了这些内容的,只是我们认为这个概念本身内部不够精细。

那么为什么要把这个概念进行拆分,区分经济关系带来的不确定性和经济行为本身带来的不确定性?在传统理论中这两者是一体的,而之所以要将两者分开,是因为我们想把现代国家和传统这两种提供规则的模式区别开来,因为在传统意义上的联系紧密的社区(closely knit community)和法律商人(law merchant),尤其是法律商人,它实际上需要应对的是经济关系的不确定性。相应地,它自身零散的、市场化的制度模式使得它不能应对经济行为本身的不确定性,因此在我们看来这些都不是“有厚度”的。综上,我们的“厚度”概念与不完全合同(incomplete contract)本质上是一个概念,但由于一些具体应用情景上的问题,我们最终选择了“厚度”这个术语,你可以把它理解成是代理成本的一个分支。

“厚度”这个词与金融学里的“不确定性”(uncertainty)是完全一致的。因为在这之前有人已经使用了“不确定性”这个概念,在他们那里,“不确定性”是指完全的、天灾式的、不可预测的变量,但我们的含义跟他们的不完全一样,我们更多强调经济行为本身带来的不可预测性,而不是那种纯粹外部的、随机的不可预测性,所以为了避免混淆,选择了“厚度”予以表述。

资产分割实际上是一种产权。我们主张的资产分割需要国家,与 Hansmann 所说的需要法律不是一回事。Hansmann 所谓的法律(law)并不仅仅指代现代国家下的现代法律,凡是自上而下的制定者制定的规则都是法律。在一个熟人社会里,通过习俗制定的习俗规则一样可以提供他认为的所谓的法律(law)。而我们想要表达的是,这种意义上的法律其实不足以形容资产分割这个法律工具的特性,因为它不单纯是一个产权问题。更重要的,它是一个在熟人社会中基本不必要的风险规避和风险再分配机制。我们想强调的就是,正因为资产分割具备这两个功能,它在熟人社会中根本就不必要,它只有在生人社会中才是具有吸引力的法律体制。

关于陈若英老师提出的,针对现代公司所存在的“厚度”,法院能不能提供法律执行(law enforcement)的问题。我们实际上想表达的是,法院所要提供的并不是干预公司治理,而只是保障股东对管理者的管理(governance)能够有效运行,保障每一个股东的权利都能得到平等的对待。在这种情况下,才更需要现代国家所能提供的正规化的执法功能。

最后，戴昕老师指出的，在现代社会仍然存在熟人之间使用现代商业公司形式的例子，如何解释？在我看来，一旦现代国家兴起，整个社会的规则都会发生变化。在现代国家兴起之前，除了国家，还有许多其他的规则制定者和提供者，如村落、家族、商会等。而现代国家一旦形成规模，就会把其他规则提供者挤出去。现代国家和其他规则的提供者实际上大多是一种互相敌视的关系，现代国家不希望在自己的治理下有其他的规则提供者。所以我们的观点是，在熟人社会里不需要公司，而不是说，在熟人之间不需要公司。在一个由现代国家治理的生人社会中，熟人之间仍然可以出于各种各样的原因成立公司，但他们的思考方式已经与熟人社会之下的完全不一样了，他们无论如何最终都需要面对国家。既然最终还是要面对国家，不如干脆利用国家提供的潜在的条件寻求规模经济的可能性。因此，熟人之间的关系在生人社会和熟人社会是不太一样的，他们整个的经济行为也是不一样的。

提问环节

问：张老师今天的讲座并没有延续您前两本书的思路，从文化和意识形态的角度来论证现代国家在现代商业公司兴起过程中的作用。根据您的推理思路，前现代的中国是有能力提供资产分割的，但是它没有，原因主要是没有需求。但我想提出一个假设，有没有可能是社会不愿意提供呢？资产分割背后其实有一定的分配正义的考虑。举个例子，《红楼梦》中有这样的一个片段：秦可卿劝王熙凤去置办一些田地，多购置一些房屋，然后放进祭祀产业里去。这样的好处是，即使之后贾府家道中落了，但祭祀产业是不入官的，这其实就是一个资产分割的安排。祭祀产业具有最强优先性，甚至强于国家和贾府的债权人，这其实也是一种分配（distributional）安排，因为它限制了国家对私人财产的控制权。所以我的问题是，资产分割背后可能存在一个潜在的文化或意识形态方面的影响，您可能需要论证一下这一可能性。而且即使是现在的中国，它同样对资产分割存在限制，如在国有企业改制过程中经常出现这样的问题，这背后也体现了分配正义的问题。

张泰苏：什么样的问题可以用文化或者意识形态解释？一般是不同国家之间的差异。我的前两本书某种程度上解释的都是中国的特殊性。在这种情况下探讨文化、宗教、意识形态等都是可能的,而今天讲的这篇文章之所以没有延续这种思路,正是因为在这里我们想解释的是某种超越文化范围的普遍现象。放眼望去,18 世纪之前,无论在哪个国家或地区,都不存在现代商业公司体制,这个观点已经有很多法律史的学者做出过系统的梳理。资产分割和有限责任这两个概念某种程度上一直存在于其他经济关系之间。比如,单趟航程的物品交易这种比较“单薄”的经济关系在前现代社会是存在的,但在公司治理层面的“有厚度”的经济关系,不管哪里都不存在。既然这是一个普遍的现象,再用文化解释就很困难了。在解释资产分割的某些因地而异的细节问题时,或许存在文化和意识形态上的解释可能,但从宏观的角度上解释为什么在全世界范围内直到 18 世纪之前都没有出现资产分割制度这一问题,已经超越了文化解释的能力范畴。

[本讲座中文内容以张泰苏教授所作的“北大法学院全球教席云课堂”讲座“国家建设与商业公司的兴起”(2020 年 11 月 7 日)为基础进行整理。北京大学法学院 2021 级法学硕士研究生吴应娟、2022 级法学硕士研究生雷雨鑫、2022 级法学硕士研究生曹婧怡参与翻译整理,北京大学法学院长聘副教授章永乐审定。]

比较法视角下的数字劳动平台及其最新发展

Sean Cooney

主讲人简介

Sean Cooney 是澳大利亚墨尔本大学法学院前任副院长和法学教授，其研究领域涉及国际法、以亚洲为重点的比较劳动法和雇佣法。他致力于研究提高国际劳动标准的新方法，参与研究中国劳动法改革。他于 2014 年至 2016 年作为专家在日内瓦国际劳工组织（ILO）劳动法与改革部门任职，为中国、印度、马来西亚、缅甸、巴基斯坦、越南等国政府提供建议。Cooney 教授拥有墨尔本大学学士学位、哥伦比亚大学博士学位，并有劳动法和行政法领域的律师执业经历。其著作包括《中国的法律与公平工作》和《个人劳动争议的解决》等。

主题演讲内容精编

有关数字劳动平台的热门话题集中围绕服务型互联网公司展开,后者包括中国的滴滴出行、新加坡等东南亚地区的 Grab、美国的 Upwork、印度尼西亚的 Gojek、南美的 Rappi、英国和许多其他地方的 Deliveroo 等,以及在世界各地开展业务的亚马逊。各国学者和国际劳工组织都在关注平台与劳动者之间的关系。自新冠疫情暴发以来,该领域研究的最新发展集中在两个问题上:第一,居家工作的相关问题;第二,如何对待不能接种疫苗的劳动者。

中国数字平台的分类

中国的数字劳动平台主要分为两类:一为基于导航定位提供服务的平台;二为数字劳动平台。基于导航定位提供服务的平台一般是提供网约车或者网上订餐服务。其提供的服务可以分为两类:运输乘客和运输货物。提供运输乘客服务的平台有中国的滴滴出行、美国的优步、新加坡等东南亚地区的 Grab 以及印度尼西亚的 Gojek。提供运输货物服务的平台提供运输食物和其他种类货物的服务。

数字劳动平台一般指提供外包工作的服务,如有的公司将计算机编程、编辑文档等工作寄出,由接单者完成,完成后再将文件发送回客户处。由于这两类工作均在线上完成,所以也称为基于网络或在线提供服务的数字劳动平台。这类平台细分为三种类型:第一种是为自由职业者创设的平台,用户可以从事记者类工作;第二种是为从事计算机编程劳动者创设的平台,这类平台要求劳动者具备计算机编程的技能;第三种是为小微任务劳动者创设的平台,平台提供的工作一般是清理数据或者修正人工智能的错误。虽然上述三类平台的工作原理和劳动者们接受教育的程度都不同,但无论是公司与劳动者之间,还是客户与平台之间,均可能涉及劳动合同服务条款协议的问题。

算法监管

网络劳动平台为劳动者提供新的就业机会。由于人数众多,平台偏向选择算法监管提高管理效率。例如,通过客户评价、完成时间等因素评估劳动者的服务质量,劳动者的服务质量不合格时平台自动停止其服务资格。虽然算法监管保护劳动者免遭因性别、种族或国籍等的区别对待,但人工智能远不如人力管理灵活,如劳动者会因收到客户不合理的差评被终止服务权限。算法监管还引发了一系列社会问题。以澳大利亚为例,平台劳动者不受劳动法保护,因此他们休假、劳动保险等基础权益无法得到保障;劳动者难以申诉违法行为(如算法系统不合理地扣除佣金);司机因为平台的激励措施(工作越多,奖金越多)而危险驾驶;传统出租车公司被取代引发传统司机对新就业模式的抗议;传统设计师被网络零工取代等问题均已出现。

确立劳动关系的重要性

大多数的合同认为数字劳动者不是雇员,而是独立的承包商或者商业合作伙伴,这意味着他们没有资格享受雇员的福利。不可否认有一些劳动者是真正的自由职业者,所以不能认为所有人与平台都能成立劳动关系,但不存在劳动关系并不意味着得不到相应的福利。国际劳工组织的基本标准不仅适用于雇员,也适用于其他劳动者。例如,所有的劳动者均应享有结社自由、集体谈判权以及不受性别、种族、国籍等歧视的权利,以及有权拒绝一切形式的强制劳动和使用童工。但在实践中,大多数法域不允许非雇员参加集体谈判。无论合同协议如何规定,基本标准均应保护所有劳动者。

除基本标准外,还有一些惯例也十分重要。第一,工作安全问题,相关公约没有规定安全保障的问题。因此很多问题都有待解决,例如,平台对网约车司机危险驾驶行为负什么责任?平台对超时或者在危险条件下工作的行为应负什么责任?如果发生交通事故,谁应承担赔偿责任,是司机还是平台?第二,社会保险问题。如果平台没有提供生育保险或退休保险,平台应该怎么补偿劳动者?第三,选择工作平台的权利。例如,平台劳动者在优步累积了很好的工作评价和工作经验,但当劳动者想要跳槽到 Grab 工作时,在优步上的工作记录不能转移到 Grab,这就限制了劳动者的流动性。劳动者没有访问平台数据的权利,也不能阻止平台未经同意使用隐私信息的行为,劳动者的数据隐私存在安全隐患。在澳大利亚,法律明确规定了数据保护、公平支付等制度,当然其中数据保护不仅适用于雇员或工作人员,也适用于消费者和业务合作者。基于以上，总体来看，确定劳动关系是否存在是很重要的。

很多标准并不适用于所有劳动者，如最低工资标准，即使从国际劳工组织的角度看，有些标准也只适用于雇员。另外，在很多国家中，即使通用标准认为其应适用于所有劳动者，但政府却仍然认为仅适用于雇员，如集体谈判权。因此，在明确平台责任时，一方面，不能认为平台应该绝对负责任；另一方面，可以参考许多不同系统的健康和安全立法标准，若标准提到“在合理可行的范围内”，即平台只需在真正影响事件的范围内负责任。一旦平台拥有了控制权，就需要出于安全原因使用这种控制权或者停止歧视等行为。如在中国的法律制度中，允许与其他实体分担部分利益的共同责任，特别是数字劳动者同时在不同平台工作的情况下，共同责任的承担方式显得更加重要。

然而，实践中要解决上述问题是困难的。在一个来自瑞士、智利、意大利、韩国和许多其他国家的学者参与的项目中，研究者采访了大约1.2万名劳动者和80家企业，采访地区包括亚洲、非洲、欧洲和北美洲。调查结果显示，数字劳动者的权利难以保障的原因有以下三点：第一，平台的多样性导致制定统一标准的困难。第二，多元化的劳动者导致需求不同，处于弱势地位的劳动者比较需要保障，但相对独立的劳动者往往很乐意为平台工作，并且由于他们本身工作机会较多，也受过良好的教育，因此他们并不容易受到伤害。第三，平台劳动问题涉及跨法域的问题。例如，商家在美国建立一个平台，客户可能来自日本、英国等世界各地。因此，就平台劳动适用法律时会面临复杂的问题。如政府政策的问题，政策是倾向于鼓励就业、鼓励新的工作类型，还是倾向于社会保障。

集体谈判

传统的规则认为雇员可以通过劳动代表进行集体谈判，但非雇员以外的劳动者想要进行集体谈判就十分困难，因为法律没有规定个体经营户集体谈判的方式。例如，在拉丁美洲，劳动者不满平台对新冠疫情的处理方式，但他们只能在社交媒体，或在阿根廷等地进行抗议，却不能集体和平台谈判。在欧洲，法院认为劳动者团体集体谈判违反竞争法，因为竞争法不允许一群小商人联合起来与一个人或一家大公司做生意，而这一规定影响并扭曲了市场。爱尔兰和法国等一些地方已经开始修改其法律，允许某些类型的劳动者进行集体谈判。到目前为止,欧洲法院对这个问题的回复是,如果个体户实际上是雇员,但被错误地描述为个体户,则应该认定这类人为雇员,这样他们就有讨价还价的权利了。但如果他们真的是个体经营者,则不适宜使用这项权利。

在其他一些国家,法院和监管机构允许非雇员进行集体谈判。例如,加拿大规定依赖平台劳动的人可以与平台集体讨价还价。当劳动者大部分工作均源自一个平台,这意味着这是劳动者的唯一工作,而不是兼职。这类劳动者可以和雇员一样享受与平台谈判条件的权利。阿根廷的规定也与之相类似,而在澳大利亚这也将会变得容易。另外,丹麦作为欧盟成员国,对竞争法很谨慎,即便如此他们也在努力达成协议,让这些劳动者有发言权。然而,即使劳动者可以集体讨价还价,实践中也存在一定的困难。因为平台劳动者来自世界各地,很难联合起来谈判。因此,即使能够解决竞争法的法律或劳动法改革等问题,进行集体谈判仍然是困难的。

■ 健康和安全

传统法律认为只有雇员才在法律上受到健康和安全工作条件相关规定的保护,但澳大利亚、新西兰和新加坡等地则规定,非雇员也可以得到保障。其中新加坡的法律构想与其他国家虽略有不同,但基本理念是一样的,即所有工作的人都应受法律保护,所以他们在健康和安全法保护的范围内。这个构想中没有雇主的概念,而认为只要一个人在经营一项生意或事业,则有责任在合理可行的范围内确保受该人影响或指挥的劳动者的健康和安全。因此,即使平台没有雇佣某人,只要它实际上影响或指导了劳动者,则应该对他们负责。

传统经济模式,如建筑行业,每个人都在做各种各样的工作,如电工、木匠,因此会有很多不同的合同,所以雇主很难为雇员提供一个安全的工作场所。这种情形下会认为负责工作地点的人要承担一些责任,如分包商,而劳动者本身也应该为自己的行为负责。转换成平台经济模式考虑,司机可能需要对自己的行为负责,运行平台和构建计算机程序的人需要考虑工作对劳动者的安全影响。所以,每个人都有一定的责任,因为他们都有影响工作的能力。这种说法在澳大利亚、新西兰、新加坡以及其他一些国家都有应用,这些想法逐渐拓宽了我们所说的安全价值。

社会保险

新冠疫情暴发以来,墨尔本出现过严重的疫情传播,其主要原因在于人们需要线下跨越地区到公司上班。又如在韩国,人们会通过平台订购东西,并由运送货物的司机送到配送中心,再由服务人员取走货物送到顾客的地址。一旦有感染病毒的人到过配送中心,则会迅速传染到很多地区,其中有一个服务人员传染造成 50 人感染病毒的情况。此时公司应该确保配送人员佩戴口罩,以防止病毒传播,但韩国公司没有要求雇员戴口罩。另外由于平台劳动者不工作就没有工资,也没有请病假的机会,所以他们即使被感染了也得坚持工作,墨尔本也存在这种情况。

另外,支付医疗费用的责任也需要关注,因为一些劳动者没有医疗保险。在澳大利亚每个人都有医疗保险,所以公司只需采取措施防止疫情传播,而政府会给被感染的员工发工资,即使他们是个体经营者。因此,社会保险是澳大利亚应对病毒传播的重要一环,秘鲁、阿根廷和智利等国也采取了类似的措施。但在其他地区,如拉丁美洲并没有类似规定,被感染的劳动者在生病期间因无法工作而失去工资。有一些公司和地方政府推出了创新的想法,将社会保险的受众拓展到平台劳动者。例如,中国的滴滴出行公司开发了自己的保险系统,运输劳动者、出租车司机受伤,法院会认为平台需要提供社会保险。又如在乌拉圭,税务部门或社会保障部门能够获得平台每笔交易的记录,在税收系统中有关部门会扣除一部分款项支付社会保险。印度尼西亚、马来西亚、法国和西班牙亦执行类似的政策,这些政策都有政府参与,而非纯粹的私人系统。因此,国际劳工组织开始关注,政府是否应该监管平台自己提供保险的情况。

数据保护

欧盟通过了《通用数据保护条例》,其对数字劳动平台有重大影响。平台拥有大量的用户信息以捕捉用户的出行路线、搜索偏好等。中国、印度、尼日利亚等国家的规定均非常接近欧洲的标准。有两个特别重要的问题与此相关。第一,访问数据的权利。传统的工作模式下,劳动者转换平台可以通过获取推荐信的方式,但是在平台经济下,劳动者很难获取推荐信,他们只有工作数据,如累积好的客户评价,但劳动者却没有访问数据的权利,他们也很难转换数据到另一个平台。因为每个平台都在使用自己的特定程序和不同的代码标准,所以数据必须以某种方式转换,这涉及兼容数据的问题。欧盟《通用数据保护条例》中也谈到了这种情况,但在数字经济或平台经济的背景下并没有很好地解决这个问题。因为平台都想保密应用程序的设计,所以他们不愿意转移数据。

第二,数字劳动者完全依赖平台的自动决策程序,即劳动者要在这个平台上工作,就完全依赖程序为他们做决定。因此欧盟《通用数据保护条例》规定在某些时候让一些人作出决定的权利,即平台可以查看机器作出的决定是否合理。但由于这样的做法降低了工作效率,所以平台往往不愿意执行,但实践中有例外,如个人可同意是否接受完全自动化的决策等。

劳动关系

国际劳动组织规定认为,雇员与独立合同工的区分并不重要。实际上,许多法律体系却认为这是个重要的区分,所以涉及平台劳动者法律地位时各国的规定差异甚大。现在的趋势是,平台不再认为他们对非雇员没有责任,但是担责标准应该比雇员要低。例如,平台可能会在合同中说这个人不是雇员,但如果他们实际上把这个人当作雇员来对待,则合同可以不予履行。如果合同是假的,则应该根据实际情况进一步判断。一些国家(如法国和西班牙)已经确定平台劳动者是雇员,法国最高法院最近亦表示优步司机是雇员,原因是优步对这种工作安排的基本性质有控制。虽然平台无法控制劳动者的工作时间,但可以控制工作系统、应用程序、文字、环境,而这些都是劳动者们无法改变的。因此,法国最高法院说这是一种劳动关系,西班牙最高法院也表示在这种情况下存在劳动关系。但在澳大利亚,情况正好相反。因为在澳大利亚辩称优步司机是雇员的案件失败了,法院称平台不存在控制权,因为雇员仍然可以控制自己的工时,他们不需要在特定的时间工作。还有第三种看法,即认为这类劳动者既不是雇员,也不是独立的工作者。他们介于两者之间,就像依赖他人的劳动者。有三个国家持这种观点,它们是英国、意大利和加拿大。加拿大已经允许一些非雇员劳动者进行集体谈判,而英国目前也有一个非常重要的案例，叫作冰岛案例。到目前为止，英国法院表示，平台司机和送货劳动者不是雇员或独立承包商。他们是不同类别的劳动者，他们有权获得最低工资。我们是否应该创建一个新的类别不同于那些传统的类别，这种类别的劳动者可能会有一些社会保障福利等。其他人则认为这是有问题的。意大利在实践中认为设置中间类别存在负面影响，所以有第三种分类的观点是很有争议的。最近，美国加利福尼亚州也开始提出这样的想法。加利福尼亚州法院曾提出一项新的劳动关系检验标准，这个标准最初是法院的决定，后来在加利福尼亚州劳动法院被制定成法律。这项标准表明，劳动者是一名雇员，而不是独立的承包商，除非雇主或平台能够证明他们不受控制。因此，在加利福尼亚州很难明确一个人不是雇员。在加利福尼亚州的很多公司对此非常愤怒，因为他们不希望所有的优步司机都要成为他们的雇员，所以他们花费 2 亿美元来推翻这项法律。最终法院成功了，公司将为第三类劳动者设立及提供社会保障福利，如最低工资、健康和安全保障。加利福尼亚州的成功表明第三种类型在未来有相当大的发展前景。

■ 争议解决

劳动争议解决涉及私法的争议。一些极端规定认为，许多平台公司和劳动者之间发生纠纷，只能申请劳动仲裁而不能将案件提交给地方法院，这意味着地方法院没有管辖权。各国公司都在努力不诉诸法庭，他们认为仲裁远比法院诉讼的成本低。但认为法院没有管辖权是错误的，特别是如果仲裁程序有根本性的错误，或者算法错误等问题都需要由法院系统独立审查。虽然排除法院管辖的做法在美国是可行的，但在其他绝大多数国家这样做是不被允许的。例如，在加拿大的一个案子中，合约规定司机和优步公司之间发生的纠纷将由荷兰仲裁庭决定，所以劳动者如果与公司发生争议则必须去荷兰解决争端。这个规定十分荒谬，因为司机一般都不会选择飞往荷兰对一家大型平台公司提起仲裁诉讼，但是很多国家都存在这种情况，如肯尼亚、英国等。但加拿大的劳动者们挑战了这一条款，指出这是不合理的。这是因为，第一，这违反普通法原理；第二，大多数国家都不愿意使用其他国家的法律。实际上还有很多问题有待解决，如平台在中国，而劳动者在国外，在这种情况下劳动争议解决是一个困难且复杂的问题。又如一般认为如果劳动者是司机，应该明确司机所在地的法院有管辖权，但如果司机一直在线上工作呢？或者劳动者在印度工作，这是否意味着法院应该适用印度的法律解决争议？这些问题都有待解决。

数字技术与劳动：最新发展

在原《工作安全法》中，澳大利亚主要讨论的是雇主和工人之间的关系。但新法律《劳动安全法》不再局限于讨论两者的关系，其认为雇主需对所有工作场所的劳动者负责，因为雇主可以控制劳动者的工作环境。因此，该法不仅可以解决劳动关系问题，还涉及雇主责任承担的问题，这意味着这项法律适用于包括就业、实习生、获得工作经验的学生和志愿者在内的劳动职业介绍所。

关于居家工作的安全问题，澳大利亚将工作场所定义为进行工作的地方，包括任何地方。这意味着，即使员工在家工作，雇主也有义务控制或确保员工在工作时的安全。关于用人单位的责任，包括用人单位必须做一些合理的实际工作。但是雇主不需要做所有的事情，只需要在一定范围内做一些实际的事情。此外，根据澳大利亚《劳动安全法》规定，雇主有责任确保员工的工作安全。也就是说，雇主必须与工人协商工作保障问题。其中，劳动者可以提名一名代表与雇主谈判。如果工作太危险，劳动者可以要求停止工作。为此，雇主必须做一个风险评估，比如劳动者所在的工作场所有什么危险？除雇主外，政府和工会也有责任和权力监督工人的工作安全。由此可见，澳大利亚《劳动安全法》是一部比较宽泛的法律。工作环境问题包括所有与工作环境相关的事情，如劳动者在家工作时使用的桌子是否会损害劳动者的肌肉、照明是否充足、室内温度等问题。雇主对这些问题负责的依据是，当劳动者在家工作时，家庭是劳动者的工作场所。

居家工作除了对劳动者有生理影响外，还可能产生心理危害。例如，员工在很长一段时间内无法与同事进行社交，而且在工作时还会受到家庭或孩子的影响。由于员工在网上工作，网络暴力的风险也在增加，甚至还面临家庭暴力的责任分担问题。家庭暴力过去是一个私人问题，但当员工在家工作时，它就成为工作场所的潜在危险。公众仍然不确定如何处理这样的问题，但政府已经提供了一些指导性的解决方案。然而，由于案例较少，这一领域的法律研究还不全面，需要学者的推动。

由于工作场所已经从开放给内部员工的公共场所变成了私人居住空间,因此对工作场所的检查如今也包括对私人住宅的检查。然而法律规定,我们不能擅自闯入别人的住宅,所以这是一个有待解决的问题。此外,在弹性工作条件方面,灵活的工作安排意味着雇主可以根据员工的具体情况改变工作关系的内容。但这只适用于雇员,而不适用于没有工作关系的第三方。雇主可以拒绝雇员的要求,但必须提供合理的理由。在过去,有年幼孩子的父母或女性更经常使用这一规则。他们经常要求雇主允许他们早退去处理家庭事务。那么员工对此有何反应呢?例如,当一名员工要求在周末而不是工作日工作时,这会被允许吗?

关于如何对待不能接种疫苗的人,各国的政策各不相同。澳大利亚的疫苗接种率很高,但仍有一部分人拒绝接种,对于这些人来说,首先要分析的是歧视问题。例如,雇主拒绝雇用没有接种疫苗的人是否公平?在澳大利亚,没有很多与疫苗相关的法律规定,每个州通常都有自己的公共卫生规定。因此,大多数有关疫苗的法规都是在州一级制定的,很少有全国性法律。这些规定是一种罕见的类似于美国联邦法律体系的国家法律。例如,在我居住的澳大利亚维多利亚州,我们有一级防御,即封锁城市。大约10%的公民反对政府,因为他们不相信封锁能解决问题。他们捍卫自己行动自由的宪法权利。然而,高等法院认为,因大流行病而实施的封锁并未侵犯宪法权利。因为法律没有禁止人们行动的自由,只是暂停了从一个州到另一个州的旅行。甚至高等法院认为,由于旅行禁令是为了更好地预防和控制流行病,所以不遵守这一规定的人是违宪的。而在美国,如果纽约州颁布了一项类似于封锁的公共卫生措施,美国人可能会认为这是违宪的。但在澳大利亚却完全不同。

澳大利亚曾经发生过一个案件引起民众热议,即澳大利亚一家航空公司的员工因拒绝在工作时佩戴口罩且没有出示医学证明而被解雇。工会认为这一决定是公平的。因为国家规定除健康问题外,所有人都需强制接种疫苗,尤其是正在医院、学校、户外以及负责公共交通的劳动者。对此,社会上有两种观点。一种观点认为,公司不愿意聘用不接种疫苗的劳动者是一种歧视,因为任何人都有工作的权利。正如我们不能因为婚姻状况、家庭、宗教、残疾等原因解雇一个人,除非有特殊的原因,如这项工作的性质不能由残疾人担任。否则,解雇没有接种疫苗的人就等于解雇残疾人一样,是一种对身体素质较差的劳动者的歧视。

另一种观点认为,解雇拒绝接种疫苗的人是合理的。这种观点认为解雇劳动者需要合理的理由。澳大利亚新南威尔士州的最高法院认为，拒绝聘用未接种疫苗的人不属于歧视，因为接种疫苗的人和没有接种的人在传播新冠病毒的风险方面有本质的不同，没有接种疫苗会对其他人造成危险。在另一个案例中也有同样的观点，其中一个在疗养院工作的女士（Mrs. Kimber）拒绝接种疫苗，并尝试让医生提供证明她因为某种健康原因而不能接种疫苗的假证明。由于在疗养院工作需要强制接种疫苗，所以除非 Mrs. Kimber 基于健康证明不能接种疫苗，否则她不能继续在疗养院工作。一些人甚至将她反对接种疫苗的立场视为一种信仰，并基于这种信仰而拒绝接种疫苗。但法院认为，雇主可以解雇拒绝接种疫苗的人，因为雇主命令员工接种疫苗并不意味着强迫员工接种疫苗，是否接种疫苗仍然是劳动者的自由选择。

评议交流环节

阎天｜北京大学法学院长聘副教授

法律专业的学生和学者对算法的了解非常少，我们如何尝试为此建立一个法律框架？

Sean Cooney

传统会采取监测和跟踪的方法，但由于我们无法得知算法是如何计算结果的，所以我们更应该考虑在造成歧视性结果时如何消除歧视性影响。解决机器算法错误以解决歧视是十分困难的，因为需要公司提供算法的设计代码，但公司往往不愿意这么做。

阎天｜北京大学法学院长聘副教授

关于夫妻之间的家庭暴力，为什么它会影响工作？为什么它和工作有关？家庭暴力造成的伤害应该被认定为工伤吗？

Sean Cooney

在墨尔本这是一个严重的问题，因为居家工作的情形增加，会提高发生家庭暴力的危险,如妻子被丈夫殴打。在居家工作的情况下,家庭暴力不仅仅是个人问题,它可能导致员工在危险的环境中工作,雇主需要采取措施帮助这些人。雇主不是为家庭暴力这一行为本身负责,而是为未能采取措施保护雇员而负责。

阎天｜北京大学法学院长聘副教授

澳大利亚有没有法律保护在疫情中失去工作的人?法律能提供什么保障去改善他们的经济状况?

Sean Cooney

政府为企业提供了很多保护,包括财政支持。2020 年至 2021 年上半年,政府推出政策并申请资金确保每个人都能平等地接种疫苗,其中政府将资金提供给公司维持日常运营。有盈利能力的企业则不符合申请该项资金的经济条件,因为他们有能力支撑运营。2022 年,政策发生了变化,政府不再向企业提供资金,因为澳大利亚不再封锁城市,封锁结束后,政府也给这些公司提供了资金,但这项措施不会再执行。市民觉得这项措施本质上是一件好事,因为如果他们失业,他们可以得到一些钱用于接种疫苗和失业救济。但是政策取消后,公司可能将无法支付失业福利和保险。

提问环节

提问一

如果我们想在这一领域中开拓出新的方法,并进行创新性的研究,是否有重要的尚待研究的主题?

Sean Cooney

这个领域的未来动向不好预测。目前我们能够明确的是欧盟对集体谈判的关注变得重要,但是关于网上协商集体合同以及社会保障这两方面的文献并不多。疫情背景下的健康和安全问题也是一个值得研究的领域。

提问二

员工可以通过出示合理的理由来避免不公平解雇。请问在这个语境中,什么理由可以算是合理的?

Sean Cooney

这取决于具体情况。不公平有三个不同的方面。一是“严厉”,二是“不公平”,三是“不合理”。首先,“严厉”指对雇员的个人和经济状况造成的严重后果,与雇员的行为不成比例。例如,雇员因要照顾生病的孩子而迟到,属于紧急情况,雇主因为这个情况解雇劳动者是不合理的。其次,“不公平”指的是雇主解雇员工必须是公平的,例如,雇主的指控缺乏足够证据。最后,“不合理”指解雇的理由必须具有合理性,例如,雇员的行为没有任何不妥当的方面。如果雇员被解雇,其在解雇后有 21 天的上诉时间,法院一般会在两个月内作出决定。如果法院认为这个结果是不公平、不合理的,则雇主应该重新聘用雇员。

提问三

澳大利亚的一些州要求工人强制接种疫苗。如果你在医院工作,我认为这是必要的。但是,如果你在低风险地区工作,接种疫苗也是强制性的吗?

Sean Cooney

法律明确规定,没有接种疫苗的人不能在医院、学校或疗养院工作,也不能去电影院和咖啡馆等公共场所,因为没有接种疫苗的人感染病毒的风险更高。并且雇主可以对雇员提出要求,包括健康状况方面的要求。

[本讲座中文内容以 Sean Cooney 教授所作的两场“北大法学院全球教席云课堂”讲座“比较法视角下的数字劳动平台”(2020 年 11 月 24 日)、“数字技术与劳动:最新发展”(2021 年 11 月 16 日)为基础进行整理。北京大学法学院 2021 级法学硕士研究生利思琪、2022 级法律硕士研究生陈哲、2022 级法学硕士研究生雷雨鑫、元培学院 2018 级本科生王嘉闻参与翻译整理,北京大学法学院长聘副教授阎天审定。]

交错任期董事会能提升公司价值吗？

Robert M. Daines

主讲人简介

Robert M. Daines 是美国斯坦福大学法学院前任副院长、Pritzker 法学讲席教授、洛克公司治理研究中心高级研究员。他的研究集中于法律与金融的交叉领域，包括高级管理人员薪酬、公司治理、并购、强制性信息披露、首次公开发行、股东投票和反收购法。在进入学界之前，他曾在高盛工作，为企业提供银行和债券融资咨询服务。他曾担任美国第二巡回上诉法院的 Ralph K. Winter 法官的助理。

主题演讲内容精编

■ 美国法上的董事地位与交错任期条款

今天我演讲的主题是交错任期董事会（staggered board）。我不知道大家对欧美的公司法、反收购措施和董事会有多熟悉。希望今天的讲座能对大家有所帮助。

在美国，董事会对公司事务享有广泛权限。首先，全美70%左右的上市公司注册在特拉华州。该州《普通公司法》规定，公司的所有经营和事务应由董事会管理或指挥。特拉华州《普通公司法》被其他州所模仿，是美国公司法最重要的来源。其次，作出错误决定的董事可能因违反信义义务而被起诉。但是，董事很少承担责任。法院倾向于回避在事后评价董事行为，除非相关董事在行为中与公司存在利益冲突。此外，典型美国上市公司具有相对分散的股权结构，这类股权结构也加强了董事的影响力。与之相对，在欧洲的国家或日本，上市公司通常存在大股东，董事会的影响力相对较弱。

法律赋予了董事对公司巨大的影响力，由此引发的经济问题是，哪些因素促成好的董事产生。例如，挑选哪些人担任董事、如何设计报酬、如何组织其任职活动。改选董事的难易度也是问题之一。如果考虑到董事可能因为追求个人利益而偏离股东的利益，则可能需要更为便捷的罢免方式以激励董事为股东利益工作。如果考虑到董事相较于（小）股东具备的商业决策专业能力，则可能需要提高罢免董事的门槛。

在美国解雇董事与选举有关。选举规则可能和公司法中的其他内容一样重要。在我看来，它们可能是最重要的一套规则。想象选举规则极端化的两家公司。公司A的首席执行官永远不会被解雇。与之相对，公司B每天都有选举。每一天，股东醒来后都会有新的董事候选人出现，都需要股东在手机上投票。股东可能会思考，哪个首席执行官或哪个公司更有价值，哪个公司的首席执行官永远不会改变，或者哪个公司的首席执行官可以改变和解雇。当一切都很糟糕的时候，可以考虑解雇董事。人们对此会有不同的看法。这是我感兴趣的。

在大多数美国公司,每年都有一次选举,股东可以举行选举董事会的会议,并改变公司的其他安排。有一些公司采用了交错任期安排。交错任期安排是影响改选董事难易度的重要方式之一。对于没有采用交错任期安排的董事会,所有董事的任期起止时间通常是一致的。因此,所有董事可能在同一次股东大会被改选。采用交错任期安排后,董事将会被分为几组,每组的任期起止时点错开,每次股东大会只能改选部分董事,从而拖长了改选全部董事的进度。

假设董事会有 9 个席位,被平均分成三个不同的类别。每年选举只能更换一个类别。在第一年,股东们可以通过反对票更换 1/3 的董事会成员。为了控制董事会,也即控制过半数的董事人选,需要等到第二年更换掉另外三个席位的人。交错任期安排是一个缓慢的选举过程,需要很长时间解雇董事。股东们即使很沮丧,也不能一年改变董事会构成。在欧美,大部分股东不喜欢交错董事会,因为这限制了他们作为股东的权利。在美国,交错任期安排在公司法实践中受到广泛关注。有 20% 的股东提案意在删除公司章程中的交错任期条款。黑石(Black Rock)等大型机构投资者以及 ISS 等投票顾问的投票政策均反对上市公司采用交错任期安排。近 15 年间,采用交错任期安排的上市公司数量从约 70% 下降到不足 10%,显著影响了董事会和股东会之间的权力关系均衡。在美国,这一安排的重要性集中体现在敌意收购的场景下,因为要控制一家公开公司光靠收购股份可能不够,还需要控制董事会的人选。

交错任期安排是否有利于提升股东价值,是一个备受争议的问题。在理论维度,有多种预测和解释。一方面,交错任期安排制约了股东改选董事的权利,不免让投资者担心这是否会助长董事偏离股东利益的动机,加重代理成本。另一方面,交错任期安排增加了董事与敌意收购人谈判的“筹码”,有助于董事为小股东争取到更充分的溢价。此外,交错任期安排提高了更换董事的难度,有利于董事坚持长期主义的经营战略,降低来自市场的短视主义的影响。要化解这一争论,离不开经验研究的积累和验证。现有研究多支持前一种观点。例如,董事会采用交错任期安排的上市公司:(1)托宾 Q(Tobin's Q)系数或市值更低(Bebchuk and Cohen, JFE 2005; Cohen and Wang, JFE 2013; Guo et al., JCF 2008);(2)并购决策更糟糕(Masulis, JF 2007);(3)对董事的约束机制更弱(Faleye, JFE 2007)。但是,前述研究至少存在三方面不足:第一,只揭示了董事会是否采用交错任期安排与公司价值之间的相关关系,而非因果关系。第二，忽略了同一公司治理安排对不同公司产生异质效果（heterogeneous effect）的可能。第三，无法解释为何众多公司在首次公开发行时采用交错任期安排这一事实。

自然实验：马萨诸塞州的公司法修订

马萨诸塞州于1990年修订州《公司法》（House Bill 5556），提供了难得的自然实验环境填补先行研究的不足。此次修法源于一场敌意收购交易。诺顿（Norton）是一家注册在马萨诸塞州的上市公司，主营产品是磨料磨具等应用于建筑和工业市场的材料。1990年4月，英国公司BTR发布公告，向诺顿股东征集表决权委托，号召诺顿股东支持BTR提名的董事候选人。如果BTR提名的候选人当选，BTR计划推动诺顿公司废除"毒丸"计划，并推动BTR与诺顿实施并购，BTR承诺向诺顿公司股东提供每股75美元的对价，该价格在公告日前收盘价基础上溢价29%。

BTR的敌意收购计划引发了强烈反应。约3000人的诺顿员工举行游行，反对BTR的收购计划。马萨诸塞州议会紧急修改州《公司法》，要求注册在该州的所有公司采用交错任期安排。此外，诺顿董事会与法国公司圣戈班（Saint-Gobain）达成并购协议，协议内容包括圣戈班承诺支持诺顿在并购后继续实施有关研发的五年战略计划。在这些努力下，诺顿成功阻却了BTR的敌意收购。

马萨诸塞州的1990年修法对在马萨诸塞州和州外注册的公司而言构成了外生事件冲击（exogenous shock），为学者利用双重差分法（Difference-in-Difference）实施因果推断提供了自然实验环境。通过将在马萨诸塞州注册的公司在修法前后的公司价值变化和州外注册公司在修法前后的公司价值变化进行比较，可以有效推断出交错任期安排对公司价值变化带来的因果效应。

实证结果：交错任期安排对公司价值的影响

我和合作者将1984年至1997年作为样本期间，选取因1990年修法而采用交错任期安排的马萨诸塞州的公司作为实验组，将非马萨诸塞州注册、未采用交错任期安排的公司中与实验组具有同质性（匹配公司规模、行业、年限等因素）的公司作为参照组，利用双重差分法测量采用交错任期董事会与否和公司价值（以托宾Q作为代理变量）变动之间的因果关系。这项研究设计类似新冠疫苗的开发和试验。疫苗上市前会进行对照试验观察疫苗的效果和安全性。简单来说，试验会组织体质相似的两组被试人群，一组接种疫苗，另一组不接种疫苗，然后比较两组的差异。如果接种疫苗的一组变健康了，而另一组没有，那么可以判断疫苗有效果。

这也是美国第一个有关交错任期董事会与公司价值因果关系的经验研究。研究结果显示，第一，存在上述因果关系，且具有统计上的显著性（1%水平）。第二，这一效果在不同企业间具有异质性。例如，我们选取了两个子样本。子样本A由创新型企业构成，子样本B由创新型且受到卖方分析师关注的企业构成。回归结果显示，属于子样本A的公司比不属于子样本A的公司表现出经济上和统计上更为显著的影响。类似地，属于子样本B的公司比不属于子样本B的公司表现出经济上和统计上更为显著的影响。第三，为了检测采用交错任期董事会可能对管理层行为产生的影响，我们将因变量从托宾Q替换为长期投资水平（代理变量是资本性支出和研发费用）、专利数量、利润操纵程度（earning management）或者资产收益率（ROA）。基于全样本的回归结果显示，采用交错任期董事会促进了公司长期投资、专利数量和资产收益率的增长，降低了利润操纵程度。如果采用子样本会发现，子样本B比子样本A，以及子样本A比全样本均表现出经济上和统计上更为显著的影响。归纳来看，交错任期董事会提升了年轻且创新型公司的企业价值，而对于成熟企业而言，交错任期安排对提升公司价值的作用不明显。此外，当前研究还发现，这些受益于交错任期安排的初创科技型企业展现出与其他公司不同的股东结构。这些股东持股时间长，有更强意愿承受控制权市场约束弱化的风险。

如何理解这些实证结果？我的一项早期研究显示，当马萨诸塞州正式公布修订版《公司法》时，注册在该州的上市公司的股价平均下跌3%。股价下跌的背后可能是投资者担忧1990年修法强制所有在该州注册的公司引入交错任期安排后，收购这些公司的难度加大，弱化了控制权市场机制对公司管理层的约束作用。与早期研究相比，当前的研究拉长了样本期间，从而观察到了采用交错任期安排对公司价值的长期效果，以及长期效果在不同类型公司之间的异质性。对于处于成熟期的上市公司而言，较长的经营历史以及来自更多分析师的关注使得投资者更容易理解公司，保护这类公司免于市场压力的必要性也相应降低。但是，对于年轻且创新型的上市公司而言，让投资者充分理解其商业模式、技术等方面的难度更高，其与市场之间的信息不对称更为突出。交错任期安排向董事提供了抵御市场和大股东压力的保护机制，不用担心轻易被解雇，他们更乐于作出在研发上投入更多的决策。随着时间的推移，他们会开发更多专利，公司价值逐渐提升。

评议交流环节

李胡兴｜时任北京大学法学院博士后研究人员[1]

定量的经验研究在法学研究中越来越多，对法学院同学的知识结构提出了更高的挑战。缺少自然实验场景是社科研究中推断因果关系的难点之一。Daines 教授这项研究的巧思之一就在于捕捉到了马萨诸塞州的 1990 年修法这一外生冲击，从而构建了准自然实验的环境。可能是受到期刊定位的影响，这个研究以及今天的讲座对于研究结果的监管启示着墨不多，借此机会想请您分享一些对监管政策的思考。您之前提到可以考虑将交错任期条款搭配上日落条款（sunset provision）。这一建议的确能够配合公司的生命周期，在一段时间内帮助董事避开投资者的短视压力，作出立足长期价值的决策，同时也能限缩负面效果的时间。从功能上来看，这非常类似搭配了日落条款的双层股权结构。美国上市公司实务中是否有搭配采用交错任期安排和日落条款的案例，不同公司区分采用交错任期安排和双层股权结构的原因可能是什么？成熟企业的董事也可能有借助交错任期条款抵御投资者的短期压力而作出立足长期价值的决策的需求。但从美国的现实来看，机构投资者、股东投票咨询机构普遍反对成熟企业采用交错任期安排。如何看待市场对成熟企业与初创科技型企业的不同看法？

Robert M. Daines

如果是在 20 年前，要在美国法学院找到一份教授公司法的工作，基本上是不要求实证研究能力的。我就是这样找到工作的。不过，受到 Roberta Romano 和其他耶鲁教授的影响，我对实证研究很好奇，也喜欢数据。我认为基

---

〔1〕 现为中南财经政法大学罗马—大法与经济学院讲师。

于数据能够更有效地论证反收购规则或其他法律的利与弊，于是我开始写基于数据的论文。公司法中有很多规范性问题需要数据来论证。比如，应该有独立董事还是没有独立董事？应该允许还是限制采用反收购措施？应该用股票、现金、期权还是限售股作为首席执行官的薪酬内容？当然，数据的可获取性、研究设计是否成立等问题都可能限制实验的可行性。但是，如果你想给政府提供有趣的分析，如果你想得到政策答案，或者为了给监管机构提供良好的分析，我认为数据真的很有帮助。为此，你需要能够计算和掌握计量经济学，我认为这很有价值。或者如果你想成为一名学者，你想让世界各地的人都来看你的文章，理解经济论点和经济学方法是有帮助的。如果同学们还有几年的时间在学校读书，我会鼓励你选修一些类似领域的课程，这样你至少就可以阅读和批评我的研究了。总而言之，数据会越来越重要。

关于本研究对监管政策的启示。一些学者建议给交错任期条款搭配日落条款。实践中，上市公司很少采用这种搭配。与之相比，上市时采用双层股权结构的公司针对特别表决权股引入日落条款更为常见。这种差异的原因可能在于，对于采用交错任期安排的公司而言，市场机制在一定程度上发挥了日落条款的功能。股东们对于交错任期安排越来越不满，有股东甚至会采用诉讼方式要求管理层删除交错任期的条款。来自股东的压力发挥了类似日落条款的效果。这种实践也具有类似“遵守或解释”(comply or explain)的功能。公司可以选择不采取年度选举的频率，但是需要面对来自股东的巨大压力，在股东的压力之下，公司管理层需要解释采取交错任期安排的合理性。

此外，也应当注意到这两类条款之间的差异，以及采用这两类条款的公司之间的差异。采用双层股权结构的公司几乎不可能被收购，除非获得控制人的同意。但是，采用交错任期安排的公司依然可能被敌意收购，交错任期安排不过是拉长了完成收购的时间。两个重要的变量会影响上市公司采用何种安排划定公司内部人对公司控制权的掌握程度。一是投资者对控制权和现金流关系的偏好。例如，阿里巴巴上市时采用的控制权结构从全球实践来看都是十分特殊的。尽管如此，依然有投资者愿意提供融资。这些投资者可能更看重现金流，在控制权上可以有所妥协。二是投资者与管理层之间的信息不对称程度。以科技型公司为代表，其业务越复杂，公司内外部人的信息不对称程度也越深，采用双层股权结构的合理性可能也更充分。

每种公司治理安排都有其成本和收益。就成熟公司而言，采用交错任期安排的成本可能远远大于收益。成本可能包括管理层获取过高薪酬的风险、提升企业价值的收购提案被管理层拒绝的风险。在美国市场，收购人通常愿意支付30%的溢价。管理层因担心收购后被罢免而反对收购案的话，对于股东价值是显著的损失。收益可能体现为管理层作出长远性决策所需的宽松环境。围绕成熟企业，市场积累了十数年的经营数据，分析师广泛关注，外部投资者与成熟企业的信息不对称程度更低，这类收益可能相当小。因此，交错任期安排对于成熟企业而言可能净收益不明显。

马萨诸塞州1990年修法针对所有公司"一视同仁"地引入交错任期安排并不是恰当的法律介入。从长期维度来看，强制引入交错任期安排促进公司价值提升的效果主要体现在初创期的科技企业，没有同等地体现在包括成熟企业在内的大多数上市公司身上。应当区分企业所处的生命周期位置以及业务内容，这些方面会影响企业与市场之间的信息不对称程度。应当允许封闭公司在公开发行时采用交错任期条款、双层股权结构或类似治理安排，而对于一家处于成熟期的公开公司，应当严格限制其采用交错任期条款或类似反收购措施。到目前为止，并没有经验研究结果证明交错任期条款或类似反收购措施有助于提升成熟企业的企业价值。

在美国，选举董事的合理频率一直存在争论。有部分律师认为，6年是合适的任期。我认为，对绝大多数公司而言，每年选举是合理的频率，1年时间足够显现董事的业绩。在98%的选任董事议案中，董事候选人都能当选。董事被罢免的情况主要发生在敌意并购的场景下。这时，股东通常愿意继受并购方案，但是管理层反对。对于占大多数的成熟公司而言，赋予股东相关机制推动并购议案通过是更为合理的安排，每年选举董事的频率顺应了这种需求。但是，对于初创期的科技型上市公司而言，放缓选举董事的频率是更有利于公司长期价值的。选举董事的机制，更适合于回应并购等重大变更，而不是惩罚或回应公司业绩小幅波动的最佳机制。

提问环节

提问一

信义义务是仅限于董事还是也适用于高级管理人员，因为高级管理人员也可以作出影响公司利益的决定?

Robert M. Daines

高级管理人员和董事会成员都有信义义务。事实上,受托责任被认为是相同的。董事和经理人的职责和规则是完全一样的。不过,经理人被起诉的次数要少得多,几乎所有的学术研究都聚焦于董事。其原因可能是虽然股东控制了高级管理人员,但他们并不真正拥有对下级经理人的许多权利。

提问二

交错任期董事会是否激化了公司内部冲突?

Robert M. Daines

如果同学想说的是股东和管理者之间的冲突,那么我认为交错任期董事会会加剧内部冲突。交错任期安排引发争议的典型场景是公司面临被收购。因为溢价很高,所以股东会同意,从而可以马上拿到溢价。但是,董事未必认同。如果同学想说的是管理团队内部的冲突,比如董事会成员之间的冲突,那么,我认为交错董事会可能会减少董事之间的冲突。交错任期安排弱化了来自股东的压力。在此情况下,董事们因同事关系更愿意保持相安无事。

提问三

马萨诸塞州 1990 年修法是不是对股东至上(shareholder supremacy)的否定?

Robert M. Daines

我不认为马萨诸塞州 1990 年修法是对股东至上的否定。这个事件的争议在于股东是否因眼前利益而陷入短视主义,而董事们是否更能从长远角度考虑股东的最大利益。就像是孩子想吃甜食,父母则对孩子说,现在不行,你必须等到晚饭后才能吃甜食。父母会认为从长远来看这样对孩子更好。马萨诸塞州 1990 年修法反映的是,立法机构认为,股东们的想法是短视的,从长远来看,管理层是正确的,而交错任期安排起到的就是类似父母的作用。至于交错任期安排是不是对股东至上的否定，假设股东至上的程度可以用0到100的数值来表示，那么，马萨诸塞州1990年修法可能使得股东至上的程度从60下降到了55，但是并不是下降到0。毕竟，股东仍然有权选举董事，只是需要两年才能更换半数以上的席位。此外，今天介绍的研究揭示出，对部分公司而言，采用交错任期安排反而有助于股东获得收益，并不是坏事。

[本讲座中文内容以Robert M. Daines教授所作的“北大法学院全球教席云课堂”讲座“交错任期董事会能改进公司价值吗？”（2020年12月15日）为基础进行整理。北京大学法学院2020级法律硕士研究生马旺资、2022级法学硕士研究生雷雨鑫参与翻译整理，时任北京大学法学院博士后研究人员李胡兴审定。]

“仿生人的全球数字平台梦”：法律多元与未来的法治竞争

Jane K. Winn

主讲人简介

Jane K. Winn 现任美国华盛顿大学法学院教授，其主要研究领域为商法和比较法，尤其关注全球化以及创新对于法律制度的影响。她在伦敦大学玛丽女王学院、伦敦大学和哈佛大学取得学位，是美国法律协会会员。她的著作包括《新世纪的买卖法》《买卖与合同的法律协议》等。Winn 教授目前致力于研究美国、英国、中国和印度乃至欧盟如何运用规制促进支付系统的竞争和创新，以及计算化知识管理系统的兴起对现代法律体系的影响等相关问题。

主题演讲内容精编

中西法治竞争的未来:"仿生人会梦到电子羊吗?"

自时任美国总统特朗普引起对华贸易摩擦以来,在美国客观谈论中国非常困难,美国国内舆论极化严重。法律相关议题自然也是如此。但反过来,据我了解,中国人在谈论"东升西降"。就我们讨论的主题——法治——而言,中西之间同样存在竞争。我们应当怎样思考并展望这种法治竞争的前景?

1991 年苏联解体后,许多西方人都觉得人类文明的所有重大问题已获解决。弗朗西斯·福山的名著《历史的终结与最后的人》提出自由主义是一切问题的答案,而美国将带领世界进入一个更伟大、更幸福的秩序。但今天很少有人还会这样信心满满。过去多年来,我每年都会在清华大学教授一门名为"国际电子商务法"的课程,其内容涉及全球法律多元与技术创新。在那门课上,我曾反复提给学生的一个问题是,假设中国而非美国是领先世界的大国,世界将会是什么样子?这样设问曾经听上去有点奇怪,但如今不再会有人认为,这样问是异想天开。

在美国,菲利普·迪克是非常受欢迎的科幻作家,他写了一部令人伤感的小说,名为《仿生人是否梦见电子羊?》。故事中,因为一场核战争,地球逐渐走向消亡。人类学会了如何创造与人无异的仿生人(androids),将越来越多的工作交给他们完成。而人类中的精英已经离开地球,到别处生活。为了防止仿生人推翻人类的统治,仿生人被设置为只能存活数年。一些仿生人努力寻求摆脱他们作为工具的身份,逃避他们作为赝品的死亡命运。小说主角是人类,名叫戴克,他以捕捉处死逃跑的仿生人为生。但是他却错误地爱上了一位仿生人,并由此意识到仿生人可能比人类更富人性。在 1982 年基于小说改编的电影《银翼杀手》的结尾,有一个著名场景。一个仿生人逃脱了人类的奴役,试图过上人类生活,但被戴克追捕。他摆脱了戴克,但追杀他的戴克将要摔死时,这个仿生人救了他。仿生人的生命是有限的,他知道自己无法摆脱死亡。临死前,他有以下极具诗意的台词:

> 我见过你们人类绝对无法置信的事物

我目睹了战船在猎户星座的端沿起火燃烧
我看着C射线在唐怀瑟之门附近的黑暗中闪耀
所有这些时刻
终将随时间消逝
一如眼泪消失在雨中

然后他就死了。他所言成就了他的人性,而随着他的死亡,其人性也就不再延续。这非常感人。很多文艺评论者都曾解读过这部作品,认为它隐喻了种族主义:西方帝国主义建立的体制并不是好的体制,受到殖民者压迫的人民使殖民者的生活成为可能,而殖民者却拒绝承认,其实在被压迫者身上,才真正保留着人性。

我从这部作品中获得的启发是想到这样一个问题:今天,中国是否正致力于推动形成一种新形式的法治,其将在全球范围内成为新的秩序形态,但西方人却仍沉浸于他们自己是“人类”,中国是“仿生人”的旧梦中,以至于他们根本无法想象还有这种可能?在我看来,西方社会当下确实存在这种隐含种族主义的盲目心态,而这与小说中人与仿生人的差异很像。实际上,1000年前,中国和印度是领先的大国,在经济上远比西方先进。在西方崛起东方衰落之后,如今又开始逆转,而中国的趋势最为明显。中国当然不可能永远以每年10%的速度增长,而西方则惧怕世界的任何其他部分变得像自己一样发达。通过“一带一路”倡议等项目,中国可以在全球意义上的南方国家搭建基础设施,使后者也有机会创造像中国过去40年那样的经济奇迹。如果这些南方国家在未来几十年内能够以每年5%—10%的速度增长,那么只要中国能分享到这些增长成果中的一小部分,中国人的生活水平就仍会持续提高。这是一种与传统西方殖民时代完全不同的双赢前景。换言之,提高其他“仿生人”的福利,在西方眼中是挑战,在中国眼中则是机遇。

法律多元与自由主义的危机

那么,无论是对于中国还是西方而言,“法治”的未来形态会是怎样的?为什么西方并未拥抱这种前景,而中国则有可能引领这种场景?此处便要引入本次讲座的一个核心概念,即“法律多元”或“秩序多元”(legal pluralism)。

法学的研究对象,可以被理解为人们在实际生活中使用具有强制性、义务性的规则来解决问题的活动。如果这样理解“法”的概念,我们就会发现,被制定的法律在大多数人的生活中只发挥很小的作用。支配人们生活的是非正式的规范性秩序。国家并非具有约束力的规范秩序的唯一来源这一事实,在学理上被称为“法律多元”。尽管法律多元在法学研究中是一个常见主题,但其在西方并非主导的法律意识形态。占据主导的意识形态是“法律普遍主义”,或者说自由主义法秩序是具有普遍性的,而多元则早已终结——尽管事实上,在西方并非如此,在西方之外更是从未如此。自 20 世纪法律人类学兴起以来,几乎每一位法律人类学家都注意到,除西欧少数国家外,“规则之治”的普遍性和(自由主义)法律中心主义不是一回事。甚至,在我看来,当代美国也是法律多元的——否则,如何解释刑事司法制度对不同种族的适用效果会如此不同?毕竟,正式法律中没有任何规则要求不同种族在刑事司法程序中受到截然不同的对待。

不过,自由主义法治的普遍性并不只是一种描述,更是一种有关规范意义上的合法性和正当性的理论。这意味着自由主义在许多西方人看来,即使不是唯一的现实,也是唯一的可能前景。为什么西方人很难摆脱这种普遍主义的意识形态?传统上,法治在西方社会曾是基督教的替代品。直至新教改革之前,罗马天主教控制了整个西方文明 1000 年。随着基督教分裂为新教和天主教,人们不再信仰普世上帝,但他们仍对超验的普遍意义具有狂热的渴望,需要一些东西来填补这种空虚。这种渴望被转移到了法律和科学之上。在后威斯特伐利亚秩序中,西方的主要政治组织形式变成了民族国家。民族国家的一个特征是对暴力使用的合法垄断;没有其他任何秩序被授予合法性,只有来自政府、来自民族国家的规范秩序才是法律。这其实是一种同义反复:什么是法律?法律来自民族国家;民族国家来自哪里?来自法律。

实际上,从历史来看,西方法治秩序中的自由价值并不是普通适用的,始终呈现非常严重的局限性。法国大革命与美国革命产生的自由、平等、友爱这些抽象概念,适用于这些地方拥有财产的白人男性,但并不适用于妇女、仆人、奴隶。19 世纪是马克思与恩格斯创建共产主义理论的时代,欧洲正在进行工业革命,社会上不断出现骚乱,伴随工业革命的是众多的社会暴力事件。彼时,美国正在经历内战。而之所以美国随后没有出现欧洲那样的工人运动,一个原因是美国白人可以西进,占取土著居民的土地;依照那时的法律,印第安人不是完整的人,从他们手中夺取土地并不违法。到 20 世纪,边疆已经拓展完了,美国的社会矛盾开始加剧。20世纪30年代,随着大萧条到来,美国也一度在社会主义与法西斯主义之间徘徊,好在"二战"拯救了美国的自由主义——由于战时生产,人们重新回到工作岗位,经济再次繁荣。"二战"后,消费主义占据了美国人的生活,这个时期的美国政治合法性与人们的消费满足捆绑在一起,而消费主义在1945年到1975年带来了西方历史上从未有过的繁荣时期。但20世纪70年代之后,一次又一次的金融危机不断加剧贫富分化。曾经不断壮大的中产阶级正在消失,大部分人发现其生活水平正在下滑,只有少数人变得越来越富裕——而这才是特朗普能够当选总统的根本原因,即越来越多的美国人开始不再相信美国的政治经济体制。在自以为是中产阶级的人群间,失望与怨恨正在逐渐积累。这是一个很严重的问题。所有的发达经济体都曾向其主体国民许下诺言,而大众如今发现这些有关美好生活愿景的许诺正在落空,政治精英们却不提供任何根本性的解决方案,大众由此开始丧失对未来的希望。

■ 数字平台

基于自由主义的法律普遍主义意识形态,在当前面临的最大挑战是其阻碍了西方社会有效理解数字平台兴起这一背景对法治可能带来的变革性影响。今天,谷歌、苹果、脸书、亚马逊、阿里巴巴、腾讯、网飞、优步等全球数字平台,已经成为法律多元的最突出表现形式——这些平台运作所依靠的具有约束力的规范,并非来自政府。当英国是世界上最强大的国家之时,有一句老话叫"谁驾驭了海浪,谁就统治了世界"。而我们将进入的是争夺数字平台扩张主导权的时代。对全球数字平台的统御能力,是下一代变强的标志。

在这个新的时代,成功的要义不在于某种抽象的意识形态意义上的"正当",而在于务实。越务实的国家,解决问题的能力就越强,也就越能有效地利用全球数字平台。技术创新带来的权力转移,从来都不是技术引起的,而是那些弄明白如何运用技术的人推动的。俄罗斯有位著名的棋手加里·卡斯帕罗夫,曾与IBM的一台超级计算机对弈。卡斯帕罗夫认为理解计算机的关键,就是要看到,普通人也可以用上很强大的计算机,而如果他们知道如何发挥计算机最大的效用,那么他们就会战胜那些不清楚如何有效利用计算机的人——即便后者是最聪明的人,他们使用的是最好的计算机。换言之,人机交互、人机配合,才是决定成败的关键。类似地,一个国家能够有效使用计算技术、利用数字平台,就可以成为世界领先的大国。

当我们思考数字平台为法律多元赋予的新的意义时,不难观察到,西方学术界很多人倾向于认为平台具有专制、集权的特点,因为它们拥有太多的权力,而透明度与问责程度却又不足。但实际上,这是说不通的。要建成并运行一个成功的平台,其实非常困难。平台之所以成功,部分原因在于他们对软实力与法律多元有所理解。他们实际上解决了当今世界面临的一些最基本的规范问题。在20世纪80年代,有很多关于网络和标准化的经济学研究。这些研究认为,用户可以从加入大型网络中获得巨大利益。网络越大,用户获得的好处就越大,网络因此有自然垄断的倾向。解决方案则是建立公共开放的标准,使更多人能够加入并共同创建网络。平台加速了网络的发展。如果有相互竞争的网络,而用户不知道哪一个将占上风,就会观望,直至看到一个网络成功,再决定加入。而如果你希望你的网络胜出,就可以使用平台的策略。为了使平台成功,必须有不同的参与者群体,并且可将他们区分开来。平台发现哪类参与者最希望平台建成运行,就会在这些参与者所在的一侧收取高价,并将赚取的盈余转移给那些不太需要加入网络的人,由此通过交叉补贴解决吸引大量用户的难题。

全球数字平台的兴起和扩张,及其塑造的规则秩序,之所以会极大地推进法律多元,主要是因为平台提供的秩序在现实生活中产生了非常明显的效用。随着数字技术的兴起,我们能够收集和分析更多信息,能够更细致地观察和理解我们周围的世界,可以更具体地分析并衡量行为的后果。当平台能够更有效地治理人与人之间的社会经济互动时,“政府”(government)这一概念的显著性就会相对于“治理”(governance)概念有所下降。而如果我们接受用“治理”这个词来描述非国家的有规范约束力的秩序,这便是在务实的意义上理解并界定法律与合法性(legitimacy)。

■ 实用主义与法律多元的合法性

“务实”很重要,但在西方法律理论中往往被贬低。一种常见的态度,是强调将务实与合法或正当进行严格区分,而后者被认为是界定法治的核心概念。但这样想未必是正确的。德国一位理论家探讨过认知偏差与有限理性,他认为解决问题最有效的方法就是快速且节俭的启发式方法。当我们面对一个复杂问题时，最好的解决方案通常就是最简单的解决方案。但找到简单的解决方案，本身是一件很困难的事情。所以这位理论家说，只要你找到一个合适的快速且节俭的启发式方法，比如一个经验法则，那么复杂的问题就会变得非常简单。就正当性或合法性这一问题，我觉得我们也可以采取一种快速且节俭的启发式方法。如果考虑马斯洛的需求层次理论，结合人口总体规模及人们需求被满足的层次，合法性其实就是一个数学问题。对某种秩序所具有的合法性的评估，可以通过衡量其改善人们生活水平的程度，而这正是技术和数字平台可以发挥巨大作用的领域。在西方，大多数人的生活水平正变得越来越差。而在中国，当前发生的仅仅是改善生活水平的速度正在放缓。这就是为什么基于技术的秩序在当下和未来变得越来越关键，而我认为西方可能难以在这场竞争中获胜。

我所说的“务实”，或许从更抽象的角度，应被称作“实用主义”。实用主义在美国是一种哲学思潮，不只是“务实”的意思。实用主义哲学流派创立于19世纪，其一位创始人名叫查尔斯·桑德斯·皮尔斯，他的主张是“在实践中行得通的就是真理”。该命题将有效与正确联系在一起。欧洲哲学家讨厌这种观点，但美国人喜欢。乔治·米德是另一位实用主义哲学家，他认为除了我们的思想之外，没有其他类似的外部真实。我们在观察现实的同时也在创造现实。当然，还有在中国很著名的杜威。杜威曾来过中国。我不能断言他对现代中国制度是否有任何影响，但他在20世纪30年代的中国很受欢迎。中国共产党讲“实事求是”，这也表达了与实用主义相同的含义。“不管黑猫白猫，抓到老鼠就是好猫”，这也是一种实用主义。而“摸着石头过河”，主张不断试探和调整，这近似控制论的思想。

在希腊语中，“赛博”（Cyber）一词意味着控制。控制论是对控制系统的研究。美国控制论的创始人之一是一位名叫华尔特·休哈特的统计学家，他与爱德华·戴明一起工作。当我们要寻求实现目标时，我们会分析结果并进行调整，这就是一个控制循环：设立目标；启动系统；观察运行中的系统；根据观察到的成效，再进行调整以更趋近目标。这是一个持续的反馈循环，而不是线性的问题解决方式——比如先解决问题A，再解决问题B，再解决问题C。控制论在当代中国也有重要的代表人物，即钱学森。他是20世纪最伟大的科学家之一。他来到美国，曾在加州理工学院工作。1949年后，他回到中国，对中国的科学技术产生了巨大的影响,钱学森出版了《工程控制论》,他是现代控制论、控制回路和持续改进系统理论的创始人之一。他对中国研究和使用科学技术的方式产生了巨大影响。基于上述,至少在直观上,我们能够看到中美之间在文化理念上,其实颇有相似之处。

就实用而言,法律显然是重要的,但它未必具有相对于其他秩序的超验的正当性。国家垄断了合法使用暴力的权力,所以比其他形式的秩序更强大,但这说到底只是国家享有更多的执法工具罢了。务实地看,使权力行使具有合法性的不是思想观念,而是实际结果。随着无处不在的计算技术的发展,在国家以外更有效地实现秩序的可能已经出现,并且我们也在真切地衡量不同类型秩序的实际后果。在我看来,更务实、更有实效的秩序,正处于兴起的过程之中。

中国的发展与法律多元

中国的秩序具有明显的多元色彩,并且中西并立的世界本身就构成多元。西方法律植入中国的过程伴随反抗,列强以拒绝承认中国的主权地位为要挟,强制中国采取西方法律制度。但中国法治的西方化并不顺利。由于 20 世纪前半叶中国社会的矛盾与动荡,西方法治在中国并未扎根。随着中华人民共和国的成立,法律被明确地定位为服务于人民民主专政。在中国加入世界贸易组织之后,西方的很多中国法律专家都认为中国将会走向与日本、韩国一样的道路,即通过工业化走向民主多党制。但实际上,在我看来,中国在做的不是通向西方法治,而是韬光养晦;他们不是在讨好西方人,以便得到西方人的投资,而是务实地寻找可以使国家走向富强的具有中国特色方案。

马克·埃文是剑桥大学的一位历史学家,他有一本书叫作《昔日中国的模式》,其中提出了高位均衡陷阱的观点。16 世纪,当大批西方人来到中国时,他们明显感受到中国比西方更加文明。在传统的生产方式下,中国或许确实有最先进的经济、最发达的社会、最高效的政府。埃文认为,中国人口众多,因此创新压力曾经十分巨大,但当宋朝的技术变革让中国人的高标准生活成为可能时,中国在明清时期就陷入了停滞的保守主义。在西方,欧洲分裂为众多相互混战的民族国家。在这样的冲突情境下,西方的创新程度加速,这就是工业革命的由来。但中国没有这样的冲突压力。这就是高位均衡陷阱。对于明清时期的中国而言,一切都已经在正确的道路上,人们对中国之外发生的事情毫不担忧。在一封给乔治三世的信中,乾隆说“天朝上国,不与尔等贸易”。乾隆不知道工业革命,也不知道将会发生鸦片战争。在我看来,这与西方法治衰落时的心态很类似。如今,人类的技术文明已经发生深刻变革,但欧洲政客和立法者拒绝改变自己的思想,傲慢地要限制数字技术的发展;他们始终确信欧洲是文明的中心,不能想象到中心会转移到其他地方。

不过,回到中国,历史上中国出现过的变革动力,主要从何而来?在很长的时期中,中国在乡野从事农耕的农民群体较大。皇帝维持漕运系统与道路交通,其结果便是有跨省的交易和粮食的储运。因此,从宋朝开始,中国就有一个稳定的、高度发展的商贸体系。即使农民也知道他们参与这个体系;即使从未远行到其他地方,他们也会发现自己身处一个巨大、复杂的文明体系之中。加州大学圣地亚哥分校的巴里·尼古拉斯是一个给美国人写中国历史教科书的老师,他指出,即使在20世纪上半叶的混乱时期,中国很多地方的经济生产率依然维持着较高的水平。乡土中国人的韧性与能力是非常惊人的,在短时期的逆境后,他们能够迅速重建,恢复全国大市场。在家庭联产承包责任制实施时,就可以观察到蕴含在大多数普通中国人身上的人力资本。简单而言,这一政策允许人们在上缴税粮之后在市场上售卖粮食。20世纪80年代,农民将自己的水稻田转变为鱼塘、鸭塘,因为他们知道相比于出售稻谷,养鱼或鸭可以赚到更多的钱,他们不仅可以买到稻谷,还可以买到其他的东西。没有人告诉他们要这么做,政府也不必去教他们。中国的普通人所能取得的成就仍是巨大的。复旦大学的张军教授研究中国经济韧性中的隐形资源,这种资源就是那些没怎么受过教育的人解决问题时的务实能力,这是中国最巨大的资源。数个世纪以来,中国有一个深深嵌入中国社会的生产系统,其已经成为大多数中国人世界观的一部分。

中国能否基于数字平台引领法律多元

世界贸易协定曾设想,总有一天,各国的国内经济循环会融合成一个具有互操作性的全球经济循环。但我们今天看到的却是越来越强的国内循环与国际对立趋势。一些国家建立贸易壁垒,通过让制度变得互不相通来保护本国经济。如何让人们理性、高效地开展贸易,及建立全球货物跨境流通体制,将是软实力的真正体现。这在国内层面困难,在国际上更加困难,是无法通过强制实现的,必须让人们自然参与。而数字平台其实具有这方面的潜力。21 世纪的"习惯法",其生成将会以数字平台上那些能够将人们聚在一起的技术应用为基础。最早的平台面向个人,面向个体消费者,更注重个人体验。但正是因为这种以个体消费活动为基础的平台,强有力的电子商务系统才在国民经济中得以建成。而银行、保险公司与物流公司在这一过程中紧密协调,以国家为中心的经济治理系统也就随之发生转变,特别是出现了可能更具开放性和连通性的治理范式。

过去 20 年中,中国的数字经济和数字平台迅速崛起。如果中国要成为全球数字经济的领跑者,它就需要有效地借助那些能够切实解决问题的大型平台公司的力量。这些私人公司在移动支付、跨境电商等领域的贡献,是国有企业无法替代的。当下可能恰恰因其所掌握的权力,这些企业引起了关注。但政府需要认识到,在国际竞争中,需要发挥民营企业的作用,吸引"一带一路"沿线国家及其民众自愿加入全球数字贸易平台。大多数国家都在尝试建立跨境贸易系统,但往往不是很成功,因为人们看不到参与其中的收益。中国的移动支付和移动电商之所以比美国发达,就是因为有懂得利用软实力的人在引领这种发展。

中国有潜力成为数字经济的领导者。在很多方面,中国已经领先,但有些方面,中国还有不足。而如果中国将要成为下一代全球秩序的引领者,那么对国家之外的秩序的理解和利用,特别是对基于平台的数字经济规范的掌握和运用,就是关键。建立在数字平台之上的具有中国色彩的法律,将会是何种样貌?麻省理工学院的华裔金融学家罗安德指出,高度形式化的线性经济理论没有多大用处,我们需要用加入了演化生物学视角的经济行为理论,替代数学经济理论。他认为基于有机演化的视角作出的经济行为预测,比数学模型的预测更加可靠。如果我们将演化生物学作为框架,就会发现一个系统不必保持始终正确,只需要比对手经常稍微正确一点点,那么就可以获得演化的胜利。

如果中国要探索出基于数字经济的新型秩序,那么它在这个过程中可能会犯一些错误。但总体上,只要正确多一些,错误少一些,新的秩序就会变得更受欢迎。西方当然也会在很多时候作出正确的选择,但如果在拥抱法律多元方面过度犹豫,其成功的概率就会比中国低。长此以往,如 20 年之后,中国就会胜出。这是罗安德的讨论对我的启发。在演化的过程中,逐渐积攒起来的细微成功,在一定时间之后,就会大放异彩。没有哪个生物有机体是始终正确的。演化过程总是伴随错误,但犯错误没关系,只要对错在总体上均衡,趋势就不会有问题。当然,如果未来的法治和秩序形态是由中国引领建构的,那么它将会是怎么样的?关于这个问题有很多不同意见,但我们最终还是需要一种理论,我把这点留给将来讨论。

评议交流环节

胡凌｜北京大学法学院预聘副教授

Winn 教授提出了几个核心观点,可以逐一评论。第一,技术创新会将人们汇集在一起并创造新的规则,这也就是 Winn 教授所称的“法律多元”。在我看来,技术发展的目标是连接人和其他各类资源,如资金、服务等。由此我们可以形成一个紧密网络,在此基础上建成数字平台企业。Winn 教授提到全球数字平台可以成为世界上最有力的、最重要的行动主体。但问题在于,这些平台如何能够搭建市场、建设社会。我们知道,人们在不同的数字平台之间进行选择时,他们完成交易活动需要安全可靠的环境。这就是数字平台企业所提供的,他们制定平台规则、提供第三方支付、搭建物流、验证身份、解决争议。因此,可以将平台视为一种基础设施。我在使用这个词的时候,指的是市场基础设施,而不是诸如电话、网络这样的物理基础设施。数字平台提供和改善这种市场基础设施,所以平台在之后可以从国内市场拓展到全球市场。这才是法律多元的基础。因为平台能够促成不同的网络,不同的网络有不同的规则,因此规则就不再只是由国家发布的统一法律,而是可以来自平台。认识到多元法律既来自其塑造者又来自其控制者是很重要的。在国际社会层面,很多平台之间如何协商?如何就全球贸易达成共识?面对这些问题,我们需要某种形式的新型社会契约。

第二,中国为何有动力进行更多的技术创新,包括互联网创新。我们需要去发现以及追问中国投入相关发展的策略和动力来源。在我看来,中国对技术一直都是非常乐观的。或许可以将其称为实用主义,但是此种乐观的主要目标很简单,就是提升人民的生活水平,推动共同富裕。当然,这里需要权衡经济后果与其他社会价值。当我们在谈论人工智能或者其他技术创新的伦理和法律问题时,我们是在讨论相关技术的风险。西方国家对此有很多反思与讨论,我们中国也将需要学会如何平衡经济后果与社会价值。比如,我们都清楚算法在实现匹配、形成社会秩序时非常重要,但也有风险。所以政府就会要求算法设计透明、评估算法研发过程。对政府来说,设定标准很重要。

第三,如何将技术理解为基础设施。Winn 教授谈到中国的国际角色时,指出中国最重要的贡献是在国内外建设基础设施。我认为这些基础设施首先在国内形成,然后走向全球,这是中国重要的经验。Winn 教授提到了一个非常重要的概念——控制论。钱学森从美国回到中国之后,在中国建立了社会工程学。尽管我们还在使用这个词汇,但其内涵已经转变。有关控制论部分,一是认识到控制系统由可控流动性构成是非常重要的。在法学中,我们将其称为自由。自由就是做我们想做的事情,但需要被特定的环境与情势所约束;而流动性则总被可见或不可见的手调控。二是基础设施。我们可以将法体系看作一种基础设施,这种设施可以跨越时间,根据流动性不断进行调整。三是如何思考技术。在我看来,技术不只是一些小小的创新或者技术改进。技术也是随着时间不断改变的基础设施。中国的策略或者说其目标就是为基础设施的奠定确立统一的解决方案,这是理解中国思考技术的要点,其最终目标就是设定标准。早在 2000 多年前的秦朝,我们就发现中央政府会尝试通过设定统一的标准来统治国家。在数字时代,这个目标并没有改变,通过设立基础架构,便利连接、合作以及交易或其他形式的社会连接。如果我们总结中国的实践,我们将会发现,一切都建立在一个稳定的基础设施上。

第四,如何在变动的社会中理解法律。我认为不只是在中国,在西方乃至全世界,这都是一个问题。这也是这次讲座的核心论题,即"法治"在未来会变成什么样子。也许中西方都会认为合法性或正当性来自某种规则或当前体系,但我完全同意 Winn 教授所说的,合法性来自后果而不是观念。这是中国经验告诉我们的。事实上,我们都忘记了互联网有着非法兴起的根基,任何有影响的创新或改变都会对既有的法体系造成严重的挑战,任何重大的技术进步都会威胁到在位者。我们需要理解中国的实验,或者说中国的改革,是如何成功的。中国有一个强有力的执政党,可以协调社会上不同的利益诉求。这确实很重要,因为社会利益诉求分殊,所以必须借助一个强大的力量才能够说服人们,或者强制其遵守某种规则或者接受某些新的事物。但我们要意识到,是技术创新或者其他生产力的提升,在推动社会的发展,而我们也必须认识到法律要随之改变。在中国和西方,我们都有类似经验。只不过在中国,这是当下正在发生的事情。

戴昕｜北京大学法学院长聘副教授

Winn 教授提到“务实”“实用”可以作为一种类似启发式的合法性理论,很有意思。不过,故事的另一面是,西方本来也有很多启发式性质的合法性理论,有很多那种非常容易记住的简单法则,比如“司法审查”等。这在很多语境中可以说得通,很好用,但并非所有时候都是如此。

至于平台与政府最近两年的互动,或者说至少是中国的平台与政府之间的互动,确实较为微妙。但不只是中国如此。从特朗普当选美国总统与英国脱欧以来,世界各地的政府与平台的关系都变得非常紧张。我的感觉是,中国政府与西方政府都认为自己高于平台,即在各个国家眼里,平台都是“仿生人”,只是基于不同理由:西方政府认为就可问责性而言,政府高于平台;中国政府认为平台只关注逐利,而政府承担公共利益。我想知道您如何看待不同国家中政府与平台之间关系的处理,未来是会殊途同归还是各行其是。我个人的看法是,在中国,平台与政府之间的关系经历震荡后会稳定下来,之后政府还是会务实地寻找到一种保证企业有充分创新空间的安排。当国家对于管理企业有足够自信时,照理说应当更放心为其提供空间。但这只是我的推测。

此外,还有两个听众提出的问题。第一个问题是:“你是否认为平台在全球治理中将发挥更大的作用?如果是,那么政府将会扮演什么样的角色,其将留在前台还是退到后台?”第二个问题是:“如果将平台理解为基础设施,那么平台企业作为私人主体,其财产利益面临的基于公共福祉的限制也会变得更多,这是不是意味着私人财产权的衰落?”

Jane K. Winn

如果将平台视为基础设施,那确实会出现和土地利用与规划领域中类似的法理问题。在 20 世纪的美国,土地所有者会主张其对土地进行使用的权利,在没有宪法允许的情况下,土地权利是不能被限制的。这可能也会是大多数美国人思考平台与法律之间互动的思维方式。我个人认为平台是一种治理机制,适用于平台的规则,最好被理解为身份关系式的法律。我们不认为是父母拥有孩子,丈夫拥有妻子,法律规定的是这些主体之间的关系。如果你将平台相关法律理解为身份关系的集束而不是“财产”,那么你就会有不同的看待这一问题的视角。

考虑到政府与平台需要合作,要确保各方投入,就得建立一种动态和灵活的信任关系。我个人认为,谁能够主导全球数字平台架构规则的建立,谁就可以引领世界的未来发展。因为平台经济就如同19世纪的海洋,如果这个直觉是正确的,那么不同国家之间要竞争的,就是谁能更好地与平台形成这种合作关系。这不是仅靠强力就能推动的。政府必须承认,有时平台以及私人解决的方案更好,而有时政府更为合适。这对暴力的垄断很有必要,平台也不能在离开了政府法治的背景中运作。平台企业控制的是合同与财产权利,这不是超然的普遍秩序,只是局部的、有限的、不完整的秩序,仅仅对特定平台的参与者有效,其向一般化的推广绕不开国家。所以,如果国家与平台能成功合作,方有望推动大国的崛起。

[本讲座中文内容以 Jane K. Winn 教授所作的两场“北大法学院全球教席云课堂”讲座“机器人的全球数字平台梦——法律多元与中国法治理论”(2022年4月22日)、“机器人的全球数字平台梦——西方法治理论的危机”(2022年4月29日)为基础进行整理。北京大学法学院2020级博士研究生张鼎、2021级法律硕士研究生夏威夷参与翻译整理,北京大学法学院长聘副教授戴昕审定。]

流行病与国际法

Shinya Murase

主讲人简介

Shinya Murase（村濑信也）是东京上智大学荣休法学教授。他于东京国际基督教大学获学士学位，于东京大学获法律科学博士学位。1974—1976 年，他担任哈佛大学法学院访问学者和研究员，1995 年任哥伦比亚大学法学院客座教授。他于 1998—2004 年担任亚洲开发银行行政审判庭法官，2009—2022 年任联合国国际法委员会委员，2013 年起任国际法委员会大气保护专题特别报告员，此外他还担任常设仲裁法院仲裁员和国际法研究院院士。他的主要著作有《国际法问题：跨界整合的视角》（英文）和《国际立法：国际法的法源论》（日文，中文译本已由中国人民公安大学出版社出版）。

主题演讲内容精编

流行病的历史与国际法

人类从诞生之初就与流行病共存。公元前5世纪的雅典瘟疫是有记载的第一次流行病。在这场流行病中,大约有10,000人死亡。在修昔底德的《伯罗奔尼撒战争史》一书中,他描述了发生在雅典的流行病。斯巴达人来到雅典,但他们不知道如何应对流行病,所以他们决定不进入该城市。流行病的首次出现就压倒了军事战略。

从古代到现代,我们经历过很多流行病。1918年至1920年的西班牙流感是较严重的流行病之一,它可能导致了全世界1亿人死亡。而在第一次世界大战中死亡的人数,仅仅是西班牙流感致死人数的1/3,可见流行病比大战争更严重。在21世纪,我们可能每3年就得经历一次流行病。截至2021年,新冠疫情已经导致超过500万人死亡。总之,与流行病有关的国际法历史非常悠久。

1948年,世界卫生组织成立。《世界卫生组织宪章》规定"每个人的基本权利"是"享受可达到的最高标准的健康"。该宪章设立了较为有力的立法机制确保组织能够有效地缔结国际法文件,即只要一缔约国不反对公约的草案则默认推定该缔约国接受该公约,这就是所谓的"选择退出(opting－out)程序"。2005年《国际卫生条例》就是基于这种选择退出程序建立的。2005年《国际卫生条例》是国际卫生法体系的基本文书,它对196个国家具有约束力。其中重要的一项条款是,各缔约国有义务在24小时内向世界卫生组织通报可能构成"国际关注的突发公共卫生事件"(PHEIC)的情况。世界卫生组织总干事有权宣告发生了"国际关注的突发公共卫生事件",而这就像对流行病的"宣战"。

新冠疫情的暴发让我们认识到国际法理论中的许多悖论,特别是流行病悖论。正如我们所知,主流国际法教科书中没有纳入对流行病的讨论,国际法学人在很大程度上忽视了这一现象。而正如前所述,在流行病中死亡的人数比在大战争中死亡的人数更多。自雨果、格劳秀斯的时代以来,国际法一直专注于战争法,却没有关注流行病法的问题。因此,我们看到了如下悖论:重视人权却导致更高的流行病死亡率,这就是所谓的人权悖论。国家试图加强其主权,但过于强调主权却导致了国家治理能力的削弱。长期以来,国家与国家之间的领土边界一直是国家安全的保证,但在流行病的背景下,边界并不是真正的保障,这就是所谓的边界悖论。国际贸易等领域也是如此,国际贸易的增加反而导致了贸易体系的崩溃。

因此,针对流行病,我们非常有必要制定全面的国际法律制度。预防和控制流行病的工作不能仅由世界卫生组织负责。流行病涉及人类生活的各个方面,国际卫生法必须得到其他相关国际法规则的补充。其中,我认为国际卫生法与其他有关规则之间的相互关系是最重要的。而且,推进关于流行病的一般国际立法应该是一件非常紧迫的工作,我希望全世界所有的国际法学人都有这种紧迫感。这就像当年起草《联合国宪章》的时候一样,1944 年举行了敦巴顿橡树园(Dumbarton Oaks)会议。1945 年,在旧金山的会议上起草了《联合国宪章》,这些起草者也都有一种共同的紧迫感。他们认为,《联合国宪章》必须在战争结束前完成。一旦战争结束恢复和平,对一个新的世界组织的需求可能会被遗忘。

国际法研究院于 2021 年 8 月 23 日完成了关于流行病和国际法的条款草案。国际法研究院(Institut de Droit International,英文为 Institute of International Law,IDI)于 1873 年创建,主要由法国人牵头,为发展国际法而创建。同年,国际法协会(International Law Association)在伦敦成立。这是一个由英国人主导的机构,与国际法研究院不同,国际法协会在世界各地有 45 个分支机构,分支机构设在日本、法国、瑞士等地。我们希望国际法协会的中国分支机构也能够建立起来,希望中国可以成为国际法协会的成员。

说回国际法研究院,这个机构在 1904 年获得了诺贝尔和平奖。在那个时代,国际法研究院具有重要地位。1947 年,联合国下属的国际法专家机构——国际法委员会成立后,在某种程度上而言,国际法研究院失去了一定的影响力。国际法研究院是会员制的学术研究团体,它的成员限制在 100 人,后来增加到 130 人,以便从发展中国家引入更多的成员。但是,总人数不会超过 130 人。因此,只有在现任院士去世后,才会选拔新院士以填补空缺。世界上许多国际法学人都希望他们能够被评选为新的院士。但令人惊讶的是,国际法研究院因流行病的话题而得到复兴。这与我在国际法委员会的经历形成鲜明对比。我向国际法委员会提出一个关于流行病的专题,以制定新的公约,但反响并不热烈。一个英国成员认为我们应该把这个提案放到常规程序中,也就是它必须首先在长期方案工作的工作组中讨论。然后,国际法委员会应讨论是否应将其作为一项有意义的议程予以接受。如果遵循这个常规程序,至少需要6年或7年时间才能制定新的公约。在国际法委员会中,原本有几个成员非常赞成我的提议。但是因为这一成员的声明,其他人都不表态了。

2020年3月22日,国际法研究院秘书长马塞洛·科恩(Marcelo Kohen)教授给国际法研究院的所有院士去信,他向成员们询问我们有什么可以做的。我在第二天就作出回应,提交了一份7页的概念性文件。国际法研究院的行动非常迅速。2020年3月27日,他们就成立了关于流行病和国际法的第十二届委员会。而该委员会的成员在同年4月就确定了,中国籍的薛捍勤大法官也是成员之一,她总是第一个对我的报告草案作出回应。25年以来,我们一直紧密合作。我也要感谢第十二届委员会的15名成员,正因为他们不知疲倦地工作,我们才能够在2020年12月提交最终报告。

2021年8月23日至9月3日,国际法研究院在北京举行了线上会议。会议的主席是国际法院的薛捍勤大法官。2021年8月24日、26日、27日,我们讨论了关于流行病草案的决议条款。按原计划,决议将在8月27日通过,但有非常多的成员想发言和讨论,所以我们没能按时完成,并且将讨论延迟到8月30日,决议在8月31日通过。我们首先对条款草案进行了一般性讨论,其次对每项条款进行了投票,最后是序言和标题。第一天的讨论只完成了序言部分,在每天的会议结束后,我根据讨论情况对序言草案和条款草案进行修改,并在第二天早上提交修改后的文本。8月24—31日的这一个星期,是我一生中压力最大的日子。如果要在国际法委员会讨论这项关于流行病的决议,可能需要6—7年的时间,而我们在5天内就完成了。

国际法研究院《流行病、瘟疫与国际法》决议的主要内容

我想先谈谈这份决议的几个要点。第一个要点是术语的使用,即使"瘟疫"(Pandemic)这个词已经很流行了,但我说过,瘟疫不是一个法律术语,所以我们坚持使用"流行病"(Epidemic)这一术语。世界卫生组织有一份不具有规范性但较为有影响力的文件叫作《大流行性流感准则》(*Pandemic Influenza*

Guidelines）。可以将流感称为“瘟疫”，但大多数流行病（包括新冠）不是流感。因此，我们不能把新冠疫情称为“瘟疫”。2020 年 3 月 11 日，世界卫生组织总干事谭德赛（Tedros）博士向媒体宣布，新冠疫情是瘟疫，但没有给出任何法律依据或应用标准。世界卫生大会曾在 1986 年的决议中宣布吸烟被定性为瘟疫，这在现在已经是一个大笑话。因此，我对国际法研究院的同事们说，如果我们使用“瘟疫”这个词，我们会被世界嘲笑的。但不幸的是，一些成员希望在标题中加入“瘟疫”。在最后一刻，当我们对国际法研究院的决议标题进行投票时，全会投票通过了这个修正后的标题——“流行病、瘟疫和国际法”。从我个人的角度而言，我认为这不是一个非常理想的结果。

《流行病、瘟疫与国际法》决议条款第 3 条（a）项说明，流行病是指可能短时间内在一个国家或不同国家迅速传播给大量人员的传染病。出于妥协，我们加入了“为了本决议的目的，‘流行病’一词包括‘瘟疫’，因为它指的是一种特殊形式的流行病”。

第二个要点是，国际卫生法与国际法其他分支的相互关系。这就是《流行病、瘟疫与国际法》决议的第 7 条。这是以我担任特别报告员的 2021 年国际法委员会《保护大气层准则》为蓝本的。世界卫生组织的法律不是一个自成一体的制度，它是一个开放的系统，需要得到其他相关国际法规则的补充。《流行病、瘟疫与国际法》决议第 7 条规定了关于相互关系的一般规则，描述了流行病与人权法、环境法、贸易投资法、运输法、和平与安全法、人道主义法律等的关系。

国际环境法与流行病密切相关，例如，气候变化被认为是导致疟疾、埃博拉、登革热和其他流行病的原因。生物多样性的丧失也是流行病出现的原因之一。还有流行病的人畜共患原因，食用野生动物肉已被列为非典、禽流感等的病因。国际贸易法的领域中，在《关贸总协定》（GATT）和世界贸易组织（WTO）背景下，有两个与流行病有关的案例。一个是巴西的翻新轮胎的进口案，如果你把轮胎留在球场上，那将成为蚊子的栖息地，这就是巴西对欧洲的投诉。另一个是印度的农产品进口案，与禽流感有关。贸易法也涉及医药产品的知识产权，《与贸易有关的知识产权协定》（TRIPs）保障着大公司的知识产权。国际运输法也与流行病相关。2020 年 1 月，日本的新冠疫情就暴发于邮轮上。

在讨论了这种相互关系之后，国际法研究院在《流行病、瘟疫与国际法》第

8条至第16条中提到了国家在流行病发生之前、其间和之后的义务，这是以2016年国际法委员会关于发生灾害时人员保护的条款为基础的。灾害与流行病不同。国际法委员会条款中的灾害是指地震、海啸、洪水和海平面上升，流行病并不包括在内，但国际法委员会条款的整体结构和框架对我们制定条款草案非常有启发意义。

在流行病发生前，各国有义务采取预防和风险防范措施。我们强调各国有义务进行流行病影响评估（Epidemics Impact Assessment），在最后的草案中，我们称它为健康影响评估（Health Impact Assessment）。我们还强调对社会公众展开预防流行病的健康教育，促进流行病预防文化，这是受有关核安全公约规定的核安全文化的启发。我们见面时不应该拥抱和亲吻，而应该握手、鞠躬。在流行病发生时，受影响的国家有义务立即报告世界卫生组织，采取应急措施，并寻求外部帮助，而其他国家则有义务采取预防措施，并向受影响的国家提供帮助。流行病发生后，我们需要对疫情进行溯源与调查。世界卫生组织一直在通过审查委员会进行这项工作，但我们还应组织第三方的监督和咨询委员会，联合国也可以建立高级别调查小组。

流行病发生后的阶段，存在国家、国际组织的国际责任和争端解决问题。在国际法研究院的第十二届委员会内部，国家责任问题存在很大争议。首先，国际法只处理人类活动，不处理自然现象。其次，关于流行病的国际法规则并不完善，关于流行病的具有法律拘束力的规则非常少。再次，证明国家或国际组织行为与损失之间的因果关系是最困难的。什么是原因？结果又是什么？两者之间的关系又是什么？最后，即使证明了因果关系，不可抗力（force majeure）、危急情况（necessity）和危难（distress）等免责事由也可能排除公共卫生事件中的国家责任。因此，我们讨论了日本是否应该有关于国家责任的条款；国际组织的责任也是如此，包括世界卫生组织的责任。参照国际法委员会2001年编纂的国家对国际不法行为的责任条款草案和2011年编纂的国际组织的责任条款草案，我们决定在《流行病、瘟疫与国际法》决议草案第15条中只规定基本原则。在2021年8月的讨论中，来自中国的成员易显河教授和刘振民先生都强烈反对国家责任条款。他们认为，在流行病问题上不存在国家责任的实践，所以不应该有国家责任条款。但是即使过去没有国家实践，也不意味着将来不会有国家实践，所以我们不能因此排除国家责任条款。

在争端解决条款中，我们只涉及国家间的国际争端解决，不包括（正在美国、意大利和肯尼亚等国进行的)国内法院的案件。这些案件将会涉及国家豁免权的问题,因此我们决定不在该决议草案中涉及国内法院的案件。《流行病、瘟疫与国际法》决议还强调了科学证据在争议解决过程中的重要性。而这与前述关于保护大气层的条款是一致的。事实上,从法律的角度来看,大气层和流行病看起来非常相似。因此,这就是为什么我们要参照大气层条款草案的规定,而且我们在争端解决条款中也有同样的关于科学证据的规定。

国际法研究院工作的前景

国际法研究院通过这份决议后的未来前景如何?联合国大会可能就这一问题起草框架公约开展工作。当然,这一过程将非常艰难,因为近年来,即使是国际法委员会的条款草案也不能成为联合国大会制定公约的基础。但是,即使没有制定条约,这项决议也具有一定效力。它可以为国际法院和其他国际性法庭提供参考,也可以作为《国际法院规约》第38(1)(d)条规定的辅助资料,即“各国权威最高之公法学家学说”。

与国际法研究院的研究相关,我被海牙国际法学院邀请担任国际法研究中心的“流行病和国际法”项目的共同主任。来自世界各地的约30名年轻学者以这一问题为研究对象,从不同角度的实践和理论展开研究,研究成果以论文集的形式于2022年出版。

评议交流环节

陈志平 | *云南大学法学院讲师*

我目前在从事跨境公共卫生治理方面的研究。研究的主要原因是公共卫生安全对国家安全很重要。但是可能因为它的高度专业化,法学学者在公共卫生治理方面的研究实际上是有限的,这种现象发生在新冠疫情之前。

我国云南省与缅甸、老挝和越南接壤,具有非常重要的区域价值。从2020年9月开始,云南省瑞丽市因为输入性新冠确诊病例而为人熟知。

瑞丽是云南省西部的一个小城市,有169.8公里长的国境线。除了东边,其他三面都与缅甸接壤,山水相连,没有天然屏障。在这个城市,很难防止来自缅甸的病例。由于独特的自然环境、周边国家(缅甸、老挝、越南)低于中国的发展水平和西南边境地区的公共卫生治理,这个地区的跨境公共卫生治理面临挑战。这类挑战来自国内、区域和国际体系。以缅甸为例,特别是靠近云南省的边境地区,连干净的水和卫生间都严重缺乏。因此,这个地区的人们很难有条件改善他们的卫生习惯。此外,刚才村濑教授也提到,受影响的国家有义务在流行病发生时通知其他国家。但缅甸没有流行病监测网络,从地区向首都报告疫情通常需要 2 个月甚至更长的时间。

这些都是边境地区所面临的实际问题,有必要提高西南边境地区的跨境公共卫生治理水平。由于中国和缅甸都是许多国际组织和区域合作组织的成员,在处理跨境公共卫生治理问题时,我们可以从国内、区域和国际系统中找到解决方案。

我在研究过程中发现了以下问题,有助于解决我们目前面临的挑战。一是关于世界卫生组织的结构缺陷。许多学者注意到,《世界卫生组织宪章》第十一章提到,世界卫生组织有六个区域委员会,这些委员会都拥有很高的自主权。但不幸的是,中国和缅甸分属不同的委员会。不同的委员会可能有不同的工作目标,并因此产生冲突。二是关于国际体系的重叠。这个概念来自国际政治,这意味着在同一地区或同一主题中,存在多个国际体系。关键在于这些国际体系如何能够有效合作。三是刚才村濑教授提到的国际法的碎片化。目前,全球卫生法包括硬法律和软法律,不仅有条约和国际法,还有决议和宣言。如何能够有效地执行这些文件,也是我们现在面临的一个问题。四是国际软法的有效性。国际软法目前变得越来越重要,特别是在跨境领域,有许多不具有约束力的文件。如何确保这些国际合作文件得到有效执行也是一个重要的问题。

提问环节

提问一

根据当前的国际法规则,在公共卫生事件中追究国家责任是一件非常困难的事。目前各国国内法院也存在一些私主体对主权国家政府的诉讼,同样引用了国际法规则,但这些案子都因为各种原因被驳回。这是否意味着目前

《流行病、瘟疫与国际法》决议草案提出的争议解决机制会成为各国推卸责任、相互推诿的平台，而不是解决争端的窗口？

Shinya Murase

正如你所说，在公共卫生事件中很难追究具体国家责任，但我认为制定一项关于国家责任的条款仍然很重要，这在未来的流行病事件中也适用。如果我们没有关于国家责任的具体条款，我们可能会向世界传递一个错误的信息，即在公共卫生事件中国家责任问题并不重要。

提问二

虽然我们已经规定了疫情发生前与发生时国家的义务，但很多第三世界国家事实上很难建立疫情监测、防控机制。我认为解决问题的关键可能在于技术转移、资金支持、疫苗共享，但目前《流行病、瘟疫与国际法》决议草案第6条却只笼统地规定了国家的合作义务。

Shinya Murase

2020年12月，很多人觉得疫苗和药品的知识产权保护可能是应对新冠疫情的一个问题。而在2021年，疫苗供应则成了更重要的问题。我们都认为有必要在该决议中加入相关条款。故在《流行病、瘟疫与国际法》决议草案第4条第1款、第6条第3款规定国家应保证国民公平获得医疗服务、疫苗和药品，其他有关国家也应就保证各国人民公平获得医疗服务、疫苗和药品，采取相应的知识产权授权措施。此外，该决议草案第13条也规定其他国家有义务向受疫情影响的国家提供帮助，具体的帮助形式由有关国家自行协商。目前该决议草案可以较好地处理技术转移、资金支持、疫苗共享等问题。

提问三

您在联合国国际法委员会和国际法研究院的工作有什么不同？

Shinya Murase

联合国国际法委员会是联合国立法组织，它的行政性更强、程序更复杂。

国际法研究院则是非官方的学术机构,组织更灵活。以这次流行病与国际法的报告为例,如果要在国际法委员会推进这项工作,可能需要10年的时间,届时可能我们已经经历了许多新的流行病。相较而言,国际法研究院只用了7天时间组织委员会,在不到一年半的时间里就完成了起草、研究工作,最终通过这项决议草案。我认为推进流行病的一般国际法立法是一件非常紧迫的事,尤其在新冠疫情的背景下,国际社会才能意识到这项工作的紧迫性,若缓慢地推进这件事,则一旦疫情结束,人们就将松懈下来,立法工作将更难推进。

提问四

您如何看待在新冠疫情期间对世界卫生组织追责的呼声?

Shinya Murase

虽然疫情期间部分主体对世界卫生组织有诸多不满,但追究国际组织的责任很困难。尽管2005年《国际卫生条例》对各国有约束力,其内部其实存在很多建议性的条款,这导致成员国与世界卫生组织都没有强制性的责任负担。例如,《国际卫生条例》第6条要求成员方在“评估公共卫生信息后24小时内报告”,这一规定给了成员方很大的自由裁量空间,所以未在发现公共卫生信息后的24小时内报告并不会构成国家或国际组织的国际不法行为。

[本讲座中文内容以Shinya Murase(村濑信也)教授所作的“北大法学院全球教席云课堂”讲座“流行病与国际法”(2021年9月15日)为基础进行整理。北京大学法学院2021级法学硕士研究生叶慧敏、2021级法学硕士研究生张文嘉、2018级本科生周奕彤参与翻译整理,北京大学法学院助理教授廖雪霞审定。]

德国关于自动驾驶的最新立法解读

Eric Hilgendorf

主讲人简介

Eric Hilgendorf 是德国维尔茨堡大学教授，拥有图宾根大学哲学、现代史和法学学士学位以及图宾根大学的双博士学位。他的研究领域包括刑法、刑事诉讼法、法哲学、法律与自动化交通及人工智能、医事刑法等，代表性著作包括《德国刑法典——教学与实践评注》《德国刑法手册》《德国刑法学：从传统到现代》《刑法案例研习》等。

主题演讲内容精编

当自动驾驶汽车遇上法律:德国 2021 年自动驾驶新法框架

如今自动驾驶技术已经和整个世界息息相关,特别是在中国、日本、韩国和美国等技术先进国家或地区。但就法律框架来说,德国走出了第一步,引入了非常有意思的法律框架。这个框架可能并不完美,但它是一个很好的观察分析对象。

人工智能无处不在,它也是通用交通工具的一部分,并且人与机器人的合作正在成为常见的事情。自动驾驶可被视作机车技术和人工智能的合作。德国在 2017 年夏天制定了一项关于解决这些新的科技进步问题的法律,该法已经正式实施且总体上运行良好。2021 年夏天,德国又制定了一项关于对第四级和第五级的汽车交通管控的法律。这项法律的制定可追溯到 2020 年秋天,是在交通部的指导下进行的。之后产生了一些讨论,司法部认为这项法律没有很好地引入数据管控和数据安全的理念。但德国政府认为人们需要这项新法律,该法最终在 2021 年 8 月生效。我先向大家整体地介绍一下这部新法的内容。

这部德国交通新法的基本观点是:人们能够乘坐的自动汽车可以在可能会有行人或者障碍物的路上行驶。没人会用方向盘或者说没有方向盘来操纵汽车,交通工具将会完全是无人驾驶的,并且理论上它们可以应用于全部的道路。但实际上,这些自动驾驶的汽车必须在公共行政机关所指定的专用道路上行驶。只有政府允许,这些汽车才可以驶入混行路段,即人工驾驶和无人驾驶汽车同时存在的路段。在技术和法律上,这将都是巨大的挑战。

这些车既不会由人工驾驶,也不会通过无线电来运行,它们是完全自主驾驶的。只有在出现问题时,汽车才会给控制汽车的人一个警告信号。人们可以坐在距离汽车 1 公里外,乃至于 10 公里之外的地方,分析汽车运行的问题,并且给汽车提供一些信息。至于要做什么、汽车行驶的规范是什么,则完全取决于汽车本身。

基本概念的界定:“具有自动驾驶功能的机动车”

什么是“具有自动驾驶功能的机动车”呢?该法规定,根据本法案的制定目的,具有自动驾驶功能的机动车是指可以在没有司机的情况下执行驾驶任务的机动车。按照本法第1条(e)项的规定,这些机动车必须在规定的操作区域内行驶,并配备有技术设备。因此,自动驾驶汽车是在没有驾驶者的情况下执行驾驶任务、仅在指定的运行区域内行驶以及有法律明确规定的特殊技术设备。

何谓行驶区域?本法所指的特定运营区域是指允许具有自动驾驶功能的机动车运行的,并且由当地政府确定的公共道路空间。换言之,这是一个道路区域,它可以是交通干道的一部分,也可以是较小街道的一部分,还可以是大城市街道的一部分。在混合交通的情况下,由当地政府来决定允许车辆行驶的位置。

技术监督是这部新法律中最有趣的部分。诚如前述,这些汽车将不会被技术操控。只有在需要的情况下,才会对这些汽车进行长时间的人工控制。负责接管并控制汽车的人被称为技术监督者。该法规定,在本法的意义上,具有自动驾驶功能的机动车的技术监督者必须是自然人。据此,技术监督者不能是人工智能。在操作过程中,他可以随时制停该机动车、停用机动车和下放操作权限。

在这些规定的基础上,德国允许自动驾驶。通过自动驾驶功能在公共道路上行驶机动车是被允许的。但根据这项新法的规定,须满足以下要求:第一,机动车应满足复杂的技术要求;第二,机动车已经被授予了所有的行驶许可证;第三,机动车仅在指定的行驶区域内使用;第四,机动车进行了参与公共道路交通登记。

该法规定,具有自动驾驶功能的无人驾驶汽车的技术要求如下:第一,系统(包括自动驾驶系统、计算机系统)必须能够进行某种自我分析,识别到自己的系统限制。第二,当系统出现或者处于技术堡垒时,必须能够自动将机动车置于风险最小化状态。这意味着,控制面板上的计算机必须使汽车处于不会产生危险的位置。一旦出现问题,系统必须使汽车在风险最小化的状态下停下来。第三,系统必须处于技术监管者随时能够激活的状态。因此,在远程做决策的人能够随时使汽车停下。第四,在行驶期间(自动驾驶系统被激活的情况下),车辆控制系统自动地将机动车置于风险最小化状态。因此,如果车辆熄火,可以由技术监管者激活。

责任风险分配、过失犯罪与信赖原则

现在我们看一下关于责任的规定。德国和大多数欧洲国家一样,在交通管理中,系统的管理员和持有者要承担大部分的责任。关于管理员,该法第1条(f)项具体规定如下:第一,在无人驾驶的情况下,具有自动驾驶功能的机动车的管理员应确保满足第1条(e)项中规定的条件。管理员必须确保达到了技术规定。第二,管理员应采取预防措施,确保机动车正常运行,要确保遵守所有交通规则。原则上,汽车必须有一种外部的监管。因此,乘客也处于监督之下。如果乘客的行为有问题,必须有人阻止乘客,迫使他或她遵守规定。此外,负责执行技术监督任务的管理员也可以雇用其他人员来履行管理员的职责。这意味着,德国法律中让管理员承担注意责任的传统仍然适用于自动驾驶的新领域,管理员依旧承担最重的责任。

什么是责任风险?众所周知,民事责任赔偿和刑事责任处罚是有所区别的。民法中的责任风险可以通过管理员与受委托进行技术监督的自然人之间的合同被吸收。此外,德国联邦汽车运输管理局检查驾驶(自动驾驶汽车)的自然人,这意味着,如果负责技术监管的人犯了错误,这个人就应该承担民事上的责任。假设自动驾驶汽车要求技术监管员解决某一个问题,而该技术监管员犯了错误,导致了一场事故,技术监管员是承担民事责任的主体,其必须支付损害赔偿金。但技术监管者有可能与他的雇主、汽车管理员签订合同,约定所有必须要支付的钱都由管理员支付。

但是,从刑法上的风险层面来说,这么做是不可能的。这可能是德国这部新法律的最大问题。因为在刑法中,至少在德国法律中,不可能存在相约对方受到惩罚的合同。如果技术监管员犯了错误,并且由此导致了事故,并且这项事故涉及刑法,刑事责任仍由技术监管员承担,不能以某种方式转移给(技术监管员的)雇主。这可能意味着技术监管员的工作将被认为是一项高风险的工作。

在自动驾驶发生交通事故的情形下,什么情况下会被视为过失?技术监管员可能会犯错误,但何种错误对于技术监管员会成立过失? 到目前为止,我们还没有自动驾驶中的技术监管员的案例,所以还不清楚这项工作到底是什么、应该如何做,以及法院将如何裁决。

总体而言,德国新法律中规定的自动驾驶的刑事责任问题仍未解决。目前,很多人都在研究这个问题。我认为,也许他们有可能在未来几年找到一个解决方案,但目前这些问题仍然存在。自动驾驶汽车只被允许在特定的车道上行驶,并且当出现问题时,自动驾驶汽车会向技术监管员发送信号。技术监管员不会监督汽车的所有的行驶状况,只有当自动驾驶汽车提出问题时,技术监管员才会作答。管理员或车主必须组织技术监督的展开,管理员必须确保汽车在技术上尽可能完美,技术运行井然有序。如果管理员犯了错误,在这种情况下,他同样要被追究民事或者刑事责任。我想这一点是很明确的。

技术监管者的民事责任和刑事责任是什么样的? 技术监管者也可能犯错误。如果他犯了错误,就要面临着被追究刑事责任和民事责任。但这种民事责任可以借由合同约定由管理员承担。管理员或者车主可以直接说,如果你犯了错误,并且法庭表示你必须支付赔偿损害金的时候,那我会代替你进行赔偿。至于管理员本人,他将寻找一家保险公司,以确保他不必赔付太多。我认为这一模式将发挥作用,但在刑事责任领域却起不到作用。在刑事责任领域,没有保险,也不可能有代替受到惩罚的可能性。至少根据德国法律体系,这意味着刑事责任可能是当今德国自动驾驶汽车的核心问题。

正如我之前提到的,现在还不太清楚技术监管员确切的注意义务。我们不知道做一个好的技术监管员意味着什么,因为这是一项新的工作。我认为在自动驾驶的场合中,人们必须了解过失的一般概念。在德国,我们对过失有明确的检验结构。

如果具备以下的先决条件,某些行为将被视为过失。首先,某些损害结果必须是可预见的,而该损害结果必须是可避免的。在自动驾驶的情况下,为了保护技术监管员,很明显他的行为方式应是可归责的,其危害应是可以预见的。如果他预见到事故,并且该技术监管员本能用另一种行事方式来避免损害,则行为就具备了可预见性与可避免性。

在刑法的一般性原理中,有一些因素决定合理注意义务的水平。第一,伤害越大,注意义务就越高。活动越危险,潜在危害越大,注意义务越高。第二,伤害的可能性越高,注意义务越高。伤害的可能性越大,人们就必须越小心。

因此，这些条件与决定技术监管员必须遵守何种合理的注意义务相关。第三，注意义务的限制。这里涉及允许的风险和信任原则的概念。允许的风险是指，这种自动驾驶技术总是危险的，没有一种技术是100%没有风险的。一定程度的风险总是存在的，因此，我们作为刑法学者必须决定接受何种程度的风险是被允许的。如果风险导致了实际损害结果，何种程度的风险产生刑事上的可归责性。

什么是信赖原则？我不知道在中国信赖原则是否在交通过失问题中被讨论过。在德国，我们认为信赖原则是整个交通法中最重要的部分之一。假设有一辆在内城中行驶的汽车，原则上驾驶员必须尽可能小心驾驶这辆车。他不得撞上别人，也不被允许对其他汽车造成损害，但他的责任是有一定限度的。这意味着，在正常情况下，你可以依赖其他人的理性行为，但是在特殊情况下，当有明显迹象表明这种信赖可能是一个问题时，你必须更加小心。这就是信赖原则的含义。这种信赖原则是过失体系的一部分。

在自动驾驶时代，过失犯罪的内容是什么？包括我在内的一些人认为自动驾驶模式下的信任原则必须有新的维度。在自动驾驶领域，原则上你可以始终信任其他道路的使用者按照道路交通法规行事。如果有迹象表明违反交通规则的行为预期会发生，则不适用这种原则。例如，当孩子们在路边玩耍时，你必须意识到孩子们可能会跳到街上。因此，你就不能以每小时30公里的速度行驶，你必须放慢速度，必须更加小心。以这种方式理解，信赖原则是一种人际关系，传统的信任原则是人和人之间的原则。

那么，我们如何表达人和机器之间的信赖原则呢？如果你给一台机器编程，什么样的人类不当行为是机器必须考虑的？机器必须有处理人类不当行为的可能性吗？或者，我们是否可以对汽车只以仅适用于每个人都能理性行事的情况来进行编码？有一种观点认为汽车的生产商必须对他们的自动驾驶汽车编写能够处理人类非理性行为的程序。人类并不总是理性的，因此程序员至少必须考虑哪些是可以预期的非理性行为。我认为在这种社会状态下，自动驾驶汽车考虑到人类的不当行为是重要的，至少在预期范围内是这样的。

另一个有趣的问题是汽车和汽车之间的过失。假如有两辆自动驾驶汽车在街上相遇，它们将通过无线电进行一些联系，它们可以自己决定哪辆车先走。但是，如果一辆装备有非常现代化、技术水平很高的设备的自动驾驶汽车遇到了一辆完全没有这种技术装备的、非常旧的汽车的时候，那该怎么办呢？

这能被认为是旧车的过失吗？驾驶这些不能与新车配合的旧车会被视为过失吗？这一点目前不太清楚。

当然，使用一辆没有好的技术设备的旧车意味着你会产生一种旧车不能与新车合作的风险。使用旧车是有风险的，其危害是可以预见的。这种危害也完全可以通过买一辆新车来避免。当一辆旧车极可能产生巨大或者非常巨大的危害时，根据之前的过失体系，我们应该如何解释过失的水平？汽车会产生很大的伤害，所以旧车的司机必须小心，或者我们可以说，他有义务买一辆新车。也许只要街上有足够多的新车，就不再允许使用旧车。此外，我们还必须再次审视过失的限制因素，即允许的风险和信赖原则。

总体来说，这项法律在德国甚至欧洲的现行法律中迈出了实现自动驾驶的勇敢一步。这部法律并没有重新创造自动驾驶的规定，它所依照的是 2017 年夏天的立法改革。因此，立法部门坚持不采取“毕其功于一役”的立法策略，而是一步一步地推进。这是非常典型的德国立法者的特征。法律不是以革命的方式，而是以渐进的方式发展起来的。然而，在我看来，这部法律仍然存在一些问题，特别是有关过失犯罪、自动驾驶领域中被允许的风险和信赖原则的问题。这些问题还有待解决，并且我希望在你们的帮助下共同回答这些问题。

评议交流环节

梁根林｜北京大学法学院教授

中国到目前为止还没有正式的关于自动驾驶的立法。因此，德国的立法对于我们制定和完善关于自动驾驶的立法会有很好的参考作用。

在德国新的自动驾驶法生效之前，L4 级别的自动驾驶汽车可不可以在道路上测试或者在道路上运行？还是只能在一个封闭的测试道路上来进行测试或者运行？虽然中国还没有为自动驾驶制定全国性法律，但是一些地方政府或者部门规章其实早就允许甚至发放了牌照，允许特定的企业在特定区域的公共道路上进行测试，甚至还在公共道路上提供一些公共的体验服务。比如最早在 2016 年，杭州第一辆自动驾驶的电动车就在马路上运营了。2020 年，百度就在包括北京、上海、广州在内的 5 个城市推出了所谓的“萝卜快跑”自动驾驶出行服务。这个出行服务实际上可以提供 L4 至 L5 级别的自动驾驶服务体验,并且它是在开放的公共道路上。因此,中国虽然没有相关立法,但是在实践中已经先行。

您强调自动驾驶立法对我们传统的法律责任,包括对我们传统的刑法教义学的基本原理构成挑战。您认为自动驾驶立法并没有改变一些基本的、传统法律的归责原理和归责机制,但确实又给我们提出了一些新的挑战。您特别提到了信赖原则。传统的信赖原则是建立在人与人之间、基于社会交往而产生的信赖规则的基础上的。但是无人驾驶出现后,这个信赖原则能否拓展适用于人和机器,乃至于机器和机器之间的信赖,是非常值得我们进一步思考的。

更进一步的话,这是一个怎么看待刑法中的人的问题。虽然在中国有学者主张,随着人工智能时代的到来,对于刑法中的行为主体需要有一个新的认知,但仍有很多刑法学者认为,机器包括人工智能仍然不能成为刑法上的行为主体。所以在这个意义上,您的讲座为我们看待人工智能时代刑法中的行为主体又提供了新的启发。

Eric Hilgendorf

这是个非常有意思的问题。您说得对,测试是一个重要问题,并且理论上德国在地点上有三种进行测试的可能。第一种可能是在公司的私人空间,比如福克斯公司,他们都有很大的用于测试这些自动驾驶汽车的地方。第二种可能是在国外进行测试,所以许多德国的汽车在美国亚利桑那州或者是加利福尼亚州的沙漠进行测试。第三种可能就是在德国的街道上进行测试。我们的公共道路规章有一项特殊的条款,就是汽车的制造商可以在街道上测试新的技术。但是制造商必须要有特殊的许可证,询问政府机构是否允许测试,提交与技术相关的特定信息,以及在发生意外时愿意支付损害赔偿。如果这些全都做到了,就可以让这些汽车在德国的街道上行驶。20 年前就已经有制造商这么做了,拉本茨驾驶自动驾驶汽车从斯图加特开到了法兰克福。在自动驾驶汽车中,有一个人坐在驾驶位旁边,司机的位置是空的,但是副驾驶有人坐在那里控制着汽车。2021 年有些公司也是在具有防护措施的情况下进行了一系列的测试。在德国一共有 12 处进行测试的地方,巴特比恩巴赫可能是其中最重要的一个。四五年前,那里就开始运行几班行驶特定路线的自动驾驶公共汽车。就我所知,没有发生过任何事故。德国立法者是非常谨慎的,在新的法律被制定出来之前，进行了很多的准备和测试。

王华伟｜北京大学法学院助理教授

第一，关于德国自动驾驶的新立法举措，我本人高度肯定。第一步是非常重要的，虽然在这个阶段，完美的立法框架并不容易实现，在自动驾驶立法的语境下，这甚至是不可能的。但是德国的立法者总是持续不断地推动行之有效的法律改革。

第二，关于您谈到的相关方责任，特别是自动驾驶汽车车主和技术监管员之间的区分我觉得非常有意思。当然，这两个不同的主体在自动驾驶的过程中起到了不同的作用。举例来说，当一个危害结果发生时，如何平衡责任。我们在这项新法案中可以看见两个不同的主体，但实际上，我认为在这个问题上还有另外的主体。比如，汽车的制造者，甚至是自动驾驶系统和软件的设计者，或许还关涉数据的提供者。因为就运营自动驾驶汽车而言，大数据是一项基本的需求，所以，如果大数据的提供者也要承担损害后果、刑事责任的话，那应该是非常有意思的问题。

第三，关于信赖原则。在过去，根据我的理解，这一原则是关于不同的自然人之间的原则，但是您探讨了人与机器之间信任原则的可能性，乃至机器和机器之间的信任原则，这非常具有想象力。机器、机器人或者自动驾驶汽车能否具有责任能力，这取决于技术发展的水平，取决于机器是一个高程度的人工智能还是低程度的人工智能。如果是低程度的人工智能，那么可能在这种情况下，重点仍应该放在人和机器或者自动驾驶的汽车背后的人之间的关系。这是非常有挑战并且仍待讨论的问题。

第四，关于被允许的风险。被允许的风险是由众多社会因素来决定的。在这些众多的因素之中，我认为技术的发展在其中扮演了非常关键和重要的角色。在未来或许可以展开更多研究。除了理论上的研究，或许我们也需要进行一些实证研究。我认为这些研究要结合技术专家们具体的、实证的研究和法学专家的规范分析。不同学科之间的限制，学术和实践之间的界限必须被消除。

Eric Hilgendorf

这些都是非常好的问题和评论。您说必须要有责任体系的分析，考虑风险是如何分布的，这不仅对技术监管员和管理员十分重要，也涉及汽车的制造者、系统的编码者和提供者。这是完全正确的。

我相信要找到这些问题的答案，就要再一次追溯传统的理论。这与我们在刑法、民法、侵权法中进行的分析仍然是有关的。首先，必须判断是民事责任还是刑事责任。在民事责任中，大部分是合同约定的责任，民法拥有确定行为导致的损害后果的鉴别体系，这其实和刑法是相似的。另外在德国，还可能会有不需要主观罪过的严格责任。我认为这两种制度都可以解决自动驾驶中的责任问题。我不知道在中国类似情况的细节，但是在德国，仍然是汽车的管理员承担责任，不仅可以通过合同确定的责任，还可能是通过严格责任的制度确定。当你是汽车管理员的时候，你对汽车造成的全部损害都负有责任。当我们注意到汽车生产者的时候，汽车的制造者也负有责任。此外，他们还可能存在严格责任。在导致了严格责任的场合，无论是处于过失还是处于故意，任何人都会被追究责任。

其次，技术监管员所犯的错误将会被归咎于他本人。管理员的责任同样包含由技术监管人导致的错误的情形。民事责任的分配会更为清晰。刑法中责任更加复杂，因为在刑法中不存在不以罪责为基础的责任。我想中国的情况和德国差不多。自动驾驶导致的风险并不是非常清晰的，我不知道这种情况发生的频率和程度，并且这种不确定性对于决定想要担任技术监管者职责的人来说是一种风险。

最后，关于信赖原则和它与 AI 责任之间的关系，我们有时将其称为电子化的自然人。在我看来，在民法中电子化的自然人要承担责任是可能的，如果承担公司责任的话，每一方都可能是一个公司。如果说公司可以支付这项赔偿的话，那原则上计算机也可以支付，只需要确保公司有钱即可。至少在德国，直到现在机器人没有财产，这是实践上的原因。计算机作为机器承担民事上的责任是存在问题的。但是就一些常规的基础理论来说，我认为是有可能的。

说到机器的刑事责任，至少对我来说至今是一项纯粹假设的问题。我无法想象一个机器可以被惩罚的场景。这意味着德国刑法责任的彻底变化。我们认为德国刑法系统总体上是良好的，所以我的观点是在未来很长一段时间里，还不会有机器的责任。

[本讲座中文内容以 Eric Hilgendorf 教授所作的“北大法学院全球教席云课堂”讲座“自动驾驶的法律问题——德国关于自动驾驶的新法律”(2021 年 10 月 20 日)为基础进行整理。北京大学法学院 2020 级博士研究生王猛、2021 级法学硕士研究生冯英楠、元培学院 2018 级本科生王嘉闻参与翻译整理,北京大学法学院长聘副教授江溯审定。]

商事仲裁中的
利益冲突与信息披露

Thomas J. Stipanowich

主讲人简介

Thomas J. Stipanowich 是美国佩伯代因大学(Pepperdine University)教授、跨国仲裁研究所(Institute for Transnational Arbitration)学术顾问组成员、美国法学会主持的“美国国际仲裁法重述”顾问组成员。他曾担任位于纽约的国际冲突预防与解决研究所(International Institute for Conflict Prevention & Resolution, CPR)总裁兼首席执行官。他于2008年获得了“阿勒姆伯特－瑞文奖”(美国律师协会争议解决部给予在该领域作出杰出贡献人士的荣誉),于2016年获得了CPR的“詹姆斯·亨利奖”(该奖项用于表彰“在争议解决领域做出卓越、持续贡献的个人”)。他的论著超过50部,包括被美国最高法院与许多其他联邦法院和州法院援引的五卷本《联邦仲裁法:联邦仲裁法下的协议、裁决和救济》。

主题演讲内容精编

仲裁员信息公开与信息披露的制度概述

在国际商事仲裁中,仲裁员的公正性与独立性问题至关重要,常常引发各种争议。我们在处理这一复杂的问题时,需要考虑仲裁规则(arbitration rules)、仲裁法(arbitration laws)以及专门的道德准则(ethics standards)等一系列标准。仲裁规则如《国际商会仲裁规则》(ICC Arbitration Rules)和《伦敦国际仲裁院仲裁规则》(LCIA Arbitration Rules)等,经常被当事人纳入协议中。大型国际仲裁机构,如国际商会(International Chamber of Commerce,ICC)、伦敦国际仲裁院(London Court of International Arbitration,LCIA)、美国仲裁协会(American Arbitration Association, AAA)、中国国际经济贸易仲裁委员会(CIETAC)等均有自己的仲裁规则。仲裁法方面,仲裁地法通常用于处理仲裁程序中的仲裁员披露问题以及当事人以利益冲突为由对仲裁员提出的异议,部分情形下也可能适用当事人选择的其他国家的法律。此外,仲裁机构或当事人还可能适用某些道德准则。例如,国际律师协会(International Bar Association,IBA)制定的《国际仲裁利益冲突指引》(IBA Guidelines on Conflicts of Interest in International Arbitration),这是目前判断仲裁员与仲裁利益相关方是否存在利益冲突的一项重要工具,详细、清晰且实用。在部分案件中,我们也需要考虑国际公约。

在美国进行国际商事仲裁,我们可能会选择适用美国仲裁协会国际争议解决中心(AAA International Centre for Dispute Resolution,ICDR)的仲裁规则。至于仲裁法的适用问题,在美国非常复杂。在美国联邦体制下,我们有国会通过的联邦法律,美国各州也有各自的州法;对于一些州而言,管辖国内仲裁与国际仲裁的法律也是不同的,如加利福尼亚州。我们需要考虑所有这些不同层次的法律规则。但事实上,美国很少有州法专门规定仲裁员的信息披露问题,也很少有当事人会在仲裁裁决作出前向法院提起关于仲裁员信息披露问题的异议。大部分都是在仲裁裁决作出后,当事人以仲裁员存在腐败或明显的偏袒行为为由,对仲裁裁决提出异议或请求撤销仲裁裁决。对此,我将在后面重点阐述美国《联邦仲裁法》(Federal Arbitration Act，FAA)的相关规定及判例。此外，在美国，我们有几份不同版本的道德准则。最重要的一份是由美国仲裁协会和美国律师协会起草的《商事纠纷中仲裁员的道德规范》(The Code of Ethics for Arbitrators in Commercial Disputes)。该道德规范制定于多年前，并于2004年进行了更新。综上所述，在美国，我们在处理仲裁员信息披露的问题时至少需要考虑以上这三套标准。

回到一个根本问题上来，为什么仲裁员要进行信息披露，尤其是披露潜在的利益冲突？首先，这是由仲裁的性质决定的。从理论上讲，当我们进行仲裁时，我们是在寻求公正的裁断。在美国法下，我们强调“根本公平”(Fundamental Fairness)。仲裁庭不一定要像法院一样，但需要符合“根本公平”的要求。然而仲裁同时强调当事人意思自治，尤其是自主选择仲裁员的权利。这二者之间存在紧张关系。其次，大多数仲裁员来自专业群体，如律师、退休法官或具有商业及其他专业技术背景的专家。这些人形成了一个较小的圈子，可能互相都认识。最复杂的情况通常是仲裁员来自律所或其他组织，他们的律所同事以及家人之间都可能存在联系。最后，仲裁员在作出仲裁裁决时行使的权力很大程度上不受监督，问责机制不足，且从实践与法律的角度来看，撤销仲裁裁决又比较困难。因此，仲裁员在仲裁程序开始前以及仲裁程序中的持续信息披露非常重要，可以在一定程度上解决以上困境，提供充分的信息帮助当事人抉择。

■ 仲裁员的信息披露：仲裁规则与道德准则

接下来我重点阐述一下仲裁规则和道德准则的相关内容。仲裁法的问题将在后面的案例中进行介绍。关于仲裁规则，我将以美国为例进行讲解。假设仲裁地在纽约，你担任一方当事人的代理律师，各方已经依据ICDR的仲裁规则选择了仲裁员，开庭即将如期进行。现在可能会出现以下几种情况：另一方当事人选定的仲裁员与关键证人之间存在商业往来；首席仲裁员在另一起类似的法律纠纷案件中是另一方当事人的代理律师，且其观点和立场与你方当事人的利益相悖；首席仲裁员裁定对有利于你方当事人的一些证据不予采纳。此时，你可以选择依据ICDR的规则，直接向ICDR提出异议。在适用仲裁规则时，我们需要重点考察仲裁员的选定或指定、利益冲突的披露以及异议程序等相关部分的规则。

首先,我们必须考察仲裁规则中是否规定了仲裁员必须是独立(independent)和公正(impartial)的。在美国的大部分仲裁案件中,我们期待仲裁员是独立公正的。然而在部分仲裁案件中,除首席仲裁员外,当事人也可以单边选定"非中立"(Partisan)的仲裁员,此类仲裁员会更偏向选定自己的一方当事人。这样的实践较为反常,大部分国家都不允许这种做法,但出于某些原因,美国的商事仲裁发展出了这种制度。其次,我们需要考察仲裁规则中的披露规则。仲裁规则可能会规定仲裁员应当进行广泛的披露,包括与当事人、律师或与案件的关联,这些情形都可能引起当事人对仲裁员是否独立公正的合理怀疑。最后,我们需要考察关于异议程序的规定。ICDR 仲裁规则(2014 年版)第 14 条规定,产生合理怀疑的当事人可以向 ICDR,即仲裁管理机构提出异议;依据第 15 条规定,若异议成立,仲裁员将被替换。这再次证明了仲裁机构在对仲裁案件进行行政管理方面的作用。这里我们还必须要指出一个问题:通常仲裁员最终都会发现是哪一方当事人对自己提出了异议。如果异议最终未能得到支持,提出异议的一方当事人在后续的仲裁程序中可能会遭受一些不利影响。至于当事人的怀疑是否合理、当事人对仲裁员的异议能否得到支持的判断标准有哪些,国际投资争端解决中心(ICSID)的国际投资仲裁案例或许能够给我们启发。具体来说,我们需要考虑仲裁员与案件、当事人、代理律师或与案件存在关联的其他人之间的关系的密切程度——他们是否仅隶属于同一组织?是否存在长期的商业往来?仲裁员是否正在为当事人工作或者是否正在与当事人共事?这些工作对仲裁员来说有多重要?总之,我们需要考察这些事项在多大程度上会实质性地影响仲裁员的独立性和公正性。

我们再来考察一下道德准则。我之前提到的 IBA《国际仲裁利益冲突指引》是我们通常所说的软法标准(soft-law standards),内容非常详尽。它虽然不具有法律约束力,但影响力深远,是真正意义上的国际标准。对于潜在的利益冲突,《国际仲裁利益冲突指引》区分了三种颜色、四种情况。第一,绿色清单列举的情形不用进行披露。人与人之间会产生各种各样的关系,但并非所有关系都必须予以披露。如果时间非常久远,或者仅仅是同为大型组织的成员,那么这种联系其实并不密切,不披露不会产生实质性后果。第二,红色清单列举的事项必须主动进行披露。红色清单包括两个部分——不可弃权的红色清单(Non - Waivable Red List)以及可弃权的红色清单(Waivable Red

List)。举例来说,在有些情况下,当事人出于对仲裁员的了解和信任,即便仲裁员曾担任过另一方当事人的律师或从事过相关法律业务,当事人也可以选择放弃对该仲裁员提出异议的权利。需要注意的是,仲裁规则可能会对提出异议的期限进行规定,一旦放弃行使提出异议的权利,当事人在后面的程序中也将不再有机会对仲裁员提出异议。但有些属于仲裁员必须披露且必须回避的情形,比如不能选择一方当事人的现任法律顾问作为仲裁员,这就属于不可弃权的红色清单。第三,橙色清单规定了中间情形,仲裁员可以基于具体的案件情况选择披露或不披露。例如,仲裁员目前正在另一项不同的法律事务中担任一方当事人的代理人、仲裁员所在律所的其他律师曾在两年前的另一起与本案毫无关联的纠纷案件中为当事人出具过法律意见或仲裁员与一方当事人的代理律师同为 IBA 委员会的成员。现实中,很多仲裁员会觉得他们在道德上有义务进行广泛的披露,但刚才提到的三种情形中,只有第二种情形比较严重,其他两种情形需要结合具体的案件情况来判断,比如第三种情形下,同为 IBA 委员会的两个人是否保持了长期的友谊、在任职期限内是否一起参加了所有会议等。不同的影响因素、亲密度、关系的重要程度等都可能导致不同的结果。我个人的建议是,仲裁员应当尽可能地进行广泛披露。

当被挑选为仲裁员时,我们首先应当自我反省并考虑以下几个问题:从道德上来讲,我能否接受选定或指定?我是否满足以下要求,如能否公正地为当事人提供服务?能否独立于案件当事人、潜在的证人或其他仲裁员?是否有能力进行仲裁?是否有足够的时间处理仲裁案件?这是国际仲裁中的重要问题。有些人的业务非常繁忙,但由于他们很受欢迎,当事人仍然会选择他们作为自己案件的仲裁员。坦白来讲,他们本不应接受选定或指定,如果他们接受并成为了仲裁员,案件可能会因他们过于繁忙而持续拖延。这里也建议大家关注一下美国《商事纠纷中仲裁员的道德规范》,里面也有较为详细的规定和说明。

仲裁员未进行信息披露的后果:虚构案例 I

接下来要讲的虚构案件可以帮助大家更好地思考仲裁员的信息披露问题。假设你在案件中担任一个总承包商 Turnkey International 公司的代理律师,该公司与卡达西亚共和国(以下简称卡达西亚)的私营企业卡达西亚发展公司(Kardashian Development Corporation,KDC)发生了重大建筑纠纷并提起了仲裁。双方合同约定,KDC 委托 Turnkey International 公司在卡达西亚的 Kimzmir 建造卡达西亚西北国际机场。该合同中的仲裁条款约定依据《联合国国际贸易法委员会仲裁规则》(UNCITRAL Arbitration Rules)进行仲裁,由 ICC 作为指定机构,以卡达西亚作为仲裁地。卡达西亚采纳了《联合国国际贸易法委员会国际商事仲裁示范法》(UNCITRAL Model Law on International Commercial Arbitration,以下简称《仲裁示范法》)。合同还约定卡达西亚法作为解释合同应当适用的法律。

依据仲裁条款约定,Turnkey International 和 KDC 分别指定了一名仲裁员,两名仲裁员选定了第三名仲裁员作为首席仲裁员。现在假设双方当事人刚刚宣布了庭审证人名单,而你作为 Turnkey International 的代理律师,从其他渠道得知 KDC 的一个关键证人,也就是 KDC 本公司的专家,最近为 KDC 指定的仲裁员提供了大量的咨询服务,且担任过首席仲裁员所在律所的顾问。KDC 指定的仲裁员和首席仲裁员都没有就此事进行披露,你非常担心这两位仲裁员是否有能力作出公正的裁决。假设很快就要在卡达西亚开庭,现在你有什么解决方案?是否应该去法院寻求救济?是否应该要求这两位仲裁员回避?是否应该要求你方指定的仲裁员回避以示抗议?是否向仲裁庭提出异议?还是说采取其他救济措施?答案视情况而定,但首先要看具体的合同约定。当事人的仲裁协议选择了《联合国国际贸易法委员会仲裁规则》,所以首先要考察该规则中的规定。接下来需要考察《仲裁示范法》的规定,因为仲裁地国家的法律采纳了《仲裁示范法》。通常情况下,当事人及其代理人不一定会在一开始就向法院寻求救济,也不太可能会要求这两名仲裁员回避或要求他们指定的仲裁员回避以示抗议,这些做法都可能会产生一系列问题。

那么你是否可以向仲裁庭提出异议?我们首先需要看《联合国国际贸易法委员会仲裁规则》的规定。该规则第 11 条指出,“可能被指定为仲裁员的人,应在与此指定有关的洽谈中披露可能对其公正性和独立性产生有正当理由怀疑的任何情况。仲裁员应自其被指定之时起,并在整个仲裁程序期间,毫无延迟地向各方当事人以及其他仲裁员披露任何此种情况,除非此种情况已由其告知各方当事人”。其中包含两个关键信息,即“正当理由怀疑”(Justifiable Doubts)和“持续性的义务”(Ongoing Obligation)。依据该规则第 12 条的规定,若仲裁员未按照上述规定及时披露必要的信息,那么当事人可以提出异议。依据该规则第 13 条的规定,当事人可以直接向仲裁庭提交附带理由的异议请求。为什么是直接向仲裁庭提交?与大多数仲裁机构的仲裁规则(如 ICC、CIETAC 等)不同,UNCITRAL 没有综合性的行政部门来管理仲裁案件,所以只能直接找仲裁庭。仲裁员可以直接回避,如果仲裁员拒绝回避,那么当事人可以请求指定机构对异议作出决定,本案中即由 ICC 作出决定。

你的异议能否得到支持?IBA《国际仲裁利益冲突指引》第 3.4.3 条(橙色清单)提到了以下情形:“仲裁员与一方当事人或与仲裁裁决有直接经济利益的实体的经理、董事、监事会成员,或对一方当事人或一方当事人的关联公司有控制影响力(如享有控股股东利益)的任何人、证人或专家有密切的私人朋友关系。”因此,如果出现上述情况,仲裁员有可能要回避,这在橙色清单的范围内。还有一种情况是“仲裁员在过去的三年内,曾担任一方当事人或一方当事人的关联公司的法律顾问”,这也属于橙色清单的范围。当然这必须是指过去三年的情况,如果是目前担任法律顾问,那就属于红色清单。IBA《国际仲裁利益冲突指引》可能会提示我们需要披露的信息的重要程度,但最终,这一切取决于你所需要适用的规则。我们还可以在后面谈一谈仲裁法的影响。

现在,让我们继续思考以下问题:如果你没有发现这些关系,仲裁员也从来没有披露这些关系,你直到仲裁裁决作出后才发现这些事实信息,而且该仲裁裁决对你方不利,这种情况怎么办?你可以向仲裁员索赔吗?你可以向《联合国国际贸易法委员会仲裁规则》下的指定机构索赔吗?或者你可以采取其他补救措施吗?

谈到向仲裁员或仲裁机构索赔,我需要先简单介绍一下责任豁免(liability waiver)制度。《联合国国际贸易法委员会仲裁规则》、ICC 的仲裁规则和许多其他机构的仲裁规则中都会规定,如果当事人选择适用这些规则,就意味着放弃任何向仲裁员或仲裁机构提出索赔的权利,但需要以法律允许的最大限度为前提。因此,在这些情形下,什么法律能够得到适用?各国、各州的法律在如何处理仲裁员的责任方面有很大差异。在美国和其他一些普通法国家,仲裁员被认为是准司法(quasi - judicial)人员,他们就像法官一样。因此,换句话说,仲裁员在其仲裁职责范围内享有准司法豁免(quasi - judicial immunity)。该制度保护了仲裁员,也保护了管理仲裁案件的仲裁机构。然而,许多大陆法系国家采取了合同路径,不把仲裁员看作法官,而是更像依据合同提供服务的主体。因此,如果他们疏忽大意或未能履行合同义务,他们可能就要承担责任。责任豁免制度可能会,也可能不会发挥作用。

那么现在的问题其实就是,在这份有利于卡达西亚当事人的仲裁裁决作出后,你是否有可能向仲裁地国卡达西亚的法院请求撤销仲裁裁决?你是否能找到主张撤销仲裁裁决的理由?我们知道卡达西亚采纳了《仲裁示范法》,其中第34条第2款规定,法院可以撤销仲裁裁决的理由包括:“仲裁庭的组成或仲裁程序与当事人的约定不一致,除非此种约定与当事人不得背离的本法规定相抵触;无此种约定时,与本法不符。”在此项事由下,仲裁员的利益冲突关系可能导致裁决被撤销。如果你去败诉方存有资金或资产的国家申请承认和执行仲裁裁决,而那个国家也采纳了《仲裁示范法》或者是《纽约公约》的缔约国,那么你就会面临相似的情形,尽管不同的法院可能会作出不同的解释。裁决作出后,当事人总有机会去申请撤销或主张拒绝承认执行仲裁裁决,《仲裁示范法》第34条或《纽约公约》第5条可能会得到适用。

仲裁员未进行信息披露的后果:虚构案例Ⅱ

让我们再举一个发生在美国的例子。假设总部设在卡达西亚的Turnkey International公司与Diamond公司签订了一份合同,约定在美国进行建设工程。建设合同约定仲裁地为芝加哥,并纳入了ICDR仲裁规则(2014年版)。再次假定双方当事人刚刚宣布了他们的出庭证人名单,而你从其他渠道得知Diamond公司的一个关键专家证人,最近为Diamond公司选定的仲裁员提供了大量的咨询服务,且担任过首席仲裁员所在律所的顾问,仲裁员均未披露以上事项。这与前述案例其实是完全相同的问题,只不过我们现在是在美国,选择适用了ICDR仲裁规则(2014年版),与案件相关的主要是该规则第13条和第14条。与前述案件不同的是,根据ICDR仲裁规则,你可以直接向仲裁管理机构,即ICDR提出针对仲裁员的异议。再次强调一下,在美国,法院通常不会在仲裁裁决作出前介入仲裁员的信息披露问题,FAA没有对此作出任何规定。但是,仲裁裁决作出后,当事人依然能够以仲裁员存在明显的偏袒或腐败行为为由,主张撤销仲裁裁决。

让我们思考一下,如果你在裁决作出后才发现仲裁员与仲裁利益相关方存在利益冲突,相应的处理方案与前述案件会有何区别呢?案件事实大体一致,只不过这次不是适用《仲裁示范法》,而是适用美国法,仲裁地在美国。

FAA 第10(b)节,也就是仲裁裁决的“撤销”(Vacatur)章节(“set aside”与“vacate”都是指撤销仲裁裁决的意思)规定,如果仲裁员存在明显的偏袒或腐败行为,当事人可以申请撤销仲裁裁决。几年前,我们遇到过一个案例——Commonwealth Coatings Corp. v. Continental Cas. Co. (293 S. Ct. 145,149,1969)。该案中,首席仲裁员未能披露自己近期与其中一方当事人之间的重要商业往来。最高法院认定撤销仲裁裁决,并且主张仅仅是仲裁员未能披露某些利益关系或事实本身,就足以让法院适用“明显偏袒”标准(“evident partiality” standard)来撤销一份仲裁裁决。也就是说,仅仅是仲裁员没有进行披露某些利益关系或事实就已足够,不用证明仲裁员是否真的存在偏袒行为。

所以最重要的问题,其实是仲裁员未进行披露的关系或事实有多么重要。关于具体的判断标准,有四位法官主张,只要一项关系或事实会让当事人觉得仲裁员可能会存在偏见,即便只是表面偏见(appearance of bias),那么仲裁员就应当进行披露。这个标准其实很低,意味着几乎要披露所有的关系。有两位法官虽然支持本案撤销仲裁裁决的判决结果,但认为仲裁员仅仅需要披露自己与当事人之间非常重要的实质性(substantial)关系,导致仲裁裁决撤销的未披露关系必须要满足更高的标准。在 Positive Software Solutions,Inc. v. New Century Mortgage Corp. (476 F. 3d 278,5th Cir. ,2007)一案中,法院认定仲裁员需要披露的关系必须满足更高的标准,即必须是实质性的关系,现在美国绝大多数法院都持此观点。如果仲裁员仅仅是没有披露他们的一个合作伙伴 10 年前与当事人之间的关系,这绝对不足以构成撤销仲裁裁决的理由,这在 IBA《国际仲裁利益冲突指引》中只能被归类为绿色清单。撤销仲裁裁决是一件很严肃的事情,法院不应该轻易撤销一份仲裁裁决。因此,导致仲裁裁决撤销的未披露关系必须是某种重要的实质性关系。

仲裁员席位空缺的解决方式

最后要解决的问题是,如果仲裁员因为当事人异议而辞职或被要求回避,由此导致仲裁员席位空缺,这种情况该如何处理? 如果仲裁规则中没有规定或当事人没有约定,那么仲裁员席位空缺的问题就会比较麻烦。但好在大多数仲裁机构都有应对和处理仲裁员回避、辞职或其他情形导致席位空缺的相关规则。当事人如果选择了一个仲裁机构,就说明其认可该仲裁机构规定的处理仲裁员席位空缺的方式。当事人可以依据仲裁规则和仲裁机构的规定，按照自己的意愿选择替换仲裁员，或者三人仲裁庭中剩下的两位仲裁员也可以直接在席位空缺的情况下，继续进行仲裁程序。

评议交流环节

高薇｜北京大学法学院长聘副教授

信息披露在国际商事仲裁的实践中具有十分重要的意义。国际仲裁就像是一个相对闭合的俱乐部，俱乐部里的大家都互相认识，所以必须要有一些机制来解决仲裁员的独立性和公正性问题。我的问题是，假设我们在进行仲裁程序，您是仲裁员，我是当事人的律师，而我们已经认识了。您认为在这种情况下，有必要公开我们之间的关系吗？又比如，如果我是您的学生，需要披露这种关系吗？

Thomas J. Stipanowich

答案是肯定的。我个人在实践中的做法，就是尽量多地进行披露。如果我知道你是本案一方当事人的律师，我会披露我们的同事、朋友关系，或者师生关系等。一般来说，这些关系我都会进行披露。我认为，披露实际上对仲裁员有好处。举例来说，如果我与双方当事人都有关联，这是最好的情况，因为这样不但显得我很可靠，还显得我十分重要。大家会觉得他认识每个人，他一定是一个出色的、广受认可的仲裁员。更重要的是，披露是一项义务，是你作为仲裁员要尽到的责任。

仲裁员本人都非常希望自己作出的仲裁裁决能够在作出裁决的国家得到执行，而不是被撤销；或者能够在其他国家依据《纽约公约》或其他法律规定得到承认和执行。因此，我认为披露真的很重要，我会尽我一切所能来防止我作出的裁决被撤销或拒绝承认执行。几年前我遇到过一个机构仲裁的案件，其中一方当事人的代理律师来自一家国际律所，我在两三年前为该国际律所的一家分支机构做了一些工作，所以另一方当事人决定对我提出异议。我看了IBA《国际仲裁利益冲突指引》，我不认为这件事能构成对我提出异议的依据。事实上，我和我的几个经验丰富的仲裁员朋友讨论过这个问题，他们都劝我继续进行仲裁。他们认为我被要求回避的概率非常低。我还有一个同事实际上就在教授国际商事仲裁中的道德问题的相关课程,并收集和整理过仲裁庭和仲裁机构对此类问题作出的决定,也对我表示支持。但在反复思考了一段时间之后,我最后还是决定回避。尽管从技术层面来讲,我不认为他们的异议申请能够得到支持,但我还是担心,如果一方当事人对我持有如此强烈的异议,我是否还能成为一名客观的仲裁员?我认为,从道德上来讲,我应该主动回避,因为我希望仲裁最终能够顺利进行。不是每个人都会这么做,我的朋友说我的决定是错误的,但我认为这是正确的选择。

高薇｜北京大学法学院长聘副教授

在您看来,美国的在线仲裁有什么最新的发展吗?

Thomas J. Stipanowich

首先,各大仲裁机构都推出了很多新的关于在线仲裁的规定。其次,由于疫情,在线仲裁得到了非常广泛的适用。最后,在美国的一些国内或国际仲裁案件中,很多开庭前程序的拖延问题十分严重。但随着在线仲裁的发展,仲裁程序整体的推进速度加快了。除此之外,在线技术的运用带来了很多好处。我知道很多法院都开展了在线纠纷解决的试点项目,使得贫困人口或者居住地点离法院非常遥远、交通不便的当事人能够通过上网或者使用手机,出庭参加小额诉讼或者涉及家庭纠纷的诉讼程序。在疫情时代,我们思考问题的方式已经发生了很大的变化。

提问环节

提问一

为了避免后续可能出现的问题,在披露的程度上,是披露得越多越好吗?

Thomas J. Stipanowich

我的回答是肯定的。对我来说,进行广泛披露是明智的做法,因为这样可以防止作出的仲裁裁决被撤销或被拒绝承认执行。同时,我认为这有助于消除当事人对仲裁员的误会,也有助于证明仲裁员是适格的。由于各种原因,我和大多数仲裁员都选择进行广泛披露。

提问二

在您提到的众多标准中,有仲裁机构的规则和各个国家的仲裁法、各种协会制定的道德准则,那么当这些标准产生冲突时,应当如何处理?

Thomas J. Stipanowich

这取决于时机(timing)。首先,你如果被挑选为一个案件的仲裁员,你在接受选定或指定并成为仲裁员之前,要依照你可能需要适用的规则进行自我审视。譬如,如果道德准则建议你不要继续进行仲裁,那你就不应该接受选定或指定,也不涉及后面的披露问题。其次,你如果在仲裁过程中遇到披露问题,通常先需要看仲裁规则的规定。仲裁法有时候可能会进行规定,但需要视情况而定。无论如何,一名仲裁员应当逐项考虑仲裁规则、案件本身需要适用的仲裁法,以及作为一名仲裁员需要遵守的道德准则。取决于不同的时机,上面的任意一项或所有标准都可能发生作用。

提问三

当事人挑选仲裁员时,在众多仲裁员需要具备的品质里,如声誉、专业、常识等,哪一项更为重要?

Thomas J. Stipanowich

这是一个有点棘手的问题。仲裁员公平公正的声誉非常重要,要让人感觉到仲裁员能够进行独立思考和独立地作出决定。然而有些时候,在国际仲裁中,根据案件的具体情况,当事人可能会有特别的考虑。比如对于三人仲裁庭,除首席仲裁员之外,由其中一方当事人挑选的仲裁员通常需要能够履行“翻译”职能。这里说的“翻译”不是指语言翻译,而是指能够向其他仲裁员解释特定的文化或法律传统。

例如,我和你面对面详细讨论美国法和美国律师对待合同的方式,并将其与中国商人和中国律师对待合同的方式进行比较,那么我们理解合同的思维方式上的差异就可能会对案件的裁决产生实质性影响。事实上,几年前,我处理过一个亚洲当事人和中东国家政府的纠纷案件,我认为文化观念真的很重要。在那起案件中,仲裁庭讨论了很多关于文化观念的问题。所以有时候,被挑选为仲裁员可能是因为独立公正的声誉,但也可能是因为了解他们的文化。事实上,这个问题很微妙,对文化观念的熟悉程度和抽象的公平概念之间存在一种紧张关系。我不知道我是否能够解释得很清楚,但我认为这很有意思。

[本讲座中文内容以 Thomas J. Stipanowich 教授所作的“北大法学院全球教席云课堂”讲座“商事仲裁中的利益冲突与信息披露”(2021 年 10 月 27 日)为基础进行整理。北京大学法学院 2020 级博士研究生朱笑芸、2021 级博士研究生任天婵、2021 级法学硕士研究生张文嘉参与翻译整理,北京大学法学院长聘副教授高薇审定。]

刑法视角下的可持续发展

Kimmo Nuotio

主讲人简介

Kimmo Nuotio 是芬兰赫尔辛基大学法学院教授。他曾任芬兰战略研究委员会主席、赫尔辛基大学法学院院长和欧洲大学研究所法律系让·莫奈研究员。他也曾主管芬兰教育部和芬兰科学院资助的全国法律博士项目,曾担任芬兰艺术大学的董事会成员、亚历山大学院的董事会主席、多伦多大学和鲁汶大学的访问教授。他的研究领域包括刑事责任的理论基础、刑法现代化、欧洲和国际刑法、刑法跨国化、欧洲法律一体化、风险社会、福利国家、安全、政治哲学与法律、刑法与文化多样性等。

主题演讲内容精编

背景知识：可持续发展概念与法律

当我选择刑法与可持续发展作为研究主题时，我知道这将是一个日益重要的话题。这几天[1]，就在苏格兰格拉斯哥，世界各国领导人正在第26届联合国气候变化大会（COP26）上讨论气候危机以及应对全球变暖的对策。当我们谈论可持续发展时，我们基本都知道这意味着社会在一定程度上是有弹性的、稳定的，并且意味着未来一代的美好生活前景。可持续性的概念就是关于保护下一代利益，以及建设一个不以下一代利益为生存代价的、有着美好未来前景的社会。今天，我们甚至还有一门学科专门研究可持续性的问题。

与此相关的还有法律与发展议题。联合国以这些理念为基础开展了很多活动。“二战”后在联合国的推动下，人们建设了世界银行、亚洲基础设施投资银行等以吸引投资者、促进项目开展，改善了世界各地人们的生活条件。在这一进程中，法律与发展的研究方面形成了很多理论，如关于发展概念及其目标，以及对于发展的评估。我从过往与中国同事的谈话中了解到，中国早年间对外开放的主要目标是实现经济发展和人民生活水平的提高，努力摆脱贫困，而要做到这些首先就是要获取可用的资源，使美好的生活成为可能。但问题是经济条件的改善是不够的，这不可能成为终极目标。印度经济学家与哲学家阿玛蒂亚·森（Amartya Sen）在其著作《以自由看待发展》（*Development as Freedom*）中提出，发展是为了走向更好的正义。他认为，我们面临的其实是围绕不公正与功利主义的正义问题，并提出了著名的“能力取向理论”（Capabilities Approach）。也就是说，我们不仅要关注经济上的贫困，更要让人民能够施展他们的能力，让每个人能够作为个体而繁荣。阿玛蒂亚·森是建立联合国人类发展指数的领导人物，人类发展（human development）这个概念源于围绕何为良好生活的哲学讨论，涉及对发展的评估。大量的文献对此进行了讨论。欧洲或者说西方世界提出了民主法治的模式与概念，这一概念基本上引导了

---

〔1〕 本场讲座时间为2021年11月2日。——编者注

相当多的思想。但如果我们走出欧洲，就会知道法律规则所关注的就是如何平衡个人与其他人之间的权利，而各国或地区对此存在不同的方法与模式。比如，一位巴西法学教授关注所谓的法律内在运作，他分析了巴西人的生活条件，并认为巴西法律在某种意义上并不能很好地发挥引导作用，巴西社会是基于权力而发展的。巴西国内面临腐败和许多其他问题的干扰，以至于即使有一部制定精良的宪法，它也不能很好地被落实。因此，我们在相对国际化的语境下讨论法治时，也必须将其置于一个非常复杂的现实背景下进行考虑。

联合国于2000年首次提出了社会发展议程，也即所谓的《千年发展目标》（*Millennium Goals*）。2000年的这一份文件主要侧重于帮助人民摆脱贫困，支持经济发展。2015年，联合国推动可持续发展目标取而代之，因此《2030年可持续发展议程》已经具有比以往的千年目标更为丰富的内容。可见，联合国的文件本身具有灵活性，并且随着时间的推移而愈加具体化。但这份围绕社会可持续发展的文件仅一般性地涉及法治问题。比如，我们可以看到法治与发展有着重要的互动与加强关系，这种互动关系进而在国家与国际层面对可持续发展变得愈加重要。因此，法律成为实现任何目标的必要手段。在许多国家，这份议程已经开始指导国内政策的制定。比如，芬兰政府正在试图从该份文件中获取启发，以便在国内予以贯彻落实。早年谈论法律与发展时，我们会首先想到相对贫穷的发展中国家，但现在我们逐渐认识到，所有国家都需要发展，因而其都有要解决的问题。这其实是全人类共同面临的问题。面对气候变化，所有国家都坐在一条船上，因此需要共同协作，这就是我们从这份议程中领会到的。当然，《千年发展目标》也处理了一些特殊问题，比如刑法必须解决的暴力问题，以及妇女儿童在家庭暴力中的权益保护等一些基本问题。可以想象，在2045年的新议程中还会有更多的新问题被列举。

那么，可持续发展这个概念从何而来？在20世纪80年代，时任挪威首相布伦特兰（Gro Harlem Brundtland）被任命为联合国环境与发展委员会主席。该委员会于1987年发表了第一份纲领性文件《我们共同的未来》。这份报告对可持续发展概念进行了定义，并阐述了这一概念的不同侧面，包括环境、社会、政治与文化的可持续发展，我认为也可以把经济的可持续发展加上去。总之，其宗旨就是必须维护子孙后代的利益。可持续发展的主题下包罗相当多的内容，从早期的生态问题，到现在越来越多谈论的地球系统以及“人类世”（Anthropocene）。所谓“人类世”，指在过去200年的工业化与城市化进程中，社会发展与人口增长对全球地质条件产生了巨大影响的特定时期。生态问题根源于我们对各种工业生产所引发的污染问题的无视,因此现在我们需要思考的是如何纠正这些问题,以及是否有可能让我们的经济发展与可持续发展相兼容。

2021 年 3 月,联合国预防犯罪和刑事司法委员会发布《京都宣言》,围绕如何在刑事司法领域实现联合国可持续发展目标的问题达成一致。该宣言对联合国犯罪预防与刑事司法的一般性问题(如监狱、弱势群体等)也有一定影响。因此,通过犯罪预防与刑事司法实现《2030 年可持续发展议程》的目标有坚实的基础,可持续发展与法治是相互关联并共同加强的。犯罪是可持续发展的一大阻碍,而实现可持续发展反过来也是有效防止和打击犯罪的手段。在此必须注意的是,打击、预防与抑制犯罪是重要的目标,而同样重要的是控制犯罪。除了犯罪,刑事司法本身也是社会的负担。因此我们必须探索一种坚实和最佳的刑事政策,帮助社会发展进入更为可持续的阶段。今天我们有各种改善与建设性的实践,比如少年司法。对许多青少年来说,犯罪并不是洪水猛兽,毋宁说是人生中建立自我的一个阶段,作为成年人我们需要对这种自我探索报以理解。因此不同于刑法要求成年人应当自我负责,少年司法应该表现出更多的仁慈。通过一定的社会实验,探寻一种应对犯罪的正确方式,也是可持续发展的一部分。我们几乎可以在所有刑事司法与刑事政策问题中建构起可持续发展的制度框架。通过多维度促进法治,简化与强化国际刑事合作,全球犯罪预防与治理也就能够得以增强,进而去面对如人口贩卖等严峻问题。

将可持续发展的理念引入法律制度

接下来我将从可持续性的角度探讨刑事政策和刑法的发展。可持续性的问题迫使我们重新思考,在现代社会的背景下,刑法的作用是什么?刑事司法的作用又是什么?我们要怎么运用刑法?刑法可以作为一种规制个人自由的工具,也可以作为改变社会的工具。在欧洲,启蒙思想提出刑法和刑事司法是用来保护个人权利的。但是从 19 世纪以来,刑法的社会防卫概念被提出,在此可以提及许多德国刑法教义学与刑事政策学说,以及克劳斯·罗克辛教授的代表性观点。可见刑法必须紧随时代变化加以调整,以适应社会变化的需求。但问题在于,我们究竟能将这种工具化推进到何种程度?刑法可以比其他法律走得更快一步吗？许多传统刑法理论关注的是保护个人核心领域免于暴力、欺诈、侵犯等。当然，现在的刑事诉讼程序也是保护个人利益的。

芬兰对刑法条文进行了现代化调整。20 世纪 70 年代以来，我们面临严重的环境污染问题，不少湖泊因为造纸工业的发展遭到破坏。由于当时发展程度有限，问题没有得到有效解决。从 20 世纪 80 年代我们开始了绿色运动，开始建构并完善有关污染的行政法规与环境实体法。1995 年，我们改革了所有关于环境犯罪的条款，并在刑事法典中专门设立了针对环境犯罪的一章，使得环境犯罪成为与针对个人的犯罪一样严重的罪行。同时，由于环境犯罪往往以企业为实施主体，我们还引入了公司的刑事责任。这是因为，仅要求公司中的高层管理人员和个人承担刑事责任是不够的，还应该要求这个组织承担刑事责任。法人犯罪的提出是刑事司法现代化的一大步，在此之后我们还会进一步对经济犯罪的法人刑事责任加以规定。《芬兰刑法典》的现代化进程，可以说也是应对可持续性挑战的过程。当然我们并不想放弃传统刑法理论的制约，只是我们希望转向一种实用主义的应对道路。同年，芬兰宪法也对人权条款进行了修订，引入了人们对环境的基本权利，也即每个人都有义务保护我们共同的环境，这就要求立法更为积极地迎合保护环境的要求。可以说，宪法和刑法均在传递出一种象征性信息。

我想中国应该也面临如何发展环境实体法和环境犯罪制度的问题。现在环境实体法已经越来越灵活，预防原则变得越来越重要。比如，生产企业为开展生产，有义务了解相应的污染以及身体健康损害的风险，研究并建立科学专家论证制度等，可见灵活性与谨慎义务之间的张力正在变得越来越明显。而在环境法之外还有更为严厉的刑法，因为刑法不能做到那么灵活。当然我们也可以创设灵活的规则，诸如不要求行为人具有故意，只要疏忽大意即可等，但刑法还是不能规定严格责任，仍然需要确保刑法不突破平等原则、罪责原则，仍然必须坚持个人责任原则与罪刑法定原则。现在刑法往往与环境法之间呈现一种从属关系。比如，存在潜在环境威胁的工厂或者活动，必须取得有关部门的许可，而这种许可条件往往成为行为合法性的决定性要件。换言之，遵守许可条件的污染是被容许的，不会构成犯罪。刑法无法直接规制污染，更多的是通过环境法这一中介去调节人们的行为。要减少污染，就必须引入更为严苛的许可条件，基本上是环境法在定义何为合法、何为违法的污染，刑法不能绕过环境法的约束。因此在处理环境犯罪时，刑法究竟与可持续原则有多大程度的关联,必须追问究竟是环境法还是刑法才是那个奠基于可持续原则的法律。或者说,我们是否承认,允许矿场污染只是取决于我们对于矿产的需求。为了阻止气候变化,我们有必要把刑法作为工具。但是,我们不能只是通过增加刑法的严厉性来解决整个系统问题。芬兰最近有一个采矿案件(Talmibar case)被送到最高法院。这个案件的争议点在于许可制度能否确认污染行为是合法的。最后,法院判决公司负责人承担责任,因为即便企业形式上没有违反许可条件,但他们还是向主管部门提供了虚假或不充分的信息。

在谈论可持续性时,有必要思考的是企业的想法。企业能否以一种更为可持续的方式组织它的行为?企业作为行为人能否符合伦理地行动?既然通常认为企业只对利润感兴趣,并且企业也只是一种经济活动主体,那么企业又能否理解何为正义?我们仔细观察可以发现,现在世界上有一些大的公司和投资者都在推动建立公司的道德责任标准,因此企业在促进环境保护方面也有了更多的动力。这说明私人企业有可能在不依赖刑法的基础上,为了满足社会期待而自行调整它们的活动。我曾经指导过一篇关于一般预防与环境犯罪的博士论文。Helena du Rées 博士当时采访了许多瑞典大型工厂中负责环境问题的企业负责人。令人惊讶的是,当时在瑞典已经有许多企业重视环境问题,所有负责人都说他们会极力避免被指控涉嫌环境犯罪。这说明社会上已经存在这样一种新意识,我们甚至无须借助某种严厉的措施,就能把这种信息传递给社会。社会已经意识到环境利益并且个体也开始对这种意识加以践行。

与中国相比,芬兰是一个很小的国家,但芬兰拥有欧洲国家中最高的森林覆盖率,森林保护区的生态多样性能够得到充分的保护,但这还是不够的。我们仍然需要思考刑法在其中扮演何种角色。如果你在具有特别自然价值的区域砍伐树木,就会受到刑法的制裁。然而,大多森林利用活动仍然受到经济上的驱使,这说明仍然需要对森林给予更多保护。如果我们继续这样放任人们合法利用森林,迟早也会见证自然的衰退。

刑法与刑事政策:攻击性观点与防御性观点

根据瑞典乌普萨拉大学 Nils Jareborg 教授的见解,在刑法与刑事政策上存在两种观点:攻击性观点认为,刑法可以成为一种规制甚至改变社会的工具;

而防御性观点则更为谨慎，认为如果我们把保护集体利益放在第一位，就会导致个体自由承受风险，所以必须在两者间加以权衡。Nils Jareborg 教授认为，如果不想承受由于迷信刑法解决社会问题的能力而导致其被滥用的风险，我们就必须更为谨慎。[1] 也就是说，刑法可能被用于不那么正义的目的，比如打击恐怖主义的刑法可能被用于打压少数民族或者敌对势力等，这种情况同样也可能发生在其他刑法领域。

在刑罚理论中也可以探讨可持续性。刑罚威慑如何影响公民与社会？对此已有各种理论阐释。我认为所谓的威慑理论可能会更倾向于允许工具主义的运用。该理论认为通过有效的控制以及足够严厉的刑罚就可以防止公民实施犯罪。我认为至少在北欧国家中，威慑理论没有那么流行，因为就比如在前面提到的研究中，企业已经自发地遵守规定行事。因此，更优解应当是建立一种伦理道德的价值基础，而不是借助威慑的技术性指引。积极的一般预防与沟通理论也是刑法中的伦理道德力量，相较于以严厉手段强迫企业遵守法律，我认为这将是更为行之有效的手段。当然关于何为可持续，这一问题还有待进一步讨论。总而言之，正义模式比控制模式更好，是因为一旦控制模式失效，就会产生更多的犯罪，而在正义模式下，主体能够不取决于控制而自发地遵守规则。根据沟通理论，当人们内在遵守规范时就会迎来真正的变革，所以我们只需要把正义规范传递给社会，并试图去阐发社会对不同社会角色的期待，从而把环境价值内化于心。北欧法律必须在这样的合法性基础上建立整个法律体系。我们应该考虑的是，可持续发展要求我们选择何种刑罚理论。

全球法与可持续刑法

2020 年我所谈论的跨国刑法[2]，就类似于上述的严厉司法控制模式。所谓跨国刑法，就是各国际主体就特定领域的规范达成一致，形成一种旨在打击诸如有组织犯罪、毒品犯罪、贩卖人口以及武器交易等犯罪活动，并在国内司

---

〔1〕 Jareborg, N. (1995). *What Kind of Criminal Law Do We Want?: On Defensive and Offensive Criminal Law Policy. Scandinavian Studies in Law. In: Beware of Punishment: On the Utility and Futility of Criminal Law*, 14, 19. Retrieved from http://urn.kb.se/resolve?urn=urn:nbn:se:uu:diva-29671.

〔2〕 Kimmo Nuotio 教授于 2020 年 11 月 17 日作了北大法学院全球教席“云课堂”讲座，题为“作为跨国法的刑法”。

法系统中予以执行的国际性执行法。Neil Boister 教授认为，在这种体制下，个体作为犯罪嫌疑人将获得一种类似于负面公民的法律地位，成为各国合作加以打击的目标，但对于一种司法系统而言，仅此是尚不完备的。Neil Boister 教授提议，只有在负面公民身份有可能转化为正面身份时，法律系统才能够改善其自身的合法性地位。换句话说，只有这种提供改善可能性的刑法才是一种可持续刑法。

可持续刑法是如何与跨国刑法产生联系的呢？我们已经可以看到许多讨论当前法律文件——如《京都议定书》《2030 年可持续发展议程》——的文献，可以发现国际人道主义法、战争规则与红十字会法等在国际社会中得到了很多支持。但是，反观国际刑法，情况则复杂得多。即便国际人道主义法得到了国际社会的大量支持，要建立一个国际刑事法院，也没有得到这么多超级大国的支持，包括中国、美国、俄罗斯在内的几个国家并没有加入《罗马规约》。因此无论是在国际刑法（International Criminal Law）还是在跨国刑法（Transnational Criminal Law）中，都存在权力关系的干预，而问题就在于什么才是打击战争罪与种族灭绝罪的最好方式。如果围绕这些国际协议以及使上述目标有效实现的方式难以达成共识，那么制定和研究国际刑法就仍有很长一段路要走。从可持续性法律的视角来看，全球刑法（Global Criminal Law）必须在国际刑法与跨国刑法的基础上，借助可持续性法律的伞状框架，体现出一种力求代表全人类共同利益的不同样貌。

可持续性使我们更清楚地认识到，法律应当传递的信息以及法律必须解决的问题是什么。无论是犯罪还是犯罪控制，两者都因耗费成本而有害。国内环境前所未有地亟须一种合理的刑事政策，在跨国环境与国际环境中也是如此。芬兰曾于 20 世纪 70 年代进行过一次研究，并引入理性与人道刑事政策的概念。刑事司法的工具属性是不可信的，我们应该致力于诉诸社会及其个体的道德力量。当然，可持续性概念为既有理论带来了附加值，也带来这样一个疑问，即刑法能够贡献什么，以及刑法或刑事司法在促进社会发展中起到了何种作用。在环境保护的问题上，当我们谈论人类所面临的最大困境时，包括生态多样性遭到破坏与全球变暖等议题，我认为刑法并不能成为决定性或非常重要的角色，我们仍然需要环境实体法，以及其他形式的法规以尽快处理上述问题。法治、个人权利保护以及可持续性问题之间呈现出一种相互交织的关系。我们关于法治有着不同的理解，但是个体权益始终处于中心地位，因此人类发展正是我们所要努力促成的终极目标,而可持续性则是将上述概念联结起来的纽带。秉持一种发展性的视角是十分有益的。发展总是由内而外地发生着,每个国家都需要找到一条属于自己的通向未来的道路,未来的共同挑战终会将我们联结在一起。不论如何,我们都需要相互学习、相互合作,而赫尔辛基大学与北京大学法学院的合作正是一个商议共同挑战的绝佳范例。

评议交流环节

梁根林｜北京大学法学院教授

正如 Kimmo Nuotio 教授所说,联合国于2015 年将可持续发展确定为新的联合国议程,2021 年的《京都宣言》也对可持续发展中如何预防犯罪、加强刑事司法、加强法治发表了具有全球共识的宣言。但遗憾的是,在中国,至少在刑法学者中,我们还没有对可持续发展与刑法的关系进行太多的讨论,所以教授今天的讲座有巨大的启发意义。

不过,尽管中国对可持续发展和刑法之间的关系没有太多的讨论,但这并不意味着中国在这个问题上毫无规定。例如,我们已经修改了有关污染环境罪的刑法规定。以前污染环境罪是一个结果犯,而现在我们把这个犯罪修改为情节犯或行为犯。因此,行为人在其行为还没有造成严重损害结果时,也可能承担刑事责任。中国的《刑法修正案(十一)》就增设了比如非法植入基因编辑、克隆胚胎罪,破坏自然保护地罪等。这表明中国立法者越来越多地基于可持续发展理念进行刑法干预。此外,中国刑法也越来越倾向于加强对公共法益或集体法益的保护。近年来,中国非常重视企业的自我合规。所以,虽然芬兰是一个小国,中国是一个大国,芬兰是一个发达国家,中国是一个发展中国家,但可以说,我们的立法者在可持续发展问题上有着非常相似的想法。对于将可持续发展引入刑法,中国的刑法学者仍然在一些具体问题上有很多分歧。Kimmo Nuotio 教授在讲座中的最后一部分对这些具体问题分享了自己的观点,对中国同行有相当的启发意义。

Kimmo Nuotio 教授在讲座中使用了三个术语。一是国际刑法,二是跨国刑法,三是全球刑法。很有趣的是,上周德国维尔茨堡大学 Eric Hilgendorf 教授在讲座提到了国际刑法的术语[1]，但是他所指的是一种分析刑事责任的通用结构，与今天讲座中提到的术语有不同的意义。在此能否请教授再解释一下上述三个术语？

江溯｜北京大学法学院长聘副教授

正如梁教授指出的，今天的讲座主题——刑法与可持续发展对于中国的刑法学者是一个陌生的话题，尽管立法者在这方面做了很多努力。下面我将从五个小话题进行简短的评述：

第一，刑法中集体法益的保护。在古典主义刑法思想中，刑法的目的就是保护个人而不是集体利益。而现代社会刑法更多以集体法益保护为导向，特别是在21世纪我们进入了一个风险社会，刑法也随着社会发展而开始保护集体利益。但无论如何，刑法学者都认为集体法益不该是抽象的，其必须能够还原到个人法益。

第二，刑法的预防转向。根据最近的刑法修正案，中国环境刑法中最重要的污染环境罪在修订后也较以往更加注重预防性。我们必须觉察到这种向预防性的转变，也要对这种现代刑法的预防性加以控制。因为在刑法中预防属性天然地具有损害个人自由的倾向，所以我认为在今天甚至直到50年以后，也应该坚持保护个人自由的古典主义刑法思想。

第三，刑罚理论和可持续发展的关系。在中国，很多学者受到德国学者的讨论，尤其是雅各布斯学说的影响，也同意积极的一般预防理论，进而认为规范效力的内在化比惩罚单个行为人更为重要。但我认为中国人更为重视实用主义，因此在教育公民遵纪守法方面还有很长的路要走。为了让积极的一般预防能够取得现实效果，我们还是要首先向公民灌输法治理念。

第四，刑法的功能。我同意 Kimmo 教授的观点，在现代社会中刑法应当从属于行政法。今天中国有很多关于刑法与其他法域关系的讨论，但我们都赞同刑法应当是法律的最后一道防线，否则惩罚是无止境的。

第五，国际刑法的意义。现在世界各国都面临一些共同的挑战，比如在环境污染方面，我们必须共同努力打击环境犯罪。尽管污染的实施可能只是发

---

[1] 德国维尔茨堡大学 Eric Hilgendorf 教授于2021年10月27日作了北大法学院全球教席“云课堂”讲座，题为“法教义学的任务是什么——以刑法为例”。

生在某个国家,但是环境污染造成的后果可能会影响其他地区或国家。所以我们必须共同努力,打击那些犯罪。

张梓弦 | 北京大学法学院助理教授

可持续发展对中国学者来说是一个非常熟悉的概念,因为在 1997 年中国共产党第十五次全国代表大会就明确了将可持续发展战略作为现代化建设必须实施的战略。从这个意义上说,可持续发展一直是中国的发展目标。但是,对可持续发展与刑法的研究却很少,因为大多数学者似乎认为可持续发展与刑法的核心领域没有非常密切的联系。因此,Kimmo Nuotio 教授将刑法和可持续发展联系起来,对我们有相当大的启发。讲座中在环境问题上多次提到了刑法。《京都宣言》尤其关切控制犯罪对公共健康、环境和文化遗产产生的积极影响。可持续发展的明确概念可以追溯到 1980 年的《世界自然保护战略》(*World Conservation Strategy*)。从这个角度来看,可持续发展最本源的意义就在于环境的可持续发展。环境刑法当然可以被认为是刑法对可持续发展作出的贡献之一。

我的评论主要集中在以下两个方面。第一,刑法可以为环境的可持续发展做什么;第二,刑法在环境可持续发展问题上的局限性。

直观上看,环境刑法要保护什么样的法益,这一点似乎与可持续发展没有什么关系。然而,不同法益的认定路径反映了可持续发展的思想。这里有两种不同的理解方式:一是环境刑法保护人类,二是保护生态环境本身。如果认为环境刑法保护的是人类,那么,这种保护的范围是局限于当前,还是包括未来几代人?显然,宪法也是可持续发展的先决条件。对于上述问题,宪法所确定的价值取向可以为刑法的目的解释提供一定指导。宪法的目的是维护人性尊严,一些国家的宪法明确规定人性尊严不可侵犯。可以说,宪法制定者将人性尊严的伦理价值确立为最高的宪法原则。据此,无论怎样去强调自然环境的重要性,它对人类仍然只是一种手段和客观现实。如果赋予自然环境以主体地位,可能就会导致人的主体性的相对化,若进一步使人成为客体,则更是会有害于人类。生态环境的可持续发展之所以重要,是因为它关系人类的生存条件,保护环境实际上是保护人类生存的基础。没有人类作为媒介,自然环境无法正当化其自身。因此,要将可持续发展的目标变成现实,首先要明确的就是自然环境本身并非享有利益的主体。我们关心自然环境的可持续性,是为了维护人性尊严。可持续发展的核心在于发展,不谈发展,可持续性本身也就不成问题,而发展的首要目标始终是人性尊严。澄清这一点之后,还要回答的是,环境刑法的保护范围是应该仅限于这一代人,还是应该纳入子孙后代。在中国,大多数学者是在环境刑法的框架下讨论集体法益,从而也就必须面对如何调和集体与个人关系的问题。在这个问题上,合理的思考方式也许是,虽然集体法益不同于个人法益,这并不意味着集体法益与个人法益毫无关系。相反,集体法益必须从个人法益出发,任何集体法益都应该能够还原为特定个人法益。这就意味着我们首先要明确人类法益与个人法益的区别,前者关系作为一个物种的人类,后者则只是代表存在于这个世界上的个体。这些理念也反映在一些国家的司法实践中。值得注意的是德国联邦宪法法院曾经确认,人性尊严不仅是指作为个体的人的尊严,而是人类作为一个物种的尊严。因此,我们可以对刚才提到的第二个问题作出初步回答:环境刑法保护的是集体法益,而集体法益必须还原为人的法益,如果这种人的法益是建立在人作为一个物种的基础上,那么环境刑法的保护范围就包括了当代的人和子孙后代的利益。

基于以上两个问题,我们至少可以在表面上作出判断,即刑法确实可以与可持续发展建立联系。但是,刑法能否实质地促进可持续发展还有待定论。遗憾的是,刑法显然难以承担这一重任。最直观的原因之一是,刑法只是表明立法者试图应对生态风险,但对环境治理本身没有帮助。正如 Kimmo Nuotio 教授所说的,刑法不能直接实现目标,而是通过环境法等间接实现目标。因此,即便我们坚持要在刑法和环境的可持续发展之间建立实质性关系,能够确保一个国家的环境治理迈上正轨的仍然只是环境法或者宪法,以及以它们为基础的成熟的行政管理体制。如果我们错误地相信刑法也可以实质上建立与可持续发展的关系,那么刑事立法可能会走向另一个极端,也就是说,立法者可能不再关心刑法的有效性,犯罪化只是被当作一种社会治理的工具。一方面,将刑事立法与环境保护关联起来可能会导致对责任原则的违反,从而造成不合理的惩罚前置化。另一方面,一些环境犯罪的立法可能只具有象征意义而缺乏实效,最终只是成为敦促公民保护环境的口号。所以我完全同意 Kimmo Nuotio 教授的观点,刑法对此并不能发挥非常重要的作用。

人类当前面临最大的困境是生物多样性的破坏与全球变暖。相比之下,我们更应该关注的是如何推进一个与环境可持续发展实质相关的行政体系与国际合作。就促进可持续发展而言，Kimmo Nuotio 教授所谈及的企业合规或企业的社会责任可能更为行之有效。2020 年您在谈论跨国犯罪时，我认为亚洲国家不像欧洲国家那样拥有相应的历史背景和地缘政治能力，即便是相对简单的跨国刑事司法协作也不会很普遍。同时，各国通过修订法律将国际公约转化为国内实体法的情况也各有不同，因此，跨国刑法的实施在亚洲显得尤为困难。当然，如果我们把注意力转向更长期的环境可持续发展，那么结论可能就会变得乐观起来。这是因为环境可持续发展已经是一个超越了地缘政治和国家结构的大问题。即使不同国家对国际环境公约有不同的态度，这种差异也只是体现为实现这个目标的方法不同，而不会有人质疑这个目标是否值得追求。从这个意义上说，环境可持续性作为媒介可以为实现跨国刑法或全球刑法提供一个机会。但是，尽管这是全人类的问题，也要认识到不同国家的人对环境问题有看法上的差异。因为环境发展并非孤立于国家社会结构和经济秩序，它也是一种对国家负责与否的考验。但唯一无可争议的是，我们应该对环境措施所能触碰的底线有一个统一的理解，这一底线也必须能够超越不同时代的限制，这在核废料排放和空气污染等领域尤为重要。目前的生态环境是我们深切担忧的问题，人类当然会努力解决这些问题，但是，当我们朝着共同的可持续发展目标前进时，往往对一些突破底线的事情无能为力。例如，日本计划将福岛核污染废水排入太平洋，显然就打破了底线。环保非政府组织 Greenpeace 出版的一份报告已经罗列该行为对人类可能产生的负面影响。但即使我们在各种场合强烈谴责这一举动，也无法采取实质行动来解决这场危机。因此，即便我们借助刑法向着跨国刑法或全球刑法迈进了一大步，如何阻止那些妨碍环境可持续发展的国家行为，仍然是一个值得反复讨论的话题。

Kimmo Nuotio

关于 Eric Hilgendorf 教授的术语，我也有一些相关的思考。责任原则的可普遍化是一个非常典型的德国主题，它涉及德国刑法教义学如何在其他国家发展其学说，因而是一个理论问题。但我所说的国际刑法是所有针对人类的犯罪，是诸如领土侵略、种族灭绝等属于国际刑事法院管辖范围的犯罪。通过条约法——Neil Boister 教授正在对此进行一项研究——从某种程度上说更像是规范国家联合行动的方式，从而对这些跨越国界的特定种类犯罪加以规制。我认同 Neil Boister 教授的观点，必须保护这些跨国界程序中犯罪嫌疑人的人权。刑事司法是社会性而非国家性的事务,因此必须在这个问题上减少国家间权力博弈的影响。至于全球刑法则是一个非常初步的概念。我们必须将更多精力放在全球刑法这一概念上,努力将国际刑法转变成全球法律的问题。关于全球法的理论化,值得推荐的是苏格兰学者 Neil Walker 教授的著作 *Intimations of Global Law*。在这本书中,他讨论了不同层次的法律以及它们之间互动的方式。

需要认识到,刑法并不是教化社会的最好工具,但我们却必须在现代化浪潮中创造出相应的刑法现代化概念。既然所有人都需要生态多样性,每个人都依赖于这些宏大目标的实现,那么刑法的核心也就仍然在于维持一种以合理方式组织个人自由的社会秩序。我们最开始都从德国学习理论,然后再将之本土化。芬兰刑法在 1995 年也开始了向这种预防性的转向。可罚的污染环境罪只要求具备危害性要件,但这并不是纯粹行为犯,而仍然要求抽象危险。我很高兴了解到江溯教授认为不应放弃古典主义刑法功能,以及中国学者也看到了刑法中的伦理道德功能。接受良好的法治教育的确是一个漫长的过程,但也要相信人的学习能力。我们都在以自己的步调发展着,重要的是要遵循基本的终极原则。总是存在某些需要刑法的领域,尽管我们需要某种可持续性的转向,但刑法还是没有那么容易被视为可持续发展的工具。刑法的规定不能过于随性,否则就不是刑法了。江溯教授的第五点评论谈及国际刑法。保护自然需要更广泛的努力,因此重要的是我们现在应该联合在一起。在人类中心主义的前提下谈论生态环境的法律地位,正是我们评估生态问题以及人或者人类利益时的方式。在欧美有越来越多的人讨论动物权利问题,比如禁止虐待动物等。在《欧洲联盟基本权利宪章》中也提及了动物权益的问题。越来越多的人认识到人类也是动物,有很多动物还与人类相似,所以在将伦理道德作为人际关系的内容时,纳入动物地位的考虑也有其合理性。

张梓弦博士的评论让我意识到,相较于西方,跨国刑法的建立以及国家间的合作在亚洲还面临很多困难和局限,尤其是当我们把环境法、国际环境法以及环境刑法联系起来时。即使在今天,国际法体系还很不完善。而在欧洲,我们有指导性的环境犯罪规定,有统一的关于犯罪的基本定义,并要求欧盟成员将之纳入自己的刑法体系中。刑事程序能够跨越国界,所以欧盟能够高效地实现上述目标。但考虑到在 1998 年就已制定的《欧洲理事会关于利用刑法保护环境的公约》到今天也还没有付诸实施,我们还是应当承认此处存在某种机制上的缺陷。也许我们可以更多地寄希望于可持续发展,同时要加大国际努力力度,推动有关条约的签署和实施,建立真正的条约框架,最终形成所谓的全球性法律。关于核废料的处理的确是一个非常令人担忧的问题,但乐观地看,可持续发展仍在起步阶段,相信未来我们能够看到法律制度的建立;而当下仍需深思的是,如何能够真正到达这种未来。

[本讲座中文内容以 Kimmo Nuotio 教授所作的“北大法学院全球教席云课堂”讲座“刑法和可持续发展”(2021 年 11 月 2 日)为基础进行整理。北京大学法学院 2021 级博士研究生申屠玚玚、2021 级法学硕士研究生冯昊妍、2021 级法律硕士研究生夏威夷参与翻译整理,北京大学法学院助理教授王华伟审定。]

涉及中国公司及其他非美国公司的美国反垄断诉讼

Peter Wang

主讲人简介

Peter Wang 是美国众达律师事务所(Jones Day)中国反垄断和诉讼业务负责人及香港办公室合伙人。他曾担任众达律师事务所大中华区主管合伙人和该所国际诉讼与仲裁业务部的联席负责人。他曾多次代表客户应对美国及其他政府对拟进行的并购交易发起的重大反垄断调查,也曾处理非并购类型的反垄断调查和反垄断诉讼事项。同时,王律师代表中国及全球客户处理各类复杂的商业诉讼、专利和其他技术的知识产权诉讼。王律师经常参与美国《反海外腐败法》(FCPA)的调查及其他类型的公司内部调查,并向客户提供合规及尽职调查事宜的相关建议。

主题演讲内容精编

美国的反垄断诉讼现状如何

我们今天讨论的主题是美国的反垄断诉讼。尽管美国政府的反垄断执法行动与我们今天有关反垄断诉讼的讨论相关,但并不会被作为重点。之所以说相关,是因为绝大多数私人民事诉讼,是紧随政府执法行动而提起的。政府执法机构对反垄断法的解释及其执法政策同样有助于帮助法院确立法律实施的框架——尽管政府执法机构的有些解释和政策更为激进,而有的则更为保守。

当今的美国反垄断法仅是全球众多不断发展和演变的竞争法之一。这意味着美国反垄断法的背景以及其是否应该延伸管辖外国主体的行为等问题,均在不断变化中。其他法域的反垄断法已与美国法律相似,或变得更为积极,因而有关美国反垄断法的诉讼也处于演变中。

美国及全球各地的企业均担心在美国面临反垄断诉讼。鉴于诉讼所涉及的潜在巨额责任和成本,企业的行为决定会因此受到影响。对于不熟悉美国诉讼程序的公司而言,这些程序中存在诸多陷阱。另外,还存在一个持续性的问题,即美国是否应尝试向世界其他国家输出其法律和价值观——这已经成为一个与中国相关的热门话题(不仅是反垄断层面)。

我曾经在2020年的讲座中讲过美国反垄断法起源于1890年通过的《谢尔曼反托拉斯法》(以下简称《谢尔曼法》)。公众当时对于被称作“托拉斯”的大公司正在接管美国生活方方面面的反感情绪日增,而《谢尔曼法》正是对这种情绪的回应。[1]“反托拉斯”因“反对”这些大公司而得名。

现在,世界各地很多法域均制定了反托拉斯法(又称“反垄断法”“竞争法”或“公平贸易法”),尤其是自20世纪90年代以来,这类法律的数量呈爆炸式增长。在我们之后讨论美国反垄断法对外国行为的处理时,这个时间框架将更具相关性。美国和其他法域反垄断法的实质内容也在迅速变化。在美

〔1〕 The Sherman Antitrust Act of 1890.

国，拜登总统任命的新一批高级别反垄断执法官员均是提倡更全面、更积极的反垄断执法的进步派（progressive）学者。这一“新反托拉斯法”运动主张回溯到美国反垄断法的源头，打击代表市场力量集中的托拉斯。该基调的变化体现在不断高昂的执法姿态上，包括针对科技公司的执法。但是，美国反垄断执法在很多方面仍滞后于其他国家。对于世界其他地区而言，新反托拉斯运动仅代表美国实施竞争法的方式开始与其他法域趋同。美国执法者提倡的所谓“新”理论，特别是关于拥有市场权力的支配性公司的理论，与美国反垄断执法早期使用的理论以及欧洲、中国和其他地方备受青睐的理论极为相似。

由于很多其他地区在反垄断领域已经追平美国，美国反垄断法与它们的相关性降低，同时其威胁性也相应变小。现在对外国主体的行为施加美国反托拉斯原则进行规范，可能遭受的反对更少了。在政府机构的大力支持下，法院一直在约束美国反垄断法的域外管辖权。尽管当美国试图针对其他国家就某特定领域实施其法律、制裁和反贿赂执法时，人们可能不大会听说还有这种司法约束，但这其实是限制美国法律域外适用的更广泛趋势的一部分。

■ 非美国公司被卷入美国反垄断诉讼的情形

诸多全球企业依旧对美国反垄断心存顾虑，特别是私人诉讼和美国集体诉讼。在集体诉讼中，若干个原告代表通常在律师的积极组织下，汇集具有类似诉求的诸多主体，并代表所有这些主体（甚至包括身份尚不明确的主体）组成的“集团”提起一项诉讼。这意味着主张的损害赔偿金额会相对较大，从而值得聘请律师为不止1个或甚至20个原告提起诉讼。例如，每个集团成员的受损金额若仅为数百美元，单独提起诉讼并不划算。但如果300万潜在集团成员集中起来，案件价值将呈指数级增长。集团诉讼可能是国外公司对美国诉讼的最大担忧。

这些问题的产生源于全球供应链模式下，在某一地生产的产品的零部件可能来自第三地，且产品会被运往全球各地出售。如果存在固定价格或其他反竞争行为，是否可在某一个地方解决该类问题？哪个地方更为合适呢？全球各地采取类似的方式处理卡特尔或限定价格的违法行为。这也是为何可针对卡特尔进行全球执法的原因，各执法机构之间可相互合作、共享信息。但是对于其他种类的违法行为，情况则完全不同，各地存在较大差异。

具体到中国公司,情况如何呢? 几年前,中国公司似乎总是被指控违法的被告。在这种情况下,中国公司希望美国法律的适用范围更小,从而减少其在美国被诉的可能性。但是这种情况目前正在改变,数年后可能会大相径庭。中国公司正在向全球市场,包括美国市场销售产品。因此,中国公司极可能因竞争对手的反竞争行为而受到损害。比如,欧洲竞争者组成的卡特尔将中国供应商排除或排挤出美国市场。这些遭受损失的中国供应商可以在哪里寻求救济呢? 因为损害与其在美国销售相关,因而他们可以在美国法院寻求救济。他们将很难在欧洲采取该等行动,因为欧洲国家不存在同等规模的私人损害赔偿诉讼制度。他们也不能在中国提起诉讼,因为竞争者可能无法出庭,因此无法获取有效的损害赔偿裁决或禁令救济。为此,受到损害的中国公司,实际上希望在美国法院作为原告提起诉讼。

最典型的情形是某公司向全球市场销售产品或从全球市场采购产品。当商品的体积较小(如电子产品)、运输费用相对较低且实质上存在一个全球市场时,全球的定价会保持一致。正如本文之后讨论的,在可能以某美国市场为终点的供应链中,交易商品的公司可能会对美国市场产生特定影响,因此可受到美国法院管辖。原告律师可能会关注涨价,尤其是发生多个竞争者几乎同时涨价的情况时,原告律师会立即提起诉讼指控它们非法协同。律师也可提起后继诉讼,即在了解到某个政府执法机构因反竞争行为正在调查或处罚特定公司后,提起民事诉讼,代表利益受损的消费者集体就同样的行为寻求损害赔偿。该等诉讼也可能在相关公司向执法机构提出宽大申请后提起。宽大处理制度旨在对首次自行报告非法卡特尔行为的公司予以豁免或减轻处罚。

一起涉及包装冰的案件展现了此类诉讼接连发生的情况。[1] 根据相关时间线,最早是美国司法部宣布对供应包装冰的三家公司展开调查。紧接着,针对这些公司的数起证券法诉讼在美国和加拿大被提起,案由是被告公司未能披露其不当行为,从而导致股票价格被高估。之后是在加拿大提起的针对这些公司的两起反垄断集团诉讼,以及在美国提起的 80 多起反垄断集体诉讼。所有这些诉讼均发生在美国司法部尚未做出任何决定或处罚之前,且仅仅是基于一项执法机构公布的调查。两名被告及数名雇员最终同意就美国 50 个州之一的某州内某地区的行为向执法机构认罪。但这些已经足够了,集体诉

---

〔1〕 In Re Packaged Ice Antitrust Litig. ,No. 08 - MD - 01952(E. D. Mich. 2010).

讼的推进导致这些公司最终破产。

这就是公司卷入美国反垄断诉讼后的大致经历。如果这些公司面对大量诉讼的冲击缺乏足够的抗辩资源,就很容易陷入困境而不知所措。

■ 涉及中国和其他非美国被告的若干案例

在此介绍几例涉及中国和其他非美国被告的反垄断诉讼案例。

□ 维生素 C 案[1]

数家中国维生素 C 生产商在美国被起诉,原因是其在向美国或全球市场供应维生素 C 的过程中限定价格。这些生产商辩称,中国监管机构命令其协调定价,以避免相关中国供应商因以低于成本的价格销售维生素 C 而在境外面临反倾销控诉。但原告认为该等政府指令不具备法律约束力。

中国商务部向美国法院提交了法庭之友意见书,确认上述背景信息。上诉法庭推翻了一审判决,作出了有利于被告的判决,其认为美国法院须遵从中国政府对中国法的解释。随后,美国最高法院却认为,尽管美国法院必须尊重并考虑外国政府本身提交的意见,但美国法院并无义务全盘遵从外国政府的解释。美国最高法院命令下级法院进一步审查与被告提出的其被“强制遵守外国法”主张相关的证据。就在 2021 年八九月期间,美国联邦第二巡回法院支持被告驳回起诉的主张,认定有充分证据证明中国法要求被告协调价格,被告的行为因此豁免适用美国反垄断法。

□ 菱镁矿案[2]

本案中原告试图建立一个由购买菱镁矿(一种工业用途的矿物)产品的美国消费者集体,指控被告共谋限定价格。双方就相关文书是否已妥当送达中国被告展开诉讼。中国公司有时会无视在美国针对它们提起的诉讼,认为美

---

〔1〕 Animal Science Products, Inc. v. Hebei Welcome Pharmaceutical Co. , 201 L. Ed. 2d 225, 138 S. Ct. 1865, 1868(2018); In Re: Vitamin C. Antitrust Litig. , 8 F. 4th 136, 140(2d Cir. 2021), cert. denied sub nom. Animal Sci. Prod. , Inc. v. Hebei Welcome Pharm. Co. , 143 S. Ct. 85(2022).

〔2〕 Animal Science Products v. China National Metals & Minerals(“Minmetals”)(D. N. J. 2008 & 2010).

国法院不具备管辖权,因此无须应诉。但是,如果法律文书(根据美国法)被视为有效送达后,中国公司即便未能在美国法院出庭,法院也可对其作出缺席判决。原告律师通常会针对不愿前往美国法庭的中国及其他非美国公司采用该策略。

2010 年,美国地区法院驳回起诉。美国联邦第三巡回法院在一个有关《对外贸易反垄断改进法》(FTAIA)(以下简称美国《反垄断改进法》)的技术法律问题上对地区法院上述决定作出改判。美国联邦第三巡回法院认为,即便被告并未向美国实际出口菱镁矿,但仍可在美国对之提起诉讼,因为其行为对美国进口市场造成了影响。该案最终被驳回,因为起诉状并未提供足够的证据证明原告直接从被告处购买了菱镁矿,原告因此构成不得在联邦法院提起诉讼的“间接购买者”。

□ 铝土矿案[1]

关于美国诉讼,还有一个值得关注的问题是诉讼耗时。本案中的诉讼于 2006 年提起,原告指控两家中国公司共谋限定用于制造铝的矿物质——铝土矿的价格。历经 10 年后,法院于 2016 年最终作出有利于被告的简易判决,即基于证据开示程序中所证明的事实在庭审前作出判决。与维生素 C 案相同,本案中的被告声称有关对美供应铝土矿的配额和限制系受中国政府要求而为之,因而是政府行为,而非违反反垄断法的共谋行为。法院判定被告公司的共谋证据不足,因为公司确实已经接到了政府指令。

□ 日本汽车零部件案

很多中国之外的其他非美国被告也曾被卷入美国反垄断诉讼。最知名的案件当属涉及日本汽车零部件公司的一系列案件,涉案的汽车零部件产品有近百件。

美国司法部和欧盟委员会都曾对日本汽车零部件供应商发起过执法行动。欧盟在多起案件中,对日本厂商所处罚款总额超过 20 亿欧元。美国监管机构也作出了类似的处罚决定,并且对数名公司高级管理人员作出刑事指控(意味着这些高级管理人员可能被监禁)。而在包括日本和中国在内的至少 18

---

[1] Resco Products v. Bosai Minerals(W. D. Pa. 2010).

个法域内，也都出现了申请宽免处理政策和启动执法机构调查的情况。

尤其在美国，还出现了诸多民事反垄断诉讼，产生了数十亿美元的损害赔偿。之前曾提及，美国反垄断法不允许间接购买者（如购买包含了固定价格的零部件汽车的消费者）提出反垄断损害赔偿请求，但根据 Illinois Brick 案的判决，这种禁止仅适用于联邦法，并不适用于美国各州的反垄断法。线束案、转向装置和燃油喷射系统等汽车零部件的和解案，均涉及间接购买者在美国各州法院提起的诉讼。

另外，值得关注的是被诸多执法机构称为“额外宽免”措施的使用。大多数国家目前均实行宽免处理制度，以鼓励参与卡特尔的公司主动报告其违法行为以换取处罚的减免。额外宽免措施则更进一步鼓励，非原产品市场卡特尔行为第一个报告的公司，若主动报告其在另一产品市场的不当行为，可就此获得执法机构的“奖励”。如此，可鼓励公司在被卷入第一项反垄断调查后，不断扩大反垄断调查的范围。但这可能给被调查公司招致更多的反垄断诉讼，因为每次的政府调查或公司提出的宽大申请都可能迅速引发民事反垄断诉讼。

美国反垄断诉讼程序的关键制度

法院系统

我们将简要讨论与中国及其他非美国公司特别相关的美国反垄断诉讼程序的几个关键制度。

很多人都了解美国联邦法院系统，包括进行一审的地区法院、受理上诉的上诉巡回法院，以及最高级别的美国最高法院。美国共有 13 个联邦巡回司法区（包括位于华盛顿特区的两个区），以及 50 个州的独立州法院系统（各州有自己的反垄断法）。一般情况下，如果被告在某个州内开展业务，或原告在相关州内受到损害，则反垄断诉讼既可在州法院提起，也可在联邦法院提起。因此，一家公司可能因同一个反垄断涉嫌违法行为面临多个平行的联邦和州诉讼。

什么是民事反垄断诉讼

民事反垄断诉讼通常由直接购买者、间接购买者、“选择退出集团诉讼”的原告或竞争者在联邦或州法院提起。可以设想一个公司制造并销售金属铜的案例:如果他们与其他供应商组成供应铜的卡特尔,可能导致过高的定价,即销售价格高于竞争性价格。他们可能向制造线束并供应汽车电路线束的公司收取较高的铜价。线束供应商则为铜的直接购买商,它再将线束出售给某汽车制造商,该汽车制造商则成为被过高定价的铜的间接购买者。这两类原告均可提起诉讼(可能在不同的美国法院)。不愿意加入已提起的集团诉讼的原告则可"选择退出",并自行提起诉讼。竞争者也可提起诉讼,特别是在它们被排除出市场或因其他方式受到损害的情况下。

□ 为什么美国反垄断诉讼使企业风声鹤唳

主要原因在于诉讼(尤其是民事诉讼)造成的高额成本和处罚。最近一项研究估计,近年来,全球的反垄断赔偿金(损害赔偿)已经高达200亿美元,其中半数源自美国民事或集体诉讼,其余部分源自政府处罚。

美国《克莱顿法》授权对反托拉斯违法行为处以三倍的损害赔偿。[1] 连带责任原则意味着原告可向其选择的任何被告追索所判决的赔偿金。如果他们共计针对10名被告提起诉讼,则可选择资金实力最雄厚的被告追偿。

辩护的成本通常也很高昂,包括为进行抗辩而聘请律师和经济专家的费用,因为在抗辩中需要利用市场数据和经济学模型证明不存在共谋,以及就如何适当测算(竞争)损害和赔偿额进行辩论等。在我们所举的关于铜的销售案例中,律师和专家需要计算并辩论,当铜的销售价格抬高10%,则对下游客户会造成多大的实际影响,以及下游客户应就这些损害获得多少损害赔偿。

另外,也存在公司业务中断的情况。反垄断诉讼具有强度大、时间长的特点。如铝土矿案所述,针对中国公司提起的案件花费了10年的时间才被判决。反垄断案件的审理需要进行大量的事实和专家证词取证,需花费数周甚至数月才能完成。同时,由于反垄断诉讼案件涉及公司最高层的商业决策(是否参与某市场的竞争、如何给产品定价,以及销售市场的选择等),通常会牵涉公司最高管理层人员,因此,准备抗辩就需要首席执行官及其他高级管理人员投入大量时间。

---

〔1〕 Section 4 of the Clayton Act, 15 U. S. C. S. § 15.

□ 美国反垄断诉讼的关键节点

以下若干诉讼关键节点对中国及其他非美国公司而言十分重要。

1. 法律文书的域外送达(international service of process)

在之前的案例中,我们提到过法律文书送达问题。原告请法院发出传票,即载有“请出庭,您已被诉”的文件。如果没有文书送达,被告将无法获得被诉的通知,则开启案件审理将有失公允。如果被告远居他国,如远居中国,原告通常需要通过外交渠道或《海牙送达公约》中所列的程序送达法律文书。对于中国被告,原告必须将诉状和传票翻译成中文,并通过指定的政府间渠道送达该等文书,如通过美国司法部与中国司法部的渠道,然后再通过中国法院系统送达。如果法律文书未能有效送达,则获得的任何判决都将可能无法在中国执行。在实践中,大多数美国法院要求原告根据《海牙送达公约》向中国被告送达法律文书,这可能会造成长时间的延误,但最终都会有效送达。

但是,有些法院在被告实际收到诉讼通知时即认定成立有效送达,即便原告并未经过适当的送达程序。例如,在针对中国公司攀钢的反垄断刑事程序中(与上述的民事诉讼略微不同),美国联邦第九巡回法院支持了美国政府对被告的有效送达,其认为,尽管美国政府未通过适当的外交渠道送达,但因公司实际已获知传票信息,则足以推定传票已有效送达。

那公司是如何实际获知诉讼信息的? 答案是:公司的美国律师了解到了诉讼并通知了该公司。美国律师多次出庭,参加其认为仅为抗辩送达或管辖权的“特别出庭”程序。很多法院之前曾允许被告的美国律师参与该特别出庭,而被告并不会被因此视为已同意法院的管辖权。但是如攀钢案中的法院,越来越多的法院有可能认为,公司实际获知的通知已足以被认定为构成有效送达。当代表被告的律师实际知悉并已告知公司相关诉讼的情况下,则更是如此。

在加利福尼亚州,针对包括维萨卡、万事达卡、美国运通和中国银联等主要信用卡支付公司提起的反垄断诉讼的结果则有所不同,这些公司被指控共谋对使用信用卡支付服务的商户施加相同条款。当法院通知原告在根据《海牙送达公约》向中国银联有效送达法律文书前暂停审理案件时,原告并未等待该程序的完成,而是撤回了对中国银联的起诉,继续推进对其他被告的诉讼。这里的送达规则对中国被告是有利的。

法律文书送达对于非美国公司而言是一个非常棘手的问题。一般情况下,被告无须接受文书送达,可要求原告根据《海牙送达公约》送达法律文书。如此,就使送达需要花费很长时间。但如果被告不应诉,则会存在风险:如果法院决定推进案件,而原告声称被告已收到实际诉讼通知,那被告应该怎么办?在许多情况下,非美国被告会决定不出庭。我们在很多案例中看到,法院最终会作出缺席判决,而这类判决日后很难被推翻。此外,如果被告出庭对不当送达提出异议,则会面临类似攀钢案中的问题,即出庭本身就可能被视为同意接受美国法院的管辖。对于这个问题,没有哪一个策略是放之四海而皆准的,必须根据每一个案件的具体情况慎重考虑和决定。

2. 驳回动议(motion to dismiss)

被告通常会在法律文书送达后的下一阶段提出驳回动议,理由一般为法律文书未有效送达或属人管辖不当,或即便法院认定原告的指控属实,但仍不足以“令人信服地表明”存在违反反垄断法行为的事实。中国被告通常会尽力在这个阶段摆脱诉讼。即便中国被告赢得了驳回动议,案件也并未完全终止,因为法院经常会允许原告修改其诉状来解决相关问题并继续审理。但是,驳回动议仍旧可以产生延迟诉讼并向原告及其律师施加压力的效果。原告及其律师一般更倾向于尽快通过金钱赔偿的方式和解,并不希望在耗资巨大且漫长的诉讼中投入时间和金钱。

3. 证据开示(discovery)

美国诉讼程序中最为知名的环节可能当属证据开示。该环节可能也是美国法律诉讼与世界其他国家、地区(甚至包括其他普通法国家)最大的区别。美国的证据开示已经发展成为一个涉及范围非常宽泛的程序,原被告可以要求对方提供任何“根据合理考虑可以促使对可采信证据进行开示”的材料,包括文件、电子邮件、证人证词、书面问题答复等。证据开示会耗费大量时间,是美国诉讼中耗资最高的环节。当事方还可尝试强制要求从海外开示证据,如要求提供位于中国的文件,而此举有可能会引发与中国法相冲突的问题。此外,当事方还可要求可能掌握相关信息的第三方进行证据开示。不遵守证据开示规则的当事方则会面临严重处罚,包括潜在罚款或不利推定。

4. 集团诉讼认证动议(motion for class certification)

美国反垄断诉讼中最具争议性的一个问题便是集团诉讼认证。集团诉讼的概念使得美国法院的原告能够将数量众多,甚至是身份不明确的原告的权利主张汇聚在一起。在每一起集体诉讼中，都会存在一项集体诉讼认证动议，原告必须在动议中向法院表明，他们的确形成了且能够代表一个恰当的原告集体。该步骤至关重要，因为如果无法获得法院的认证，可能也就不再值得继续推进诉讼程序。通常情况下，该环节发生在大部分证据开示完成之后。原告必须表明，他们能够利用适用于所有原告集团成员的共同证据证明，代表整个原告集团提起诉讼。在该环节中，专家证词通常也非常重要。

联邦法院的集团诉讼认证标准要求：首先，原告集团的规模要足够大，以致所有原告都单独进行诉讼是不切实际的；其次，原告集体成员面临共同的问题，法院就该等问题统一作出裁决是合理之选；最后，原告集团的代表具有代表性，能够代表集团并保护集体的利益。

5. 简易判决动议（motion for summary judgment）与和解（settlement）

简易判决环节亦发生在证据开示程序之后，但在庭审程序之前。在该环节，当事一方会申请法院根据无可非议的事实作出案件判决，这意味着即使法院只需审查双方一致认可的事实，申请方（通常是被告）也会在法律问题上胜诉。这通常是一个重要的和解时点，因为接下来的庭审环节会带来极大的不确定性。

和解是指原告和被告双方通过谈判达成一致，最终原告撤销起诉，案件终结。但在该过程中，被告通常需要支付相应费用。一般情况下，被告越提前和解，达成的结果对自己越有利。因此，作为一家被起诉的公司而言，究竟是提前和解以支付较少的费用，还是继续对抗以期在简易判决或庭审程序中完胜，其面临的情况是非常复杂的。

6. 庭审（trial）与专家证据（expert evidence）

庭审程序是陪审团或法官审议证据并解决案件的终极环节。许多被告（以及原告）都将庭审程序视为一场“巨大的赌博”，其中牵涉书面证据、众多证人，在反垄断案件中通常还涉及专家证人。在有些情况下，大部分的反垄断诉讼被告都选择和解，但同时有少数当事人会意志坚定地选择在法院“豪赌”一场，结局可能是赢，也可能是输。然而，为了规避不确定性，绝大多数公司都更倾向于避免进入庭审环节，在大部分情况下尝试在上述某个环节进行案件和解。

7. 判决执行（enforcement of judgment）

庭审过后，如果原告取得对自己有利的判决，则一定会针对被告进行强制执行。近期一个典型的案例，便是惠普起诉生产个人电脑及其他电子设备的中国台湾地区签约制造商广达共谋限定价格一案。该案的其他被告都已在庭审程序之前与惠普和解。广达却选择进行庭审，但最终被认定应承担法律责任，并被要求支付4亿多美元的损害赔偿金。

广达以中国台湾地区规范性文件禁止其执行上述判决为由抵制执行，但美国法院驳回了广达的辩护理由。并且，由于广达在美国境内没有足够的资产以供执行，法院还要求广达将款项从中国台湾地区转至美国，以支付判决的损害赔偿金。

■ 美国反垄断法的域外适用

□ 历史上针对海外行为的处理方式

1890年美国的《谢尔曼法》非常直接："所有限制（美国）州际或与外国国家间的贸易或商业的合同、联合或共谋均为非法。"

《谢尔曼法》表面似乎很明确，该法不仅适用于美国境内的行为，还适用于发生在境外的行为。但是，在实践中，美国法院却采取了完全不同的"属地"原则，认定《谢尔曼法》并不适用于发生在美国国外的行为。与之相关的著名案例便是1909年的香蕉卡特尔案[1]，案件中所指控的卡特尔行为发生在巴拿马和哥斯达黎加，而非美国。美国最高法院表示，如果制定法未予完全明确，则应被解释为其效力仅限于其地域界限范围内，即美国境内。耐人寻味的一点在于，该案并不涉及相关行为在美国的任何所谓影响，而这一点在后来法律发生变化时变得很重要，使修改后的法律能够将该案归类为完全不同的先例。

随着时间的推移，属地原则被应用得越来越少，美国反垄断法律开始在更广的范围内适用。在上述香蕉卡特尔案过去不久之后的1911年，美国法院在美国烟草案[2]中表示，美国和英国的烟草公司在英国达成的关于划分市场的协议削弱了美国市场的竞争，进而认定该协议违法。该案是首个对美国境外行为适用美国反垄断法的重要案例。

---

〔1〕 American Banana v. United Fruit, 213 U. S. 347(1909).

〔2〕 U. S. v. American Tobacco Co., 221 U. S. 106(1911).

在另外一起案件中,[1]纽约至南非航线上的蒸汽船承运人之间的共谋行为被认定为适用美国反垄断法。其原因在于,尽管两家承运人均非美国公司,其协议也是在美国境外达成,但该协议影响了美国的商业贸易。具体而言,两家承运人在海外的行为影响了纽约至南非航线的定价情况,导致试图将货物运至非洲的供应商面临涨价。

最终,美国铝业案[2]明确认可美国反垄断法可以依据行为“效果”检验标准适用于美国境外行为。现已成为一项全球性标准的“效果”检验标准,是指如果发生在美国境外的行为在境内产生了后果或影响,那么美国法院便能够对其行使管辖权。负责审理该案的联邦第二巡回法院(该案未由美国最高法院审理,是因为最高院在“二战”期间缺少足够的大法官)的法官汉德认定,如果相关协议意在影响,并且确已影响美国进口,那么该等协议必须受美国反垄断法管辖。世界上的大部分其他法域都采取了类似的立场,即如果相关行为对其法域内的自然人或公司产生了有害影响,那么该法域的反垄断法便可以适用于该等行为。

美国铝业案将之前多个案例中确立的原则逐渐融会在一起。其中的案例之一便是前《谢尔曼法》时代的 Charming Betsy 案,[3]该案表明,当存在任何其他可能的解释时,国会的行为不应被解释为违反该国法律。在当时,其他法域还没有自己的反垄断法,也不希望美国的反垄断法对其适用。McFaddon 案则确立了“属地原则”,[4]即一个国家及其法律的管辖权是专属且绝对的,但仅限于该国境内。后来,该原则又发展成为“客观属地”原则。而自 Strassheim 案[5]起,效果原则的应用范围更为广泛,不再仅限于反垄断法。只要在某法域之外的行为意在影响该法域,并的确在该法域产生了有害影响,那么该法域便有正当理由处罚该行为。效果原则究竟何意?多年之后,联邦特区巡回法院审理的著名的莱克航空案[6]指出,效果原则实际并非主张美国法的域外适用。这一点对于理解美国法院为何愿意将美国法律适用于美国境外行为非常重要。根据这一理论,效果原则并未违反属地原则,因为如果相关行为发生在

[1] Thomsen v. Cayser,243 U. S. 66(1917).
[2] U. S. v. Aluminum Co. of America,148 F. 2d 416(1945).
[3] Murray v. Shooner Charming Betsy,6 U. S. (2 Cranch)64,118(1804).
[4] Schooner Exchange v. McFaddon,11 U. S. (7 Cranch)116,136(1812).
[5] Strassheim v. Daily,221 U. S. 280,285(1911).
[6] Laker Airways Limited v. Sabena,Belgian World Airlines,731 F. 2d 909,923(D. C. Cir. 1984).

美国境外,但却在美国境内产生了一定效果,那么就相当于在国内适用相关法律。这才是效果原则的理论基础。

美国铝业案之后,其他国家开始抱怨效果原则,因为它们不愿接受美国要求其遵循美国经济规则。当时,这些国家还只是将反垄断视为一项经济政策层面的选择——也许美国选择反垄断,但法国或德国却没有,那么为何要遵循美国法?这些国家认为,如果它们认为卡特尔或占据市场支配地位的公司的相关行为可以壮大国内行业,有利于海外出口竞争,那么便可以自行决定容忍该等行为。然而美国反垄断法的适用却干涉了它们国家的法律(当时还没有反垄断法)和利益。实际上,当时许多国家都通过了"阻断法律",要求各自的国民和公司不得遵守美国反垄断法,或不得在类似情况下履行美国诉讼的相关义务。

此后 1984 年的莱克航空案便是上述情形的一个范例。[1] 在该案中,莱克航空作为一起美国反垄断诉讼的原告,申请禁止被告通过在外国法院提起诉讼的方式寻求终止美国的反垄断诉讼。多名外国被告向英国法院申请取得了对原始美国诉讼的禁令,而随后美国法院又试图发布禁令,制止英国对原始诉讼的禁令。整个过程充分展示了不同国家反垄断政策之间复杂且直接的冲突。在 20 世纪 70 年代,继美国政府针对铀行业卡特尔展开调查后,英国上议院也采取了类似的应对措施。美国的西屋电气对这些卡特尔提起了民事诉讼,在诉讼过程中要求外国铀生产商进行证据开示,但英国上议院却阻断了美国的证据开示工作。这一度成为一个突出的国际争论焦点。

面对其他国家的不满,美国法院开始更多地关注被称为"国际礼让"的规则,以及国家之间的关系和不同国家法律出现冲突时的情况。在涉及洪都拉斯出口卡特尔的 Timberlane 案中,[2] 该卡特尔阻止参与者向美国进行出口,但是美国法院却驳回了原告的反垄断诉求,认为这会妨碍美国和洪都拉斯之间的关系。法院表示,影响美国商业这一因素还不够充分,法院还必须判断是否应在特定案件中主张美国的管辖权。

尽管 Timberlane 案已经尝试将外国利益纳入考虑,但该案仍旧受到一些指责。许多批评意见认为,法院并非适合作为裁决哪个国家的利益应该被优

---

〔1〕 U. S. v. Aluminum Co. of America, 148F. 2d 416(1945).

〔2〕 Timberlane Lumber Co. v. Bank of America, N. T. and S. A., 549 F. 2d 597, 613 – 14(9th Cir. 1976).

先考虑的国家机构,这一政治问题应该交由立法或行政机构来解决。同时,负责美国反垄断执法的司法部却指出,当反垄断诉求(如刑事执法)是由美国政府自身提起时,法院并不需要再考虑礼让问题,因为政府在提出反垄断权利要求时已经考虑到了该因素。

□ 美国《反垄断改进法》[1]

美国《反垄断改进法》现在已经是处理上述问题的最重要的美国法律。该法的通过是为了应对对于美国法律过度适用于美国境外行为的担忧。同时,该法可能也是为了维护美国国内利益,因为美国立法机关希望确保美国的出口卡特尔不会因美国反垄断法而被禁止。

美国《反垄断改进法》对《谢尔曼法》的域外适用做出了一定约束,该法适用于(进而排除了《谢尔曼法》的适用)近乎所有的被称为"外国商贸"(Foreign Trade)的美国海外行为,除非相关海外行为对美国出口商或美国进口造成了影响。另外,如果海外行为对美国商业具有直接的、实质性的、可合理预见的影响,并且引发了反垄断指控,那么该等海外行为仍需适用《谢尔曼法》(不属于美国《反垄断改进法》的适用范围)。

曾有一处法院恰如其分地将美国《反垄断改进法》称为"文字网"。这部法律确实很难读懂,以下将尝试着对其内容进行归纳概括。对于美国国内商贸而言,美国《反垄断改进法》并不适用,而是正常适用《谢尔曼法》。对于关系到美国进口的外国商贸而言,同样也是适用《谢尔曼法》。美国的对外出口也可适用《谢尔曼法》,但前提是美国出口商受到影响,且相关行为引发了反垄断指控。

这样一来,关键问题便存在于非进口外国商贸方面。首先,如何判断什么是进口商贸?其次,如果不属于进口商贸,那么原告必须证明美国商贸受到了直接影响,而且该影响引发了《谢尔曼法》项下的权利请求。

什么是进口?如果发生在美国海外的行为是针对美国进口,那么该行为就属于进口商贸范畴,无法依据美国《反垄断改进法》排除适用《谢尔曼法》,而是仍旧适用《谢尔曼法》。被认定属于进口商贸范畴的行为包括,非美国销售者与美国产品购买者直接进行的交易,且其中的产品在美国出售、谈判或被送

---

〔1〕 Foreign Trade Antitrust Improvements Act.

达美国,并且最终产生部分对美国的直接销售。这些情况足以构成适用《谢尔曼法》的进口,但有些活动并不属于进口商贸范畴。其中一个争议性案例便是摩托罗拉移动案。在该案中,原告本身,而非被告卖方首先进口了限定价格的商品,又将其进口至美国,因此这种行为被视为非进口商业。但是,其他法院并不同意联邦第七巡回法院作出的上述认定结果。类似的,航空公司仅限在外国市场固定支付给外国旅行代理的佣金价格的行为,也不属于进口商贸。同样,海外的外汇交易虽然对全球汇率都产生了影响,但法院认定该等交易并非针对美国,进而也不属于进口商贸,不能适用《谢尔曼法》。

有一个经常被提起的问题是:什么是直接影响?前面提到,非进口商贸不受《谢尔曼法》管辖,除非是对美国商贸造成了直接影响并且引发了反垄断指控。主要集中在第九巡回区的多家法院表示,凡可产生直接后果的,都属于直接影响。这一认定标准更为严格,要求对美国产生的影响在时间和空间上都要与被告的相关行为非常接近。例如,在一起涉及生物科技公司的案件中,原告主张的影响源于被告将原告排除出美国市场,导致其无法潜在地受益于该公司可能做出的任何创新。但是法院认定该主张属于臆测,因为其根本不可能知晓该公司未来是否会做出任何实用的新发明,亦无法知晓新发明将会如何令原告受益,因此造成的影响不够直接。另外,还有许多法院主张,即使购买的产品并未直接售往美国,但是后来却被整合到下游产品中卖往美国(如显示屏被集成到电脑中),那么这种情况就足以构成直接影响。

此外,另有其他若干美国巡回法院采取了不同观点,认为直接影响基本是指近因(proximate cause)。研究过美国法或普通法的人都了解,近因的范围很广。这些法院认为,这种判断方法要优于第九巡回区的认定标准,因为没有向美国《反垄断改进法》中的"直接""实质性"和"可预见"的措辞中解读加入任何额外的要求。例如,这些法院在审理相关案件时认定,钾肥或 LCD 屏幕的间接进口都可造成直接影响,因为产品价格虽然在美国国外谈判商定,但却亦适用于出售给美国客户的产品。

美国《反垄断改进法》的最后一个重要元素便是对美国商业产生直接影响的外国行为是否引发美国《谢尔曼法》项下的指控。知名的美国最高法院判例 Empagran 案表明,[1]外国行为只有在造成了美国损害(而非仅仅造成外国损

---

[1] Empagran S. A. v. F. Hoffmann – Laroche, Ltd. ,417 F. 3d 1267(D. C. Cir. 2005).

害)的情况下才可能在美国引发反垄断指控。该要求看似明显,但在 Empagran 案中,原告称被告造成的损害遍布全世界(包括在美国境外),却又主张他们之所以可以在美国起诉,是因为假如相关行为发生在美国,便会引发《谢尔曼法》项下指控。但是美国最高法院对此并不认同,理由是相关行为必须在美国造成了某种实际损害。后续又有法院明确表示,这本质上就是要求近因关系。因此,美国《反垄断改进法》共有两项不同的因果关系要求:第一,被告的外国行为在美国国内造成了影响;第二,该影响造成原告受损。原告必须证明同时存在上述因果关系。

■ 美国《反垄断改进法》实施后的判例法

□ 哈特福德火灾保险公司案[1]

美国《反垄断改进法》实施后的相关判例对该法做出了进一步澄清。如前所述,自 20 世纪 90 年代开始,全球出现了采用新反垄断法或竞争法的高潮。在这一时期的 1993 年哈特福德火灾保险公司案中,美国最高法院解释指出,美国《反垄断改进法》并不影响法院考虑采用国际礼让原则。在该案中,英国保险公司实施共谋,明确旨在影响美国市场的价格。法院注意到美国和英国的法律及政策之间存在一些冲突,但总体而言还是应该对该案予以管辖,即法院会考虑礼让原则,但不需要始终尊重外国管辖。该案的审理法院还提出,该案中实际并不存在真正的法律冲突,因为虽然英国法可能不会像美国法那样对涉案行为予以处罚,但也并未明确要求必须实施该项违反美国法的行为。这种情况可能属于政策冲突,而非真正的法律冲突。

当时,美国最高法院内颇具影响力的斯卡利亚大法官在其反对意见中提出,法院不应对该案实施管辖,并列出了一系列法定解释原则(包括尽可能地以不与别国法律相冲突的方式解读法律),以及尝试恢复采用过去的反对美国法域外适用的推定。在此后若干年内,该反对意见成为多项关于认定美国法(不仅限于反垄断法)不应域外适用的法律判决的依据。

---

〔1〕 Harford Fire Ins. Co. v. California,509 U. S. 764(1993).

□ Empagran 案

上文中已经提到过 Empagran 案。该案是一起维他命限定价格案。该案的审理法院解释指出,按照美国《反垄断改进法》,外国原告只有在其因为被告行为产生的美国损害而直接受损的情况下才可依据美国反垄断法起诉,仅在国外遭受损害则不可以。法院表示,借助美国反垄断法处理造成外国损害和无关国内损害的外国行为,不符合礼让原则,这相当于使用美国法规制其他地区的经济和商业行为,干扰了其他国家的主权。如果不要求外国损害与美国国内损害之间必须存在关联,美国反垄断法实际就会为任何外国原告提供全球范围内的标的事项管辖权;即使在被告所造成的损害亦位于国外的情况下,这些原告也可以向美国法院主张反垄断损害,从而造成根本不属于国会立法意图的情况。同时,这也会扩大《谢尔曼法》的适用范围,而这点绝非美国《反垄断改进法》的立法宗旨。

□ 莫里森案[1]

2010 年前后,以莫里森案为起始的一系列案件开始沿用斯卡利亚大法官在过去判例中所表明的观点,即美国最高法院将恢复采用反对美国法域外效力的推定。这一规则目前已经演变成,如果法律未予明确,则其不具备域外适用效力。莫里森案涉及美国《证券交易法》,该案原告就外国证券交易所中交易的证券涉及的内幕交易行为提起诉讼。法院表示,如果涉案证券未在美国挂牌交易,投资者就无法在美国国内获得该证券的投资渠道,那么美国法院就不应该参与该案,从而明确了美国《证券交易法》非意在适用于外国行为。法院还提到,美国《反垄断改进法》则与之不同,因为国会在立法时就已明确该法可适用于某些海外行为。

□ LCD 面板案

近年来出现了多起涉及韩国等公司固定 LCD 面板价格的案件。在其中一起案件中,这些 LCD 面板供应商被生产电话和其他设备的摩托罗拉美国公

---

[1] Morrison v. National Australia Bank, 561 U. S. 247(2010).

司起诉。[1] 但是，摩托罗拉美国公司并非 LCD 面板元件的直接购买商，这些面板是通过摩托罗拉的亚洲子公司在美国海外购入后再作为成品设备的一部分转售给摩托罗拉美国公司。法院认定上述行为大部分位于外国，因此，摩托罗拉美国公司作为一家间接购买商不能依据美国反垄断法起诉。摩托罗拉的海外子公司虽然是直接购买商，但联邦第七巡回法院认为，被告出售给这些子公司的产品与美国进口无关，因此不属于美国《反垄断改进法》的适用例外。

然而，在另外一起同样因 LCD 面板串谋行为引发的案件中，法院却作出了近乎完全相反的判决。该案是由美国司法部提起的刑事诉讼。[2] 联邦第九巡回法院根据同样的事实认定，由于在美国海外出售的 LCD 面板已经被集成到手机中进口到美国，且被告供应商既知晓也确有意图影响美国的相关产品价格，因此足以使美国检方有权提起刑事诉讼。类似的案情之所以会得到不同的判决结果，部分原因可能在于后者是由美国检方提起的刑事案件，在案件过程中，检方已经主张，出于礼让原则，其提起的该案应受到不同对待，不应适用间接购买商规则。

□ 其他案件

在一起由非美国的 USB 连接器生产商嘉泽端子（Lotes）提起的案件中，[3]原告诉称其被竞争对手排除出了美国市场，进而导致此类连接器产品的美国价格上涨，因此其有权在美国提起诉讼。但法院却驳回了原告的起诉，认为排除行为发生在美国国外，而相关产品在美国涨价的情况发生在嘉泽端子被排除出美国市场之后。因此，虽然排除行为导致了涨价，但嘉泽端子却无权向美国法院主张补偿。

在另外几起涉及阴极射线显像管（CRT）的案件中，[4]美国法院认定原告可以提起美国反垄断索赔指控，理由是相关产品已经被送达美国，而将产品进口至美国的主体并不重要。审理其中一起案件的法院援引了联邦第九巡回法院对 LCD 面板刑事案作出的判决，表示即使 CRT 未被视为进口商业，它们仍旧会产生直接的影响，因为对其经销链（其中涉及若干家不同实体）可以构成

---

〔1〕 Motorola Mobility v. AU Optronics, No. 14 - 8003, (7th Cir. 2014).

〔2〕 U. S. v. Hui Hsiung, No. 12 - 10492(9th Cir 2015).

〔3〕 Lotes Co. v. Hon Hai Precision Indus. Co. ,753 F. 3d 395(2nd Cir. 2014).

〔4〕 In re Cathode Ray Tube(CRT) Antitrust Litig. (N. D. Cal. 2016).

合理直接影响。就在 2021 年,多处不同的法院根据几个不同州的法律作出了集体诉讼认定。

最后,在一起电容器案件中,[1]法院认定原告指控的行为并未造成足够的国内影响,理由是尽管涉案产品在海外被出售给一家美国公司,但最终产品仍然在国外,因此未对美国商业产生直接影响。需要注意的是,如果产品是被售往美国,则会构成进口商贸,这种情况可能会产生不同的判决结果。

评议交流环节

侯利阳 | 上海交通大学凯原法学院教授

反垄断执法的域外效力对于中国的竞争法可能不是很重要,有两个主要原因。第一,我们还没有对域外执法给予很多关注,因为这里看到的反垄断法对域外执法采取了一种非常广泛的解释。第二,在反垄断问题上,很少有跨国公司会选择中国的法院。

我认为美国反垄断法和中国反垄断法之间存在两方面的主要差异。一个是在实体法方面,另一个是在程序法方面。

就实体法而言,全世界有两个主要的反垄断法律体系:一个是以美国为代表,另一个是以欧盟和中国为代表。我们和欧盟的竞争法有着非常密切的联系,基本上所有的规则、准则和条例都是以欧盟的法律为蓝本。据我所知,美国的竞争管理机构并不关注与价格有关的反竞争行为,如不公平的高价、掠夺性定价等。然而,这些与价格相关的行为确实是中国竞争管理机构的主要关注点之一。这就是两者在实体法方面的区别。

就程序法而言,中国在法律上确实允许集体诉讼。在实践中,我几乎没有听到过真正的集体诉讼的案例。中国的《反不正当竞争法》在修改中,集体诉讼已经被纳入修正案。即使该修正案最后被批准,我也不认为会有很多集体诉讼发生,因为集体诉讼必须有其他机制的支持。在美国,集体诉讼中有 3 倍损害赔偿和证据开示制度的支持。在中国,我们的证据开示制度不尽完善,所以原告很难收集证据。我们也没有规定 3 倍损害赔偿,反垄断中的私人损害

---

〔1〕 In re Capacitors Antitrust Litig. (No. Ⅲ) (N. D. Cal. 2018).

只能基于实际的损害,这使律师代表中国客户起诉的动力减少。

但是,数据显示,我国私人反垄断诉讼确实不少。我国最高人民法院曾经公布过私人反垄断诉讼的数据:在2017年之前,这个数字已经超过了1000个;在2017年之后,最高人民法院就不再公布了,但我推测,之后的私人诉讼数量会达到2000个。在我看来,中国诉讼的推动力来自两方面。一方面,一些想在反垄断领域追求名声、建立声誉的律师,会帮助客户对大公司提起诉讼以获得职业声誉,这背后未必有很强的经济因素。但经过政府机构积极地进行反垄断执法,我看到这种驱动力已经下降了,这意味着几乎没有律师因为职业声誉愿意代表客户、帮助客户进行反垄断诉讼。驱动中国私人反垄断诉讼数量增长的另一方面因素正在变得越来越重要:原告希望通过诉讼在谈判中获得更多的筹码。我参与了一些调查,发现原告的主要目的不是获得反垄断赔偿,也不是帮助公共机构执法,而是操纵相关事项的谈判,特别是对他们有利的合同谈判。所以,反垄断诉讼被用作在谈判中赢得利益的一种策略。在中国,和解也是结束诉讼的方式之一,然而我们很少在中国的案件中看到和解。最著名的案件是华为诉IDC的案件。在该案中,华为的一个主要目的是迫使IDC降低专利使用费。事实上,华为的主张得到了法院的支持,专利费率比IDC的报价更低。但最后,华为并没有执行判决,他们在判决后与IDC进行了谈判,最终的专利费率比法院判决的要高得多。

那么,我们应该提倡私人诉讼吗?大多数私人诉讼是由私人利益驱动的。然而,反垄断法的目的是保护公共利益,我想这是欧盟、中国、日本、韩国等大陆法系国家和地区的一种理念。我们相信,反垄断法的目的是保护公共利益,不应该被私人利用来谋取自己的利益。除私人诉讼执法外,我们有非常积极的政府机构,它们在许多情况下执行了反垄断法。然而,我们在公共执法之后基本上没有后继的反垄断诉讼。我猜想,一个可能的原因是,在反竞争行为中受到损害的一方会害怕垄断企业的报复,不敢提出私人诉讼;还有一个可能的原因是,我国缺乏真正的集体诉讼支持机制,所以没有人愿意代表受损方发起集体诉讼。

在中国的反垄断法中,只有直接受到垄断损害的一方才有资格成为原告。而在美国,间接受到垄断行为伤害的人,如消费者,也可以提起反垄断诉讼。

Peter Wang

过去,美国反垄断法的适用范围很广,后来却有缩限,部分原因在于外国纷纷抱怨，在其尚未进行反垄断立法时，美国就试图将美国的反垄断法强加于这些国家。

目前的情况已经发生了变化。美国基本上已经不再设法输出本国的反垄断法，而现在几乎每一个法域也都拥有了自己的反垄断法。所以，在相当程度上，其他国家正在与美国趋同。但与此同时，其他国家并没有像美国一样实行3倍损害赔偿、私人诉权或是反垄断集团诉讼的制度，也没有美国的证据开示制度。这样一来，这些区别是否足以导致美国对境外行为提起反垄断诉讼时，仍旧会对其他国家造成不公？

有人认为，鉴于经济全球化程度越来越高，美国法院需要采取更加宽广的视角，即必须要为在美国受到损害的原告提供一个受损后起诉的途径。这一点在下列情况下尤其重要：外国法院（诸如位于卡特尔行为地的法院）出于相关行为会令本国行业受益，但缺乏对这些行为适用本国反垄断法的动机，且该等行为造成的损害却只发生在出口活动所指向的美国境外。

消费者间接索赔，在美国是有可能实现的。消费者在联邦反垄断法中提出索赔的可能性不大，因为他们几乎是间接购买者。但即使在联邦法院，如果价格垄断发生在消费者的层面上，他们也可能提起诉讼。因此，在这些情况下，确实有一些消费者集体诉讼，在联邦法院，他们真正起诉的是向消费者销售的人，但这种诉讼更有可能是发生在州一级，在那里没有所谓的间接购买者规则。在许多情况下可以提出消费者诉讼，但他们在举证方面会面临一些独特的挑战，越是间接遭受的损害就越难以证明。但在美国，有很多原告律师，我认为他们觉得有足够的经济激励来做这件事。在美国，有一个理论叫"私人检察总长"：可以让私人提起诉讼，而私人利益最终将服务于公共利益。但这一理论并没有得到所有人的赞同，因为私人诉讼似乎主要有利于律师，而非公众、个人消费者或其他购买者。

［本讲座中文内容根据 Peter Wang 发表的"北大法学院全球教席云课堂"讲座："美国反垄断诉讼——涉华企业及涉其他非美国企业"（2021 年 11 月 12 日）为基础进行整理。北京大学法学院 2022 级法学硕士研究生于潇砚、元培学院 2021 级本科生徐奕辰参与翻译整理，北京大学法学院副教授陈若英审定。］

《欧盟行政程序法典》：
起源、发展和前景

Paul P. Craig

主讲人简介

Paul P. Craig 是著名行政法和欧盟法专家、牛津大学荣休教授。他拥有牛津大学伍斯特学院法学本科及硕士学位。他于 1976 年起任教于牛津大学法学院,1998 年当选为英国国家学术院院士(Fellow of British Academy)。他先后出版了具有世界影响力的英国行政法、欧盟法和欧盟行政法的经典教材,并发表了 200 余篇学术论文,作品《英国与美国的公法与民主》被译为中文。

主题演讲内容精编

■ 法律基本原则概述

本讲座的主题是 ReNEUAL(Research Network on EU Administrative Law)小组编纂的《欧盟行政程序法典》。如果不了解欧盟法中目前存在的程序规则或正当程序的地位,就无法理解"欧盟行政法研究网络"(ReNEUAL)《欧盟行政程序法典》,对其的讨论将如同在真空中进行而毫无意义。要理解正当程序在欧盟法律中的作用,就必须理解法律基本原则在欧盟法律秩序中的地位。因此,我们要先去了解欧盟法律规范的等级体系。

所有的法律体系都包含规范等级,即该法律体系中规范的垂直排序。欧盟的规范等级由《里斯本条约》构建。规范等级的顶端是立盟条约《欧洲联盟条约》(TEU)和《欧洲联盟运行条约》(TFEU),以及《欧盟人权公约》。《欧洲联盟条约》第 6 条第 1 款规定《欧盟人权公约》具有与两个立盟条约相同的法律地位。现在,《欧盟人权公约》在某些方面甚至略高于立盟条约,后者应作最符合《欧盟人权公约》的解释。其他任何欧盟立法都必须依据上述两个条约的条款,欧盟法院将决定上述条约和公约的条款适用范围和解释。

法律基本原则位于规范等级的第二级。它位于《欧洲联盟条约》、《欧洲联盟运行条约》和《欧盟人权公约》之下,高于一般立法、委托立法和执行性立法。它一般具有两个作用:一是欧盟法院在解释立盟条约时应当尽可能使之符合法律基本原则;二是欧盟法院对一般立法、委托立法和执行性立法作符合法律基本原则的解释,同时有权宣告违反法律基本原则的立法无效,这一点非常有力。法律基本原则是欧盟法院发展出来的,其将比例原则、基本权利、法律确定性、正当期待、平等、预防原则和正当程序或更广义上的程序正义等原则解释加入立盟条约,欧盟法院将这些原则作为根据《欧洲联盟运行条约》第 263 条和第 267 条进行司法审查的基础。

法律基本原则的内在机理如下:司法审查原则是所有发达的法律体系的基础,通常来自国内行政法,为针对政府行为提起异议提供基础。这些原则既可能是法院发展的产物,也可能来自制定法,还有可能是这两者的结合。事实上，在大多数欧洲大陆国家的法律体系中都存在行政程序法典，法院制定的判例法对前者进行补充，这些判例法解释行政程序法典。英国一直是一个例外，它从未制定行政程序法典或与法典相类似的法律规范。英国有一些可以被认为是针对特定领域的法典，但不是一般意义上的法典。但无论如何，所有这些法律体系都会有司法审查的原则，它们通常是行政法的一部分，是从法律上质疑政府行为的基础。应当注意的是，此处列出的法律基本原则并没有穷尽司法审查的理由，亦即在法律基本原则之外，还有其他的审查理由。例如，有两个重要的审查理由，对法律适用错误的审查和对事实认定错误的审查，这也是所有法律体系中都存在的审查理由。

欧盟现在在越来越广泛的领域中行使着越来越广泛的权力。它既可能作出行政性的决定，也可能作出立法性的决定。因此，它需要一整套司法审查原则用来控制欧盟行政机构的行为并使其承担法律责任。在欧盟法的层面上，司法审查的法律依据是《欧洲联盟运行条约》第 263 条第 2 款，它规定了缺乏权限、违反基本程序要求、违反立盟条约或任何与其适用相关的法律规范、滥用权力等四项审查理由。例如，假设存在这样一种情形：欧盟委员会作出一个决定，而有人主张该决定在某种程度上是无效的应该被推翻，他们有两种救济途径：一种是只要他们具有原告资格，就可以直接去欧盟法院，根据前述的四个理由之一请求司法审查，这是直接诉讼，即不需要通过各国的国内法院来提起诉讼；另一种是以个人名义在各国的国内法院提起诉讼，之后有权向欧洲法院上诉。

司法审查的理由并不限于前述的四项，各国的法律体系中还包含其他审查政府行为的原则。因此，欧盟法院通过法律基本原则这一概念发展审查理由，它吸收成员国的行政法理论，但没有系统地从成员国法律体系中寻找共同原则，亦即法律基本原则不必存在于每一个国家的法律体系中。欧盟法院采用的方法是考虑主要国家法律体系中的原则，并根据欧盟自身需要重塑这些原则。这并不奇怪，因为这来自现实需要。在欧盟成立的早期，法国的法律体系在欧盟法律体系中占据主导地位。法国的行政法规范是欧盟行政法原则的主要来源；但随着时间的推移，德国的法律体系在欧盟法律体系中的地位逐渐更加突出。典型的表现是比例原则、正当期待等具有鲜明德国法色彩的原则被吸收进欧盟的法律体系中。

在法律基本原则的适用范围上，法律基本原则对欧盟机构有拘束力；当成员国在欧盟法的适用领域中行动时，法律基本原则对成员国也有拘束力。

正当程序作为法律基本原则

欧盟法院一直积极将陈述权（right to be heard）作为欧盟法的一项基本原则，无论这项权利是否存在于相关规定中。1974 年的 Transocean Marine Paint v. Commission 案就是一个典型例子。本案中，法院承认陈述权是欧盟法律的基本原则；他们比较英美法系和大陆法系的相似之处，指出在与个案决定有关的问题上，陈述权被认为是英美法系中的自然正义的一部分。在大陆法系中，这一理念同样被吸收到法律体系之中。不过有趣的是，陈述权在此是作为防御权（the right of defense）的一部分。由于不同法律体系的历史背景不同，各自的概念化（conceptualize）建构途径也有所不同，但最终的结果是一样的。

陈述权进而被视为一项基本权利，这方面的主要例子是 Al – Jubail Fertilizer v. Council 案。基本权利被建构为法律基本原则的一部分。同样，理解这一点非常重要，因为法院不仅是这样说，也是这样做的。这意味着任何法律条款不能排除或限制陈述权。因此，即使在没有专门立法或专门立法没有考虑陈述权的情况下，也必须保证对这项原则的尊重。这方面的典型例子是 Interhotel v. Commission 案。《欧盟基本权利宪章》第 41 条第 2 款规定在采取可能对个人产生不利影响的措施之前，陈述权都应当获得保障。但现在《欧盟基本权利宪章》第 41 条第 2 款只适用于欧盟机构，而不适用于各成员国。然而，欧盟法院还是根据先于《欧盟基本权利宪章》的判例法认定，该宪章中的陈述权反映了在其之前的关于防御权和陈述权的法律基本原则，从而在此基础上可以适用于各成员国。

欧盟的许多行政管理都是协作的，有时称为协作管理或综合管理。目前，欧盟在规范层面和事实层面上与 27 个成员国的行政机关共同工作，或通过后者的工作实现自身目标。大约 80% 的欧盟监管活动是以这种方式进行的。其在功能主义层面的考量在于，一方面，欧盟没有足够的工作人员去执行农业、欧盟内部市场等方面的复杂计划。如果欧盟真正试图直接在 27 个成员国中处理欧盟的全部行政任务，实现行政目标，那么将需要目前工作人员的数十倍，因此利用各成员国的行政机构是更好的选择。另一方面，各成员国的行政机构更了解本国的情况，可以更有效地执行立法和计划。这带来的法律后果是,个案决定中陈述权变得复杂,欧盟法院必须决定陈述权根据欧盟层面和国家层面的正当程序分别应当得到多大程度的保障;由于不同领域的协作行政模式不同,不同领域中这一问题的答案也不同。但在规则制定领域,欧盟法院的立场明显不同。大多数国家的法律制度都既包括个案决定又包括规则制定,这是因为行政机关制定的政策既通过个别决定又通过制定规则来实现,这些规则旨在实现主要立法中的要求和义务。这些规则在不同国家的法律体系中的地位各不相同。例如,在英国行政法中,行政机关制定的规则可能是二级立法或授权立法,即根据一级立法制定的规则;当然行政机关制定的规则也可能不构成二级立法。在美国行政法中,制定规则被认为是发展行政法的双重方式之一,或行政法的双重内容之一,即规则制定与个案决定并列。

在本领域中,相对人通常请求获得在条款制定的过程中参与、发表意见或进行干预的权利,尤其是在该规则是一个非常具体的规则,其影响某个特定群体并施加特定义务的情况下。但是,欧盟法院一贯否认存在这些权利,除非相关条约的条款或该领域的法规、指令或决定明确规定了这些权利;关于陈述权的判例法认为,陈述权仅适用于与相对人个人直接相关的行为。1999 年的 Atlanta AG v. Commission 案指出,如果某一程序的最终结果是确立经济政策并应用于该领域中的所有交易,那么在该类程序中不应当存在陈述权。

前述的欧盟法中的正当程序很重要,但不是全部,欧盟还通过特定领域的具体部门立法推进和确立正当程序。一般认为,欧盟可以根据不同领域的具体条约的条款,制定适用于欧盟机构和各国机关的行政程序规范;具体部门的立法往往非常详细且具有强制性,如竞争法、国家援助法等领域。

《欧盟行政程序法典》的制定及其价值

ReNEUAL 的起源非常简单,就是一批来自欧盟各地、对欧盟行政法感兴趣的学者召开很多学术会议,探讨欧盟行政法的特定问题。起初,他们没有打算为欧盟制定一部正式的行政程序法典。但随后他们发现,欧盟行政法中存在一些反复出现的问题,于是他们意识到如果制定一部行政程序法典,将很可能对欧盟行政法有很大助益,因此 ReNEUAL 小组开始起草欧盟行政程序法典。应当指出的是,《欧盟行政程序法典》的制定没有得到欧盟机构的任何正式支持,ReNEUAL 会议的资金来自大学赠款;《欧盟行政程序法典》完全由

ReNEUAL 小组成员制定,他们起草了该法典不同章节的规则。

制定一部行政程序法典具有如下优势:第一,提高法律的清晰度,方便查阅;第二,增强原则和程序的连贯性;第三,设置默认程序,填补现有法律的空白;第四,确立行政程序的价值功能;第五,减少为不同部门领域制定程序原则的成本;第六,降低诉讼成本,因为诉讼成本来自必要程序性义务的不确定性。公平起见,有必要说明反对制定行政程序法典的若干观点。一部分人认为制定法典是不必要的,因为法律基本原则、具体部门的立法和判例法中对行政程序都有充分的规定。但是,这种"充分"建立在两个相互关联的假设之上,一是某领域的行政程序规定就其所适用的决定类型而言是足够的,二是这些规定不应扩展到本领域以外。但是,我认为这两项假设都是错误的。

对于第一个假设,我的回应是,欧盟法院在个案决定和正当程序领域取得了很大成就,但仍有许多问题不清楚。例如,规定相对人申请方式的程序性规范;行政机关在收到申请时的职责;相对人进行投诉的方式;行政机关内部对行政程序运行的管理职责;行政机关的调查权和检查权;确定听证会的当事方资格的规则;强制必须举行的听证会的性质;当欧盟和成员国的行政机构都在最终决定中发挥核心作用时,分别适用于两者的正当程序规则。我们这些学者都说不清楚这些问题,各国的当事人和行政官员就更是如此。第二个假设可以概括为程序规则没有必要在目前的基础上扩展,这一点同样是值得商榷的。正因为认为程序规则应当在现有的基础上扩展,《欧盟行政程序法典》中的行政程序除个案决定外,还涵盖了规则制定、公共合同、欧盟与各国行政机构和各国行政机构之间在欧盟法适用范围内行动时的互助程序以及信息管理等领域,以弥补现行程序规则的不足。

《欧盟行政程序法典》的规范内容与适用范围

《欧盟行政程序法典》共分为六卷:第一卷是法典的总体规定及其与欧盟现行法律的关系;第二卷是规则制定;第三卷是个案决定;第四卷是合同;第五卷是成员国行政机关间的相互协助和合作;第六卷是信息管理。《欧盟行政程序法典》的起草包含以下考量:第一,该法典考虑了欧盟绝大多数成员国的行政程序法。在这一点上,法律人与数学家有一些共同点:人们常说,好的数学家是懒惰的,他们不会做别人已经做过的事情;法律人在这个意义上也很懒惰，他们会从现有的法律规范中学习借鉴。第二，该法典以欧盟现行法律为基础，但不受限于现行法律。第三，该法典的前提假设是，正当程序和适当程序体现了重要的宪法价值；它们不只是也不应仅仅被视为“程序”，因为其含义完全是技术性的。第四，该法典在定稿之前进行了详细磋商，与其他学者、各国国内法院的法官以及欧盟各机构进行了讨论。

《欧盟行政程序法典》适用于欧盟机构，但第一卷至第四卷只对具体部门的立法作出规定，或者在成员国选择接受的情况下只适用于成员国。适用于成员国的理由如下：只要相关行为在欧盟法的适用范围中，成员国就受欧盟法律基本原则的约束，这包括正当程序原则和行政程序，但成员国可以通过本国的行政程序法来遵守这一要求。但是，如果成员国在欧盟法的适用范围中行动时应当适用《欧盟行政程序法典》或称示范规则，那么此时行政程序中的全部内容都将直接受到欧盟规则的制约；当然，这有很多优势，如为受本国政府行政决定影响的人提供一系列明确的程序权利，并使各国的行政机关更容易理解它们应当承担的程序性义务。将国内行政机关排除在此类规则的适用范围之外，会使申诉人、各国行政机关和欧盟行政机构的工作更加复杂，尤其是在协作行政领域。他们将不得不从《欧盟行政程序法典》，以及符合欧盟法律基本原则的国内程序规范中拼凑出适当的程序性义务。

这面临两个方面的质疑。法律方面的质疑是欧盟是否有权颁布这样一部包含行政程序一般规则，但与具体领域无关的法典。根据《里斯本条约》第 298 条的规定，欧盟确实具备这种权限，但这一点并不确定。政治方面的质疑是成员国是否会接受《欧盟行政程序法典》的强制适用。很多人，尤其是各国的行政法院或行政法庭十分反对适用《欧盟行政程序法典》。反对的理由各不相同，但主流观点是这将严重侵犯国内行政程序法或类似法律的适用领域。这一观点的合理性可能有待商榷，但最值得注意的是它可能使整个项目流产。

《欧盟行政程序法典》第三卷

我将以针对个案决定的第三卷为例阐述《欧盟行政程序法典》的若干要旨。该卷的首要目标是提供涵盖个案决定所有方面的一整套程序，包括从相对人申诉到行政机关作出最终决定的行政程序的全部过程。

第一章“总则”中，第 1 条规定了该章的适用范围，即前述的个案决定；第 2

条规定了该卷使用的决定、利益相关的公众等重要术语的定义。第二章“程序的启动和运行”中,第3条规定行政程序公平和中立的一般义务;第4条规定线上呈现现行程序相关信息,这在数字时代非常重要;第5条规定行政程序的启动,包括个人通过投诉启动行政程序中的很多细节;第6条规定申请程序的特别规则;第7条规定负责处理某一事务的官员的任命,这对受行政决定影响的相对人而言十分重要,也将极大克服官僚主义的问题;第8条规定行政机关内部对行政程序的管理和相对人的程序性权利;第9条规定完成程序的时限。第三章规定了行政机构在收集信息的过程中必须保障的程序性权利和必须遵守的程序性义务。值得注意的是,调查必须是在一个特定国家内的调查,欧盟需要通过与成员国合作完成行政任务,本章处理了其中可能存在的问题。第四章规定了获得听证的权利和行政机构间的协商。第22条规定相对人获取文件的权利;第23条规定受决定不利影响的相对人获得听证的权利;第24条规定在协作行政的复合程序中的陈述权;第25条至第27条分别对向利益相关公众、成员国和欧盟行政机构咨询意见作出规定。第五章规定了程序的终结,即决定作出阶段的程序性义务。第28条至第34条分别规定明确作出决定的义务、说明理由的义务、向相对人通知其可用救济的义务、决定的形式和语言要求、以电子形式作出的决定、决定的通知以及错误决定的纠正。第六章规定了更正和撤销决定的程序,第35条针对对相对人产生负面影响的决定的更正和撤销,第36条针对对相对人有益的决定的更正和撤销。

《欧盟行政程序法典》的反响

《欧盟行政程序法典》被翻译成多种语言,在学界和政界广受好评。ReNEUAL获得2017年“Altiero Spinelli 外联奖:传播欧洲智慧”一等奖。该奖共有6个一等奖、6个二等奖和10个三等奖,虽然我们并非唯一的一等奖,但我们仍然能为自己在279个申请中获得一等奖而感到非常自豪。

在官方的层面上,欧洲议会赞成欧盟立法实施《欧盟行政程序法典》的部分内容,特别是第三卷的部分内容。不过,欧盟委员会不赞成制定任何这类一般性立法,认为具体部门的立法、欧洲法院关于一般法律原则的判例法和《欧盟人权公约》可以提供充分保护。但是,欧盟监察专员一直支持《欧盟行政程序法典》,并将其作为不当行政的判断标准之一。

评议交流环节

沈岿｜北京大学法学院教授

我对 Craig 教授讲座的评论是:虽然欧盟和中国在行政法或行政程序的法典化背景上有很大不同,但这两个法域存在一些相似之处。在欧盟,法律基本原则,特别是正当程序原则,对欧盟行政法的发展起到重要作用。正如您提到的,法律基本原则位居法律规范等级的第二级,仅次于最高级的欧盟立盟条约。法院将依据法律基本原则审查立法和行政行为,欧盟的立法机构也积极推动行政程序立法,而《欧盟行政程序法典》也将法律基本原则作为重要基础。同样,中国在过去的 40 年里,在行政法领域制定了《中华人民共和国行政诉讼法》《中华人民共和国行政处罚法》《中华人民共和国行政许可法》《中华人民共和国行政强制法》等法律,它们对行政程序的发展至关重要。另外,特别是在最近几年,中国的法院已经试图发展或使用比例原则、正当程序原则等行政法的一般原则来审查行政行为。

但欧盟法和中国法有一个很大的区别:欧盟法院有权审查立法和行政行为的合法性,但中国的法院无权审查全国人民代表大会和地方各级人民代表大会的立法,中国的人民代表大会及其常委会有内部审查立法的制度。同时,法院的宪法和现实地位都极大地限制其使用或发展行政法一般原则。因此,我们可以理解为什么很多中国学者和法官都支持行政法的法典化;在他们看来,与有限的司法审查相比,法典化可能可以更好地推动各领域的行政机关遵守规则。

此外,我还想提出三个问题。第一个问题是欧盟的法律基本原则是否可以适用于私主体所拥有的强大私人权力?比如,各种虚拟平台的发展使成千上万的人受强大私人权力的制约,最近刚刚兴起的“元宇宙”也是其中之一。第二个问题是法典化的目的之一是帮助监管机构、法官、律师等各类主体更容易地找到规则,但教育法、环境法等特定领域仍需要通过单独立法确立特殊规则,这是否会加大相关主体找到规则的难度?因为在这些领域中,他们既要检索一般法典,又要检索部门立法。第三个问题是关于软法的,其中包含三个具体问题:一是软法如何规范欧盟的行政程序?二是欧盟法院是否有判例直接要求监管机构遵循关于行政程序的软法?三是软法制定的某些方面是否应该由一些一般规则或原则来规范?

Paul P. Craig

中国行政法很有趣的一点是,存在横向的、跨领域的处理某个行政程序的法律,如《中华人民共和国行政许可法》,而非纵向的处理特定领域的法律。

我现在回应您提出的三个问题。第一,一般法律原则是否可以适用于私人权力,这是一个很复杂的问题。它们通常情况下适用于国家机构,但的确存在例外。例如,您刚刚提到的平台监管,欧盟的一个新的法规草案旨在处理算法决策对基本权利和行政程序的影响,一般法律原则可以在其中发挥作用。

第二,法典化的一般性和特定领域的需要之间的紧张关系。在制定《欧盟行政程序法典》时,我们没有回避这个问题;我们采取的解决方案是,确立一套默认的行政程序规则,并在有必要修改默认规则的特定领域中修改这些规则。我认为稍差的解决方案是,规定所有领域都适用现有的示范规则即《欧盟行政程序法典》(假设它们真正进入了立法),但另外规定某些条款在某些情况下不适用或应作出修改。

第三,关于软法的三个具体问题。首先,在软法的作用方面,欧盟一直在使用软法,而且有大量关于它的学术研究。欧盟委员会使用软法的方式是用软法性质的建议或准则来补充法规,充实其中的细节。其次,如果某一行政机构有非常明确具体的指导方针,而且他们在过去一直遵循,那么欧盟法院将对该行政机构施加一致性义务,即持续遵循准则。该行政机构可以改变软法,但不得溯及既往。同样,法院将审查各类软法性质的指导方针。法律基本原则可以制约软法性质的准则或建议,法院可以对此进行审查。最后,关于什么情形下应该规范软法本身,这与第二个问题相联系。建立规范软法的一般制度相当困难,因为软法有许多种类,不同种类的软法有不同的特点和任务。

王万华 | 中国政法大学诉讼法学研究院教授

现在中国也在讨论行政法的法典化。存在两种法典化方式,一种是完全法典化,即包括行政组织法、行政行为法和行政救济法在内的行政法全部内容的法典化;另一种是程序主义法典化,即以一般行政程序为核心内容的法典化。我认为《欧盟行政程序法典》使用的是程序主义法典化进路。我赞成程序主义进路。

我认为《欧盟行政程序法典》与其他行政法法典非常不同,所以需要在历史发展的背景下进行研究。行政法的法典化包含三个阶段:第一个阶段从1889年到1945年;第二个阶段从1945年到1999年,如美国和德国;第三个阶段从21世纪初开始,如法国。西班牙 Javier Barnes 教授概括出三代行政程序。第一代是准司法型程序,重点是个案决定;第二代是准立法型的规章制定程序;第三代是行政型程序,包括政策制定、公共服务和开放政府。我认为,《欧盟行政程序法典》涵盖了这三代行政程序,是对20世纪以来行政法程序化和主观化发展趋势的回应。这对中国行政法法典化进程具有很大的启示意义。

行政法的法典化有行政国家、监管行政、信息社会、欧洲一体化及经济全球化等现实因素。我十分同意您的观点,即行政程序法典以程序体现重要的宪法价值为前提。行政程序不仅仅是行政行为的程序,更是关于公民与行政机关之间关系的安排,以实现支配控制、治理或公私合作。当我们选择法典化方式的时候,我们选择了治理的模式。

在这个时代,大数据对人的主体地位带来极大的挑战,因此我们必须思考行政法法典如何应对算法治理的问题。行政法法典应当致力于保护个人尊严,防止技术治理对正当程序的替代,维护个人的知情权、陈述权和被给予理由的权利。

我的问题是《欧盟行政程序法典》已经推出7年,现在是否有关于修订这部法典的讨论?

Paul P. Craig

首先,我完全同意您所指出的完全法典化方法和程序主义方法之间的区分。《欧盟行政程序法典》选择了程序主义方法,因为我们认为在现有的时间和资源范围内无法实现完全法典化。其次,我赞同您对三代行政程序的看法,以及《欧盟行政程序法典》试图涵盖所有这三代程序的观点。再次,我完全赞同行政程序规则体现宪法价值。行政程序代表了公民和国家的行为方式的基本理念,在任何意义上都不只是简单的技术问题。如果我们忽视了这一点,就会带来危险。最后,我赞同你对大数据和算法监管方面的挑战的论点。我最近出版的《英国行政法》补充了关于算法决策及其对行政法挑战的内容。在写作这个章节的过程中,我阅读了很多关于算法决策和大数据的文献,并进行了很多思考。这个问题十分有趣,因为算法决策正在影响一些公认的行政法领域的核心原则,如陈述权、正当程序,以及自由裁量权控制、授权、救济措施等重要问题。在这个过程中,我认识到了大数据的重要性。另外,我是欧洲法律研究所(ELI)团队的一员,我们团队正在研究算法决策及其对行政法和宪法的影响。我们正在研究起草一套规则,其核心主张是在算法决策系统投入使用之前,特别是在可能涉及重大风险的情况下,要进行一个影响评估程序;同时,该规则试图对"重大风险"作出定义。

关于《欧盟行政程序法典》的最新发展问题。考虑到大数据和算法决策所带来的变化,小组成员一直在讨论是否要对其进行修订,推出《欧盟行政程序法典》2.0。虽然目前还没有明确的计划,但我认为这很可能实现,因为算法对行政法而言无疑是一个重大的挑战,需要我们积极回应。

提问环节

提问一

从行政法角度,政府职能可以分为个案决定和规则制定。但是在理论和实践中,存在第三种政府职能,即准司法职能,如英国的行政裁判所。您认为《欧盟行政程序法典》是否应该适用于准司法职能?

Paul P. Craig

首先应当指出的是英国已经脱欧,因此《欧盟行政程序法典》不会对英国产生影响。在英国的准司法程序领域中没有任何正式的法典。但2007年英国制定了一套详细的通用程序规则,并允许每一特定法庭根据其具体情况修改该通用规则。由于行政裁判所的职能不涉及合同或规则制定,因此这些规则只适用于个案决定,其所涵盖的内容与《欧盟行政程序法典》第三卷所涵盖的内容相同。在每一处理不同类型事项的法庭,如处理患有精神类疾病的申诉人的案件的法庭,需要有对应的特殊程序性规则,因为此类案件中申诉人可能无法以正常方式代表其本人。这些程序规则在英国法律规范等级中处于第二位阶的地位,它们是有约束力的法律而非软法。它们的运行情况非常好,被普遍认为是一个巨大的成功。

提问二

根据您起草《欧盟行政程序法典》的经验,请问中国在起草自己的行政程序规则时应该注意哪些问题?

Paul P. Craig

我对于向其他法律体系提供建议持谨慎态度。虽然多次到访中国,但是我对中国的了解依旧比较有限。我仅提出两点建议:第一,设计规则时,应该就规则的措辞进行学术意义上的激烈讨论。这是我们起草《欧盟行政程序法典》时的工作方式:每个人负责起草某卷特定部分的特定条款,然后共同讨论汇总后的草案,对其他人起草的条款提出问题,并与起草人互动。在讨论过程中,这些规则经受住智识的检验,因而变得更加可靠。第二,参考《欧盟行政程序法典》、美国《行政程序法》(APA)等其他类似规则,然后构建在中国的制度体系中有意义的规则,而不是简单复制。

[本讲座中文内容以 Paul P. Craig 教授所作的“北大法学院全球教席云课堂”讲座“欧盟行政程序法典:起源、发展和前景”(2021 年 11 月 19 日)为基础进行整理。北京大学法学院 2021 级法学硕士研究生王翰斌、2022 级法学硕士研究生张宇桐,元培学院 2021 级本科生徐奕辰参与翻译整理,北京大学法学院长聘副教授彭錞审定。]

纠纷解决的未来与比较法的角色：以“比较程序法与司法”作为当代研究与合作的示范

Burkhard Hess

主讲人简介

Burkhard Hess 是卢森堡马克斯·普朗克国际民事程序、欧洲民事程序和私人规制程序法研究所创始人、执行所长。Hess 教授曾任图宾根大学法学院院长和海德堡大学法学院院长,并曾是中国人民大学、法国巴黎第一大学和美国乔治城大学客座教授,美国纽约大学跨国法中心常驻学者和卡尔斯鲁厄上诉法院兼职法官。Hess 教授曾评估了《欧洲破产条例》和《布鲁塞尔一号条例》,协助起草了《欧洲银行账户扣押条例》提案。他出版了多本关于德国与欧洲民事诉讼法的书籍,是国际法协会国际私法和程序法隐私保护委员会主席和国际诉讼法学会欧洲区副主席。

主题演讲内容精编

当前纠纷解决面临的挑战

比较程序法与司法项目是卢森堡马克斯·普朗克研究所(Max Planck Institute Luxembourg)(以下简称卢森堡马普所)的一项重大研究项目,也是一项全球性的项目。我将向各位解释我们进行比较程序法与司法项目的原因。本次演讲分为当前纠纷解决面临的挑战与比较程序法和司法的内容两部分。当前纠纷解决主要有以下六点挑战和趋势:

第一,全球化和区域一体化。从全球的层面观察纠纷解决的最新发展,纠纷解决不仅体现为以国家为单位的发展,而且越来越体现为区域化的发展,如欧洲欧盟的指令、亚洲中国的“一带一路”倡议、非洲的非洲商法协调组织(OHADA)和拉丁美洲的南方共同市场(MERCOSUR)。所有这些发展意味着纠纷解决和程序法越来越趋于协调一致。但这并不是一个新现象,而是几个世纪以来我们经历过的现象。如在欧洲法制史上,拿破仑·波拿巴于19世纪初成功占领了欧洲大部分地区,并在被占领国,如比利时、西班牙、部分德国和意大利,引入了拿破仑《民事诉讼法典》。新的诉讼法典确立了新的标准,带来了现代化和自由主义的民事诉讼新模式。该模式一直被留存并发展为19世纪协调化和现代化的程序模式。因此,全球化和区域一体化当然不是全新的现象。此外,我们还需要考虑一些驱动因素,如社会和经济的进一步发展,这反过来也要求法院高效和公正地履行职责。另外,现在我们也掌握了各种来自法院的数据,能够帮助我们评估法院的表现,如世界银行的营商环境报告、欧洲委员会与欧盟的评估报告等。此外,我们对法律确定性的要求越来越高,这与经济交流的日益频繁有很大关系。这意味着,我们越来越需要程序法的协调甚至统一。目前已有协调程序法的实践,既有全球范围内的尝试,如海牙国际私法会议,又有如非洲商法协调组织或欧盟的地区性尝试。

国际交流产生了越来越多的复杂跨国案件,这也需要新型的法院和纠纷解决方法。以中国为例,最高人民法院设立了国际商事法庭,在最高人民法院直接安排下几个同类型的专门法庭也已成立。这些法庭的功能与其他国家的国际商事法院类似，如英国、新加坡、美国、法国和德国的国际商事法庭。这是中国司法机构参与国际纠纷解决市场竞争的有力象征。

第二，当今最大的挑战——科技。科技的影响不仅体现为诉讼程序上的自动化和虚拟法庭，当人工智能更多地参与到纠纷解决中时，纠纷解决可能会发生真正的变革。人工智能可能不能完全取代人类法官成为决策者，但是这种替代会在一定程度上发生。我们面临的问题将是诉讼程序对此应如何回应。无论如何，这将强烈地改变我们未来的生活。

第三，民事司法系统危机的新发展。自 20 世纪 90 年代以来，民事司法系统的危机一直是一个不容忽视的问题，目前有一些新发展值得关注。以案件数量的变化为例。自 20 世纪 90 年代或 2000 年以来，德国初审法院案件数量减少了近 40%，减少速度相当快，由此可以观察到民事司法系统的危机。奥地利和法国也有类似的现象。不过，西班牙的情况有所不同，所以这可能还不是一个全球性的趋势。但从美国真正进入庭审的案件数量来看，这些案件的数量占所有民事案件的 1% 到 3%。因此，法院可能不是当事人解决纠纷的第一选择。对此，我在此没有给出一个完全的解释，但下面的例子可略供了解。大约在 2019 年德国地区法院附近停了一辆卡车，货柜里装了 60,050,000 页材料的卡特尔反垄断损害赔偿诉讼案件待提交给法院。因为德国法院不接受电子诉讼，所以所有这些文件都需要打印出来，并送往不同法院和不同被告。以此为例，在没有电子文件系统的情况下，今天的许多纠纷不会选择诉诸法庭就更容易被理解了。当事人可能会选择不同的纠纷解决方式。

目前的情况是：一方面，法院系统存在结构性困难。司法体系本身可能是在几十年前设计和建立的；也可能是在 100 年或 150 年前建立的，如一些欧洲国家。我们必须考虑法院的位置、数量、组成和内部组织结构，必须思考科技将如何有助于提高诉讼效率。我们存在很多法律问题。以欧盟为例，至少在两个欧盟成员国中，如波兰和匈牙利，传统的司法独立要求受到了来自政党和政府的压力。司法系统的独立性难以得到保证，这是一个十分令人担忧的问题。当然，法官独立判断是公平和独立解决纠纷的核心，法官依法判案是保障公平结果的关键。另一方面，接近正义也是被反复强调的问题。我们需要更多的信息以缩短诉讼花费的时间，那些难以负担诉讼成本的当事人也需要获得诉讼代理和法律援助，特别是在群体性损害赔偿诉讼中，诉讼门槛问题已经成为解决大规模诉讼问题的关键之一，也是帮助信息较少的诉讼当事人的关键。这促使我们思考如何以更好的方式平衡效率和公平。就此而言,新的程序原则业已出现,如比例原则、当事人和法院之间的协同原则,案件管理也已经成为改善纠纷解决的一个非常重要的工具。

第四,在过去25年中出现的另一个趋势是替代性纠纷解决机制(ADR)。我们可以从其他地区的制度和方式中学习到很多解决纠纷的方法。很多地区关于争议和纠纷的解决机制也适用于行政纠纷的解决,以改善有多方当事人参与的复杂调解程序。由此,我认为我们也可以学习传统的纠纷解决方式,但必须了解其背后所涉及的文化背景和当地习俗。

第五,纠纷不再只是诉诸法庭,而是越来越多地诉诸仲裁(私人化解决)。两个不同的仲裁领域同时存在:一是商业仲裁,这是解决商人之间纠纷的传统方式;二是消费者仲裁,相比商业仲裁存在更大的问题,即在消费者仲裁中存在或者说不得不存在的不平衡。待解决的问题是,在越来越私人化的纠纷解决机制中,如何贯彻强制且有效的消费者保护。

现在纠纷解决的方式多元化,包括诉讼、调解、仲裁、谈判,这体现了“多门法院”(Multi - door Courthouse)的观点。这一范式转变是由弗兰克·桑德(Frank Sander)教授首先提出并实践的,改变了我们对司法的看法。司法不仅是一种制度,也可能是一种服务。在这里,我想再次讨论一下中国最高人民法院国际商事法庭的情况。其中有多元的提出并解决纠纷的方式,如诉讼、调解、仲裁;不同方式之间有联系,同时可以看到纠纷解决是如何演变和变化的。

第六,依然与国际商事法院的理念密切相关,纠纷解决越来越被视为一个市场。诉讼资助已成为纠纷解决数字化过程中的关键驱动因素。并且,很多时候律师事务所都在提供专业服务,借助平台为客户们提起诉讼。如德国有一个关于航空权利的线上平台,如果顾客的航班延迟了,顾客可以通过手机发起索赔程序。

比较法的作用:比较程序法与司法项目

在第一部分中我讲述的主要内容是纠纷解决在当下已经发生的与正在经历的变化。为了更好地理解当前的纠纷解决方案,现在我想向各位介绍比较程序法与司法项目,并且和各位谈谈比较法的作用。

为什么需要比较程序法与司法项目

在进行程序比较和解决纠纷时,我们为什么要适用比较程序法?这里我想向大家展示我与我的同事(朋友)里克·维也纳(Rick Vienna)教授共同形成的三个想法。里克·维也纳是本研究所的资深研究员,也是马德里康普顿斯大学的教授。比较法研究对于更好、更深入地理解不同法律文化中解决纠纷的不同方法是十分重要的。我们生活在一个全球性的世界里,法律文化确实十分重要,不同的法律文化使不同地区在解决纠纷的方法上有所不同。只有当我们了解不同的纠纷解决方式是如何看待和解决纠纷时,我们才能向其学习。决策者也可以从世界其他地区借鉴、采纳其他可能更好的做法。这不是单向学习,而是多方向的相互学习,以改善全球和本国诉讼的状况。这就是我们启动比较程序法与司法项目的原因,我们想开展一项全球性的比较项目,以便更好地了解目前世界上程序法的适用情况。

现在各位可以在荷兰国立博物馆看到安特卫普制造的一片16世纪的铜盘,它是本项目的标志或者说品牌。铜盘上展示了世界地图。这正是比较程序法与司法项目想要做的——确定和平解决纠纷在当今世界的角色和作用。铜盘以作为七大艺术之一的几何方法绘制世界地图,这是我们工作的象征。此外,它还展示了三个人如何密切合作并讨论他们正在做什么,这也正是我们在项目中打算做的。然而,有人可能会问另一个关于比较程序法与司法项目的问题:我们真的需要这个项目吗?著名的《国际比较法百科全书》第十六卷是关于比较民事诉讼的,写作于1973年到2004年。该书是由20世纪著名程序法学者康拉德·茨威格特(Konrad Zweigert)教授编撰的,他当时确有实现民事程序现代化的设想。

比较程序法与司法项目有什么不同之处?首先,我们想转换视角,从全球的角度看问题,而不仅仅是接受欧洲和美国的观点。《国际比较法百科全书》第十六卷最初出版时,“冷战”的铁幕犹在,但现在相比当时已经是一个完全不同的世界。因此,我们希望从全球的角度出发,关注新的发展,如亚洲地区、数字化等这些还没有出现在该百科全书第十六卷中的议题。如前所述,我们在纠纷解决方面有了新的参与者:如新加坡,国家面积虽小但已经成为东南亚的诉讼中心;中国,甚至已经成为一个法律和纠纷解决方式的输出国,在国际上也是一个立法大国;国际和地区组织,如世界银行或欧盟。同时,我们想改变比较法的方法论。《国际比较法百科全书》第十六卷是由十分杰出、博学的学者们编写的,但它采取的是一人一章的独著形式。我们想进一步开展由多位学者合作编写的项目。合作的各位学者来自世界各地,将从不同的文化视角讨论解决具体问题的比较方法,而不是每章节仅由一位学者编写。

项目形成过程

2000 年,北京举行了一场著名的比较程序法研讨会,参与者是一群十分积极的年轻同事和程序法学者。我们在中国人民大学相遇,共同参加为期四周的暑期学校。暑期学校被分成几个部分,其中一部分是关于德国程序法。暑期学校的第一部分是关于美国程序法,由玛格丽特·吴(Margaret WOO)教授讲授,她从比较的角度教授美国程序法。这是我第一次见到她,也是我第一次见到当时作为博士生参与研讨会的傅郁林教授。从那以后,我们一直保持着密切的联系,进行项目合作和比较程序法的讨论。这是一切的开始。自 2012 年卢森堡马普所成立以来,我们一直在组织今天大家能看到的欧洲和比较程序法博士后暑期学校,当时我们邀请了资深同事和年轻学者讨论当前的问题和比较程序法的方法。2015 年时,我访问了纽约大学跨国法律中心(Center of Transnational Law,NYU),玛格丽特·吴教授问我,您愿意和我一起写一本关于比较民事诉讼程序的书吗?我说,这是一个非常有趣的项目。我们讨论并发展了这个想法,后来在第二届 IAPL - MPI 暑期项目中也进行了讨论。洛伊克·卡迪耶(Loïc Cadiet)教授时任国际诉讼法协会的主席,他也成为了本项目的一名主编。当时他说,我们不仅编写教科书,我们还将编写一本关于比较民事司法的手册。

2019 年,我与玛格丽特·吴教授、洛伊克·卡迪耶教授刚完成该书的草稿时,我们申请了卢森堡国家研究基金会(公开项目)的资金,他们有一个面向学者的项目,提供可观的资金,让我们能够更充分地组织这个项目,于是这本手册被扩展为一本多卷本的丛书。2020 年,我们正式启动了该项目。来自马德里的恩里克·瓦利内斯(Enrique Vallines)教授也加入了我们,他已经成为整个项目的驱动力,也是一名联合编辑。这是一个大项目、大挑战,它由三个组织支持:卢森堡程序法协会、国际诉讼法协会和卢森堡国家研究基金。另外还要注意本项目的制度背景，虽然本项目不是国际诉讼法协会的项目，但是在程序法方面一个非常独特的情况是，国际诉讼法协会提供了一个比较研究的框架。自第二次世界大战结束以来，国际诉讼法协会已经进行了几十年的比较研究，这个组织有来自世界各地的同事和朋友，能够为项目提供背景支持。

项目组织框架

首先是该书主编，四个人分别是：玛格丽特·吴教授，她对中国乃至亚洲的纠纷解决有着非常广泛的研究；来自法国的洛伊克·卡迪耶教授，与非洲有着密切联系；恩里克·瓦利内斯教授也加入了本研究所的项目，他来自西班牙，与拉丁美洲有着密切联系；以及我本人。我们通过学术咨询委员会（scientific advisory board）扩充了本项目。学术咨询委员会中有许多来自不同领域和世界不同地区的同事。我们希望扩大参与者的范围，希望能有来自阿根廷、加拿大和澳大利亚等地的同事，以更好地达到地域上的平衡，在学术咨询委员会中，我们也希望能在方法论上进一步扩展，所以我们在政治和人类学领域有以奥斯卡·蔡斯（Oscar Chase）教授和黑兹尔·盖恩（Hazel Genn）教授为代表的学者参与。我们有的同事非常精通比较法，如爱德华多·奥泰扎（Eduardo Oteizao）教授、约翰·黑利（John Haley）教授和罗尔夫·施蒂尔纳（Rolf Stürner）教授。也有代表法律实践的学者参与，尤其是马谢伊·斯普纳尔（Maciej Szpunar）法官，他是欧洲最高法院总法务官，以及福斯托·波卡尔（Fausto Pocar）法官，他曾在国际刑事法院任职，现在也在国际法院任职；还有珍妮特·沃克（Janet Walker）教授，她在国际仲裁领域非常活跃。

除此之外，我们还有很多团队，各团队在项目中处理不同的主题。这些团队是项目的核心。他们由团队协调员组织，大多数团队由来自不同国家、不同地区的学者组成，由一名或两名同事协调。此外，协调员与编辑们共同选择团队内的不同成员。我们总共有 18 个小组。为了让各位了解我们如何组成不同的团队，我以第十七小组为例。第十七小组由珍妮特·沃克教授协调，主题是仲裁。小组中有来自世界不同地区的各位成员，这使这个比较项目成为一个真正的比较项目，并拥有地理上的优势。其他小组也是如此。坦白来说，开展这样一个项目并争取世界各地的同事参与当然也是挑战之一。小组的构成并不是完全平衡的，如我们在寻找来自非洲和东南亚的同事时遇到了一些困难。我们尝试在不同的小组均安排来自世界不同地区的参与者,当一个小组不能完全代表全球所有不同地区时,我们也会去寻找联络人员。

这些不同的小组也得到了卢森堡马普所本地小组的支持,该研究所整个比较法和欧洲程序法部门都参与了该项目,小组里开展合作的学者们来自世界不同的地方,卢森堡马普所的联络人员也在支持各研究小组的工作。同时,我们也在组织阅读一些理论文本,如对比较法的思考,以便更好、更深入地理解比较法。如同目前的情况,比较法的方法论并非全无质疑。现在有很多关于方法论的讨论,我们试图找出正确、开放地处理当前问题的方法。

我们的合作方式是在一个协作平台上在线工作。在这个平台上,每个小组都能够浏览、交换文件和组织会议。我们还记录了网络研讨会的内容,不同的小组也可以浏览。建立这个平台花费了我们一些时间。首先,我们试图设计并建立一个专属定制的平台,但最终没有成功。于是,我们最终选择使用微软即时通信应用 MS Teams,但我们对这一平台进行了改进以满足我们的需求。我们在此平台上共同处理文本,编辑们也都可以通过此平台查看由不同小组精心编写的文本。编辑与进行不同主题研究的各小组之间有很多讨论。当然,我们在研究过程中也遇到了一些困难。许多参与者都希望每个人都能访问马普所的资源,使用它的图书馆及其资源,然而,这是不可能的,因为我们并不是生活在一个所有资源都开放的世界。恰恰相反,我们存在许多问题。我们不能简单地为所有研究人员开放研究所的图书馆,但我们在平台内为不同的小组建立了知识库。不同学科之间有着突出且生动的文献和材料可以交流。这是我们尝试的一种合作方式。不得不说,我们取得了非常好的经验。

■ 项目结构

我们有不同的部分或章节,其中每一部分由一位协调员负责组织不同的子部分,整体结构由编辑详细安排。第一步,为了在什么主题能够深入讨论这一问题上达成共识,我们进行了几年的讨论,也探讨了一些方法论的问题。第二步,我们讨论民事司法系统的组织,以了解法院的组织架构以及法官和其他参与者,了解纠纷是如何被解决的。第三步,我们进入程序的讨论,从诉讼的成本开始,讨论基本权利,接着讨论管辖权。民事诉讼的程序也是如此开展的。正如詹姆斯·戈尔德施密特(James Goldschmidt)教授所说,我们在获取信息和证据方面有了很大进步。第四步,我们着眼于细小的调整,讨论非常具体的问题。例如,数字化革命、群体性赔偿、特别程序,如支付令程序和缺席审判程序。第五步,我们讨论一些特殊的问题,如家庭纠纷、商业纠纷和卡特尔反垄断损害赔偿纠纷等。第六步,我们讨论执行、跨境和国际层面的问题。第七步是关于和解、仲裁的作用两个部分。2023 年,我们将编写最后一个部分,总结所学到的东西,讨论比较程序和法律文化之间的关系。所有的编辑们都会参与最后一章的编写。各位可以看到我们有一些十分重要的小组,他们讨论程序的展开,考察法院的组织和权威,讨论法治和程序保障。当然,最重要的主题是,文化多样性与不同形式纠纷解决程序的协调之间的紧张关系。

工作计划

2019 年 10 月,我们向学术咨询委员会正式提交本项目。自此,我们开始组建不同的小组,计划于 2020 年 9 月正式开始,最终本项目也如期启动。新冠疫情导致我们一直处于特殊时期,最初计划的项目启动会议无法实现,但各小组已经进行了充分准备,分别就不同的部分开展工作。各个部分是由小组进行研究和发展的,他们在 2021 年年初提出了不同子部分的第一版大纲,如关于获取信息和证据。在 2021 年 2 月和 3 月,我们在两周内举行了五次在线会议,各小组展示了不同的大纲,并进行了充分讨论。不得不说这对我们所有人来说都是一个非常有意义的时刻,我们来自世界各地,在网络上相聚,但我们能够非常深入地讨论问题。我们意识到整个团队有一种共同的精神。

除此之外,我们还在一定程度上改变了项目的形式。小组协调员们要求我们在方法论方面做更多的工作。因此,自 2020 年 12 月以来,我们组织了几次在线研讨会,讨论程序法和比较程序法的方法论问题。例如,我们在比较程序法中有法系的划分吗?这仍是一种有效的研究路径吗?大陆法系和英美法系有何不同?这些区别还存在吗?如何在国际商事仲裁的背景下理解各法系的趋同之处?我们讨论了文化中的程序法,以及人类学、宗教和传统对纠纷解决的影响,进一步研究了去殖民化与比较民事诉讼程序这样一个比较法的大课题。长期以来,我们对于纠纷解决的单方强制性如何认识?它是如何发展的?我们还研究了经济学与比较程序法以及法律史的问题。我们最初想在 2021 年夏天完成这个部分,但当时仍然有寻找不同研究人员和小组的需求,所以我们又对在线研讨会的安排做了一些调整。我们决定继续进行讨论,尽可能地使项目内容更广泛,特别是涉区域的问题,即从比较法研究的角度来看,以上讨论的这些问题在拉丁美洲、亚洲、非洲等地是否也是如此。对我们来说,这些在线研讨会也都有着非常有趣的时刻。耶鲁大学法学院的约翰·黑利教授从政治学的角度来研究我们的问题;汉堡马普所的拉尔夫·迈克尔斯(Ralf Michaels)教授讨论了去殖民化的问题;布鲁诺·德芬斯(Bruno Deffains)教授用经济学视角研究比较程序法,特别是利用了大数据;来自哈勒马普社会人类学研究所的玛丽－克莱尔·福布茨(Marie－Claire Foblets)教授进行了人类学和比较民事诉讼的相关研究。

我们的项目仍在进行中。我们计划举行一次线下的中期会议,或者在卢森堡举行一个线下线上的混合会议,讨论目前的初步看法。在卢森堡的中期会议展示完各小组的初稿之后,我们将由编辑提交最终版本并完成一些编辑需做的准备工作。2024 年 7 月,我们将在卢森堡举行最后一次会议,届时将展示我们项目的成果。最终成果将于 2025 年 3 月在线发表,同时会以书籍方式出版。

计划的研究结果

我们计划在比较法中整体考察程序法的定位和纠纷解决,采取全球视角,反思目前的研究方法,思考未来在这一法律领域的研究方法。坦白来说,我认为宏观/微观比较法、法系的分析方法与功能研究方法在程序法中仍然是一种有效的方法。我们想要分析并系统阐述新问题和即将到来的新发展,如数字化、统计数据的使用、效率、纠纷解决的私人化以及司法系统之间的竞争。同时,我们正在测试这些新的工作方法,特别是不同团队和不同背景、不同年龄段学者之间的合作,使用虚拟的网络形式,打破距离的阻隔。

我们面临的主要挑战是时差。加利福尼亚早上六点的时候,亚洲已经是晚上了。这使不同团队之间的协作十分具有挑战性。但是,我们想创造一个学者共同体,开辟一个未来的视角,或者说开辟未来的比较程序法。如内华达大学托马斯·梅因(Thomas Maine)教授所说:“我预测,这个项目最伟大的成果甚至可能不是我们正在进行的、精心编辑的多卷文本,相反,最伟大的遗产可能是未来几十年的联合项目、合作和友谊,这些可以追溯到从这里(比较程序法与司法项目)形成的关系。”

我从众多项目启动研讨会中挑选了一次会议向各位展示。此次会议的参与者来自卢森堡、纽约、海德堡、巴黎、萨格勒布、伦敦、马德里、慕尼黑、布宜诺斯艾利斯、维也纳、图宾根、京都、圣保罗、北京、耶路撒冷和旧金山，所以这是一个全球化的项目，是一个很大的挑战，但我希望各位能够体会到本项目中源自 2000 年北京研讨会的精神。它将继续前进，并有望成就比较程序法的未来之路。

评议交流环节

曹志勋｜北京大学法学院长聘副教授

Hess 教授在这次讲座中主要介绍和期望的是一个真正的、先进的跨国比较民事诉讼法的应然状态，以及如何联结历史、现在和未来。这是他探讨未来纠纷解决机制以及进行兼容性的程序研究的原因。讲座在第一部分提到六点不同的、必须面对的新情况。我想指出的是，我们应该特别关注如何从全球视角出发，同时也从不同国家的视角出发看待民事司法发展。我们应关注数据，如有多少案例？在中国司法体系以及在全球背景下，其存在什么样的趋势？我们的中国特色在其中到底体现在什么方面？同时我们必须认识到一些重要的问题，如人工智能法官关注传统的纠纷解决机制和更先进或更保密的机制之间的联系，如商业仲裁、消费者仲裁。中国可能还有其他类似但不同的机制。

另外，Hess 教授提到的非常重要的一点是于 1976 年庞德会议上首次提出的“多门法院”。这让我们思考法庭的定义应该是什么，是否存在多门法院，或者在我们进入法庭之前是否应该有不同的纠纷解决方式，当案件进入诉讼程序后，是否还可能会有其他可能的纠纷解决方式。

最后，我想强调的是，比较程序法的研究可能会有不同的面向，如卡佩莱蒂(Cappelletti)的百科全书、比较民事诉讼手册、Hess 教授其他的合作研究项目、美国法律学会和国际统一私法协会制定的民事诉讼原则、欧洲法律学会和国际统一私法协会制定的《欧洲民事诉讼示范规则》。接着，Hess 教授介绍了比较程序法与司法项目，他对项目进行了不同角度的展示，如研究内容的结构、研究人员的构成,甚至项目使用的办公软件。对很多人来说,MS Teams 软件非常有吸引力,它使得我们能够如同一个大团队一样工作。讲座中提到整个项目有 18 个主题,它们代表了这项研究的不同关键点,也为我们今后如何进行比较程序法研究指明了方向。

傅郁林 | 北京大学法学院教授

Hess 教授的讲座有两部分:第一部分是比较研究,第二部分是关于比较程序法与司法项目。这两部分实际上是相互联系的。第一部分让我印象十分深刻。第一部分的关键词是“新”。一切都是新的。我们只是意识到也许存在新的问题、新的议题、新的需求和新的趋势,但是可能我们还没有去思考新的风格和概念。也许你会意识到市场中个人选择和纠纷解决是什么,很遗憾我们没有足够的时间听 Hess 教授介绍更多的内容,但是有了这些关键词,各位可以搜索一些文章和报告。这对我来说是一场革命性的认识变化,甚至在我读了一些与学术概念有关的材料之后更是如此。Hess 教授的演讲确实提示了一个新概念,现在也已经有了一些关于这一新概念的研究文章。

关于第二部分,仅以一个全球视角的实践为例,我们就能认识到全球化的视角有多重要。即使研究主题具有国别性,全球视角仍然十分重要。事实上,我是 126 位研究者中的一员。我参加了第三课题组,探讨民事司法组织制度和司法独立。我们课题组有 5 位成员并且以团队合作的方式工作,每当我们谈及一些关键词或术语时,如关于什么是法院,你可能会发现定义并不相同。通过全球视角的共同探讨,我们甚至把讨论的重点放在一个关键词和一个条文。我们会写一页或两页材料,然后在小组里一起讨论。小组中的每一个成员都会就某一个关键词写下一些书面报告。你会发现答案不止一个,甚至超过五个。如果不能对某一术语给出一个正确的、完整的定义,怎么能讨论法院处理的案件是什么?所以,我从我的同事那里学到了很多。因为我的英语听力较差,所以在讨论之前,我非常认真地阅读了同小组的同事们的所有论文,甚至阅读了许多材料,要讨论一段内容,也许需要阅读三本书。所以我希望我们的年轻一代能够参与这一项目,你们有更充足的时间与精力,英语表达能力也更好。

此外,即使你现在只是一个无名小卒,在这个时候你可能也能做一件大事,对整个世界作出很大的贡献。我在 2000 年组织暑期学校并建议建立这样一个项目,当时没人知道我是谁。但我为自己当时的提议感到自豪,这是全球梦的开始,甚至对玛格丽特·吴教授和 Hess 教授来说也是如此。所以,当你想做某件事并致力于某个伟大的事业时,你可能会做出非常有价值的事,因为你选择做正确的事,你是那个对的人,为其他许多人作出了贡献,这就是我想对各位与会者和在线的学生们说的。你们有太多比我这一代更好的条件,我们期待你们的贡献。

刘哲玮|北京大学法学院长聘副教授

Hess 教授对比较程序法与司法项目的介绍展示了国际学者如何合作并在民事诉讼法领域进行创新,我认为这是一个令人印象深刻的过程。年轻一代的中国学者应该在这一领域发挥更加重要的作用,我们可以为国际同行提供不同的、新鲜的视角和知识。我想问 Hess 教授一个问题:在欧洲、德国或者卢森堡,比较法在法律研究中发挥怎样的作用?因为对于我这一代人来说,当我们在大学里学习法律时,我们实际上学习的是比较法。

但是现在我认为有些事情已经改变了,我们有越来越多的中国本国的法律规定。因此,我们的学生必须更加关注本国的法律法规。坦率地说,我们认为学生的视野可能比我们这代人狭窄一些。当然他们非常努力地学习中国的法律法规,但他们不学习比较法,没有时间学习比较法,只关注本国的规则。并且,我认为民事诉讼法属于公法范畴。公法有更强烈的本土化特征和国内特征,尤其是在中国,不同于西方国家,中国是一个中心化国家。因此,由于意识形态和政治制度的不同,中国和西方国家在法院制度、民事程序、法学教育模式等方面都有很大的不同。

这就是为什么我们接受国际商事仲裁概念更容易,但接受普通法系中与民事诉讼有关的民事法律制度体系更困难。我完全同意傅教授和 Hess 教授刚才提到的,用比较法进行研究并与不同的学者交流是多么重要,这样能够知道一个案例如何在不同的文化和不同的国家中得到解决。但我想知道,德国教授在课堂上是如何教学的,如何在比较法和本国法的教学之间取得平衡。

金印|中国人民大学法学院副教授

Hess 教授在讲座中提到了全球化对民事纠纷解决的影响。当国际民事诉讼法不能提供双方都信任的司法服务,国际贸易将给民事诉讼法提出额外的难题。我记得 Hess 教授在学术研讨会上曾分析过一个管辖权条款:一个德国公司和一个中国公司约定,合同的当事人只能在自己的国家被诉。这实际上是司法信任缺失的表现。此管辖权条款将会产生复杂的法律问题,并且该条款本身也无法被真正贯彻。Hess 教授强调了民事诉讼法的不同文化背景。在我的印象中,他始终尊重其他国家的法律文化,他建立的研究所也最大限度地保持了文化多样性。Hess 教授一直致力于建立一个世界性的民事诉讼法学术共同体。这可能就是他能够聚集世界各地的著名学者共同从事重要研究的原因。

个人而言,我对比较民事诉讼法的未来非常乐观。民事诉讼法的统一可能早于民法。我想提出两项证据。

一是德、日、中三国民事诉讼法的法典化过程。我必须指出,德国、中国和日本有一个共同点,就是民事诉讼法比民法更早法典化,并且民事诉讼法的法典化进程也远远快于民法。在 1871 年德国统一之后,德国民事诉讼法的法典化仅用了 3 年时间,民法的法典化却用了 20 多年。当《德国民法典》于 1900 年生效时,《德国民事诉讼法典》已有 21 年的实践经验,并且大部分的理论构建都已完成。当然,对我来说,也有一个问题,我常常需要努力阅读 100 多年前的德国文献。《日本民事诉讼法》于 1890 年生效,但新的《日本民法典》8 年后才生效。我国于 1982 年制定了《中华人民共和国民事诉讼法(试行)》,《中华人民共和国民法典》于 2020 年才公布,并于 2021 年施行。

二是 1982 年制定的《中华人民共和国民事诉讼法(试行)》。我想以该法第一章为例,它规定了民事诉讼法的任务和基本原则。例如,该法第 2 条规定“中华人民共和国民事诉讼法的任务,是……及时审理民事案件,确认民事权利义务关系”;第 4 条规定“人民法院依照法律规定对民事案件独立进行审判,不受行政机关、团体和个人的干涉”;第 5 条规定“对于诉讼当事人在适用法律上一律平等;保障诉讼当事人平等地行使诉讼权利”;第 8 条规定“人民法院审判民事案件,依照法律规定实行两审终审、公开审判、合议和回避制度”;第 10 条规定“民事诉讼当事人有权对争议的问题进行辩论”;第 11 条规定“民事诉讼当事人有权在法律规定的范围内处分自己的民事权利和诉讼权利”。我们应当认识到这些原则是 40 年前规定的。我认为这些条款已经包含了民事诉讼法应该追求的大部分理念。我相信德国和日本的民事诉讼法也尊重这些原则。

民事诉讼法的发展可能印证了弗里德里希·施泰因(Friedrich Stein)的

话。他是著名法典评注——施泰因/约纳斯(Stein/Jonas)《德国民事诉讼法评注》——的创立者。1921 年,施泰因在他编著的第一版教材里说:对我来说,程序法是“技术法”,由不断变化的权宜之计主导,缺乏永恒的价值。长期以来,比较民事诉讼法面临共同的任务,即以合理的时间和金钱成本公正地解决民事纠纷。基于这一共同的任务,我认为比较民事诉讼法的研究将是一个长期的、有意义的事业。

Burkhard Hess

傅教授指出了一些我觉得很重要的问题。在比较程序法与司法项目中,我们正在学习和探索我们正在做的事情。我们所有人一直在学习,并且互相学习,这让这个项目、让比较法变得如此有趣,这不是单向的,是双向的。我们也越发认识到理解是非常重要的。我们试图理解各个概念的不同含义,如法院的概念。为了更好地理解本国的法律体系,我们也必须了解其他国家体系在运行上的不同之处。

刘教授提出了一个我也在思考的有趣问题。您提到中国的发展,当然中国在我与中国学者们于2000 年第一次见面的时候不一样了。今天的中国学生当然需要学习本国法并从本国法开始学习,世界上其他地方的学生也是如此。20 多年来,中国的法律体系快速地发展。中国在法律领域的成果和发展速度之快,让我印象深刻。现在对于学生来说,同时学习本国法和比较法可能更加困难。但我想说,学习比较法是非常重要的,因为我们需要了解不同的解决方案和不同的方法,以便更好地理解本国法。当然,相比于其他因素对法律的影响,法律根植于民族、国家与区域。我们必须从学习本国法开始,但是我们真正需要做的是鼓励学生了解其他法系和不同的解决方案,以更好地了解本国法,并建立一项如金教授刚才说到的重要理念:我们是相互关联的。一旦我们真正了解了国外的法律是如何运作的,我们就能更好地互相理解,然后找到共同的解决方案。在今天,找到共同的解决方案是非常必要的。因此,我认为全球化也有很多好处,如我们可以进行全球的学术交流。

就我而言,我在观察中国的发展过程中获益良多,我也学到了很多中国不同的纠纷解决文化,如相比于其他地方,中国文化中的和解倾向更强一些。因此,尽管存在分歧,我们仍有共识,为了司法系统和涉及不同行业的诉讼中的利益,我们可以弥合分歧,找到好的解决方案。

提问环节

提问一

基于以往的做法，设计本项目的时候可能采用两种方法。第一种方法是国际私法的方法。我们可以致力于民事诉讼目标中的法律冲突研究，让各国的民事诉讼法按照他们认为合适的方式发展，也许可以为国家司法管辖设定一些最低标准。第二种方法是致力于研究如何在不同的国家和管辖之间建立连接点。当问题出现时，我们可以使用这些连接点来协调、解决它们的冲突。但很明显，比较程序法与司法项目采取了另一种方法，将世界上不同的民事诉讼法作为一个整体来协调他们之间的冲突。但您不打算做类似于各国报告的研究，而是想把它们作为一个整体。请问对于比较程序法与司法项目，您是否考虑过第一种方法？如果您考虑过，为什么放弃第一种方法？

Burkhard Hess

我不认为只有这两种研究方法，但它们确实非常重要。在比较程序法与司法项目中，国际私法视角的研究也许不是方法论而是一种研究的视角，采用此视角的研究是第十五部分，在这里我们研究了具体的跨境场景和国际私法的具体应用，但比较程序法与司法项目的意图不止于此。我们想了解世界不同地区诉讼法领域的状况。该项目并不意图协调一切。我们想要了解文化的异同，看看我们能否就某些新趋势达成共识。以科技和程序为例，信息技术革命对国家组织、法院和纠纷解决产生了影响，这是一个在世界各地都存在的挑战。在这方面，我们当然可以互相学习。此外，也存在其他我们可以相互学习的主题，如信息获取。世界各地不同的程序法对获取信息的规定各不相同。然而，仍有一些需求正促进我们改善信息获取方式，特别是来自商业方面的需求。我们可以看到，信息获取正趋于更加便利。同时，我们在数据交换和数据保护方面也存在问题。世界上不同的地方可能对同一件事情有不同的理解，但问题本身是一样的。所以，我们采用了这个广泛的方法论，不是只以国家为单位进行报告。如果从国家报告开始研究，就可能会因为不了解其他法系仍沉浸在本国法，而忽略其他法系的趋势和发展。这就是为什么我们以不同的小组形式开始。小组成员必须从问题的最开始进行讨论，当然，从他们本国的经验开始。他们是否能共同考虑一些问题，看到不同的解决方案，并制定不同的解决问题的方法。这些方面使本项目不同于所有其他由一位优秀学者撰写个人或本国报告的项目，我们试图进行更深入的合作。这对在不同部分中从事研究的同事要求很高，但到目前为止，我可以告诉各位，以一种合作的方式进行研究是很好的经验。

提问二

在讲座中，您提到新的趋势是请求损害赔偿的群体诉讼程序。似乎现代型诉讼在中国或全球范围内都不是一个很新的问题，但您提到这是一个新的趋势，所以能否请您阐述一下这个概念？这个概念是指群体诉讼程序，还是只是现代型诉讼的另一个术语？这个概念里的新趋势是什么？

Burkhard Hess

接近正义的问题在项目的不同部分都有涉及。我们通常认为接近正义包括个体和群体两种面向。我们将群体诉讼作为一个单独的部分，研究不同形式的集体诉讼，包括团体诉讼（group litigation）、集团诉讼（class action）、现代型诉讼和行政监察员程序（ombudsman procedures）。当然，还有一些相关的问题，如资助问题，还有对"牵头原告"的控制问题，律师通常担任案件中实际上的原告的问题，等等。不是群体诉讼的所有内容都是全新的，但我们也需要对"群体诉讼没有什么新鲜内容"这样一种观点持谨慎态度。因为有时原有模式会进一步发展，也会发生变化。以现代型诉讼为例，在很长一段时间内，德国的现代型诉讼在某种程度上是非正式的。但是在过去的 15 年里，它已经被法律规定并得到了进一步的发展和完善。现在我们有非常复杂的现代型程序，定义和名称即使是一样的，概念也会有很多发展。这就是我们进行比较程序法与司法项目的原因。我们想了解在世界其他地方是否已经存在群体诉讼，它是如何运作的，以及它是如何被当前的驱动因素所改变的，如程序、资助等。这是这个项目面临的挑战之一。

提问三

讲座中您提到德国与美国判例的发展，请问您如何看待这种现象？

Burkhard Hess

进行比较法的研究必须关注判例，必须看法律书籍之外的东西。对于判例甚至需要更进一步，必须了解法院是如何判决的。这是我们部门较新的研究项目之一。我们研究了世界各地最高法院的审判情况，以了解各地审判的不同，如在普通法系中每个法官发表其个人意见。在由法官们经讨论起草判决的法律体系中，报告法官（the reporter）只需要根据多数人的决定撰写判决书。后者是一种非常制度化的决策方式。这也进一步引出了判例在法律体系中扮演的角色，以及判例是如何被发展和理解的问题。所有这些都需要被发展、探索和理解，以便回到纠纷解决的问题上。与法院的概念有很大关系的是，法院是如何组成的、它是如何审判案件、是否发布独立的或个人的意见等。所以，这正是我们想要了解不同法律文化的原因之一，因为这充分体现了文化的多样性。

提问四

调解在中国很普遍。在欧洲，特别是德国，法官们是否也会有类似的调解偏好？

Burkhard Hess

调解是一个我们在过去二三十年中经历过的、非常有趣的现象，特别是在欧洲。在欧洲，调解没有像在中国那样深深扎根于文化中，但我有一个博士生和金教授一样，跟随我在卢森堡读博士，他的博士论文是关于中国和德国的调解及两者的对比。他甚至部分使用了人类学方法，来观察调解在中国不同地区是如何发挥作用的，后来他也同样研究了德国调解的情况。为了了解调解员的文化，他采访了一些调解员。最后，他提出了一些关于如何向中国学习，在德国更好地组织调解工作的观点。这是一个很好的例子，表明在比较程序法方面我们可以互相学习。

[本讲座中文内容以 Burkhard Hess 教授所作的“北大法学院全球教席云课堂”讲座“纠纷解决的未来与比较法的角色:以比较程序法与司法作为当代研究与合作的示范”(2021 年 12 月 8 日)为基础进行整理。北京大学法学院 2020 级博士研究生高旭、2021 级法律硕士研究生谢雪倩,元培学院 2021 级本科生徐奕辰参与翻译整理,北京大学法学院长聘副教授曹志勋审定。]

司法审查与文本主义的原初理解

William M. Treanor

主讲人简介

William M. Treanor 是美国乔治城大学法学院院长，其研究领域包括宪法、财产法、刑法、知识产权和法律史。Treanor 教授曾四次被美国《国家法学家杂志》评为法学教育极具影响力人物之一，也曾被美国芝加哥大学法学院的 Brian Leiter 列为美国引证率最高的十大法律史学者之一。他拥有耶鲁大学学士学位（以最优等成绩毕业）、耶鲁大学法律博士学位和哈佛大学历史学博士学位。在乔治城大学法学院任教之前，他曾任福特汉姆大学法学院院长、Paul Fuller 讲席法学教授、美国第二巡回上诉法院 James L. Oakes 法官的法官助理。

主题演讲内容精编

■ 何为文本主义

作为学者,我的研究重点关注对宪法的理解,宪法是如何起草的,以及法院在解释宪法方面的作用是什么或者应该是什么。我今天的讲座会聚焦类似的话题:什么是宪法的原初含义(original meaning),以及法院在理解宪法上的角色。我是 20 世纪 80 年代在法学院念书的。那时候,法院和学者解释宪法的主流方式集中在宪法的核心价值是什么(如平等、正义或者民主决策),而这些价值在不同时期有不同的适用,这就是我们所说的“活宪法主义”。我在法学院时,美国宪法的主流思想家之一是约翰・哈迪(John Hardy),他是哈佛大学、斯坦福大学和耶鲁大学的教授。他认为美国宪法是关于政治过程的。国会和州立法机构决定法律应该是什么,而最高法院的主要作用是保护政治过程。因此,如果国会或州立法机构的决定把某些群体(如黑人或妇女)排除在政治过程外,那么法院应进行干预,以确保政治过程公平运作。其核心思想是:宪法有它的核心价值,但是其适用随着时间的推移而改变,这就是“活宪法主义”。但我对宪法有着不同的理解进路——我是一个文本主义者(textualist)。

文本主义,是指即便现代环境发生了变化,即便我们希望这些词语有其他含义,宪法中词语的含义并不随着时间推移而改变。这是芝加哥大学的威廉・鲍德教授对“文本主义”的定义,我认为这是对文本主义最好的定义。的确存在一种宪法进路,它关注那些宏大价值,将这些核心价值适用于不同时期的情况,并真正着眼于先例。文本主义是原旨主义的一种,而原旨主义是理解宪法的另一种方式。它侧重于撰写宪法的人,或者起草和批准宪法的人对宪法的理解。其核心是民主决策:当 1787 年通过《美国宪法》时,《宪法》的含义是什么?《美国宪法第十四修正案》在 1868 年通过时的含义是什么?这种观点在里根时期首次成为一个强大的学派和宪法思想。里根的总检察长爱德华・米斯认为,宪法应该是关于原初含义的。在通过宪法的人眼中,宪法的含义究竟是什么?原旨主义的第一种表达方式侧重于起草者的意思,这种方法有一些问题,比如,你知道写它的人可能有某些目的,但这些目的可能并不是宪法的批准者想要的。

为了改善上述缺陷,原旨主义通过40多年的发展,逐渐变为侧重文本主义,或者叫“原初公共含义”。文本主义意味着,即使现代环境发生了变化,即使我们希望这些词有别的含义,宪法中词语的含义不随着时间推移而改变。我认为它有两个核心原则:一是民主决策,宪法的含义是制定并通过宪法的人所理解的意思;二是限制司法决策。如果像“活宪法主义”一样,宪法的含义是法官在宪法中看到的核心价值,不同的法官可能看到不同的核心价值。这留给司法决策很大的空间。而且,这非常不民主,还是应该回到通过《宪法》时的含义。通过回到通过《宪法》时确立的框架,可以限制司法机关,以更加民主的方式避免法院决策不受约束。这就是作为原旨主义分支的文本主义,也是我对宪法的立场。

今天想讨论的是我们如何应用文本主义。如果文本主义的核心思想是要看宪法在通过时的含义,那你就必须关注词语。如何做到这一点?我认为有四项基本原则是非常重要的:第一,词语的含义会随着时间而改变;第二,语法规则会随时间变化;第三,结构规则会随着时间的推移而改变;第四,司法审查的概念随着时间的推移而改变。对于法院,尤其是最高法院,这并不总是适用,因为法官们不是历史学家。他们倾向于认为,当阅读宪法时,现代框架或对文本的现代理解就是起草人的意思。他们并不总是会弄清如何理解宪法的原初含义。这也是我今天关注这四个原则的原因。

接下来我会论述文本主义的重要性。目前美国最高法院有九位大法官,有三位是民主党总统任命的大法官。就其核心而言,他们都支持“活宪法主义”理论。他们认为,宪法的含义随着时间的推移而改变,应该关心的是核心价值以及如何在不同的情况下适用它们。还有6位共和党总统任命的大法官,他们是法院的保守派。这6个人中有4位是文本主义者,他们看的是宪法的含义,关注文本的原始含义是什么。因此,文本主义通常被认为是一种保守派的司法哲学。但我总是强调,文本主义并不必然是保守的。对文本的解释有时会倾向于支持自由派的观点,有时则会支持保守派的观点。当我在20世纪80年代初读法学院时,与文本主义方法联系最紧密的人其实是雨果·布莱克。他是时任美国总统罗斯福任命的,是民主党、自由派、法院左翼的支柱。因此,文本主义不应该是一种与保守派捆绑在一起的司法哲学,它只是事关发现宪法原意。同时,文本主义之所以流行,是因为它是今天美国最高法院的主导解释方法。美国最高法院目前有4名保守派法官都是文本主义者，如果我们要理解美国最高法院的发展方向或其决定应该是什么，我们必须了解文本主义。

接下来我会引用美国最高法院现在或最近的文本主义者的表述，这反映了他们理解宪法的方式。当斯卡利亚法官进入法院时，他最初关注的是原始理解（original understanding），即为宪法起草的人对宪法的理解？麦迪逊起草了《美国宪法第一修正案》，麦迪逊写下这些词句是什么意思？随着时间的推移，他逐渐发生变化；在他的职业生涯结束时，他成为了一个专注于文本主义的人——专注于原初公共含义（original public meaning）。在事关《美国宪法第二修正案》的Heller案中，斯卡利亚在解释对持枪权的限制时对《美国宪法第二修正案》采取了文本主义的方法。他说："在解释文本时，我们遵循的原则是，宪法是为了让选民理解而写的，使用的是词和短语的一般含义，而不是专门技术含义。"这正如我在乔治城大学法学院的同事兰迪·巴内特教授所言："从原始意图到原始公共含义的转变，是指从立法者的原始意图或意志转变为一个理性听众在行为时，对宪法条款中使用词语的原初客观含义的理解。"所以，以《美国宪法第五修正案》为例，《美国宪法第五修正案》是麦迪逊起草的，文本主义不再关注麦迪逊是如何理解"正当程序"或"征收私有财产"，而是转向关注"这些词本身是什么含义"或"当时的一般公众会如何理解这些词"。斯卡利亚早期关注前者，后期转向后者。他的确是现代文本主义最重要的智识源泉。

美国最高法院现在最资深的文本主义者是克拉伦斯·托马斯大法官。最高法院的一些成员，如在Heller案中撰写多数意见的布雷耶大法官，关注的是进入起草委员会的宪法草案。他们认为，宪法草案已经被制宪会议通过了，所以我们应该看下制宪会议的成员的想法。但托马斯法官认为不要看制宪者想要做什么，而要看他们最后形成的文本。我和托马斯大法官一样，认为应该看的是被通过的宪法文本。这里我引用曾做过托马斯法官助理的格里高利·奈特教授（他现在是一名法官）的话。在他看来，托马斯显然是一名原旨主义者、一名认为法院应该根据宪法原初含义作出判决的法学家。

现在我们转向时任美国总统特朗普任命的三位法官。第一位是尼尔·格萨奇，他非常明确其关注的是语词的原初含义。他在C－SPAN的一次演讲时说，"法官应该遵守纸面上的文字，就像这些文字通过时所被理解的那样"，以及“在解释宪法时,我们应该看历史上的文字以及它们在批准时如何被理解”。格萨奇在巡回法院时曾在判决中说,宪法不是关于基本价值的。他在这里真正批评的是“活宪法主义”。所以在特朗普任命的三位法官中,格萨奇是一位资深的文本主义者。第二位是卡瓦诺大法官。在美国企业研究所(AEI)的一次演讲中,他提道:“在我看来,宪法是一份庄重又具体的文件,里面具体的文字有其含义。只要没有修宪,这些文字将继续约束法官、立法者和行政官员。”因此,这就是卡瓦诺大法官所关注的——文字的原意是什么。第三位是最近任命的艾米·科尼·巴雷特大法官。这实际上是她在参议院提名听证时给出的第一个回答:“在英语中,原旨主义意味着我将宪法作为法律来解释,我将其文本作为文本来解释,我理解它的含义是人们批准它时的含义。这种含义不会随着时间的推移而改变,我不应该更新它或将我自己的政策观点注入其中。”以上,就是美国最高法院的大法官们对于什么是文本主义的理解。如你所见,这不是关于法官的价值观,也不是关于美国人民的价值观,而是关于美国在通过宪法时采用的文字。在美国最高法院的 9 名成员中,以上提到的是法院的 4 名成员所采取的方法。在讲座接下来的部分,我会聚焦文本主义的规则——尽管法官和学者并不总是遵循那些规则,而这或许是因为他们并不是历史学家;他们相当频繁地查看文本,好像文本对他们来说是唾手可得的。但当他们作出判决时,事情会发生变化。文字的含义会随着时间发生变化。

■ 文本主义的四个原则

让我们从 1868 年通过的《美国宪法第十四修正案》开始。这里所保护的“正当的法律程序”是什么意思? 我稍后会谈论这个问题,但这将是最高法院正在审理的涉及堕胎权的 Dobbs v. Jackson Women's Health Organization 案(以下简称 Dobbs 案)的核心。而大约在 2021 年 12 月初,卡瓦诺大法官在庭审提问时谈到了正当程序。他说:“据我所知,你认为宪法没有规定堕胎。因此,宪法在堕胎问题上是中立的。”这就是卡瓦诺大法官对密西西比州的律师所说的,他基本上是在说“你是对的”。因为宪法没有规定,所以宪法在堕胎问题上是中立的。而在跟主张州立法违宪的首席检察官对话时,卡瓦诺说:“另一方会主张,根据文本和历史,宪法在堕胎上是中立的。”因此,在卡瓦诺看来,宪法的文本要求每个人都必须得到正当程序的保障。如果立法是以正常方式、经州立法机构多数通过，一旦经过州长签署，它就符合正当程序。正当程序中并不隐含任何实质权利。换言之，他认为正当程序并不意味着有些权利在任何情况下都不能被剥夺，它只是说，在制定法律时必须遵循某些程序。

我们再看下一条。这是 1791 年通过的《美国宪法第五修正案》，也是“正当程序”第一次在宪法中出现。值得注意的是，1791 年的“正当程序”与 1868 年《美国宪法第十四修正案》通过时的“正当程序”含义不同。我在这里引用瑞恩·威廉姆斯的一篇文章，“到 1868 年，一种可识别的实质性正当程序的形式已经被大多数考虑过这个问题的法院所接受，包括美国最高法院……以及当时 37 个州中至少有 20 个州的法院”。威廉姆斯在这里说的是，当《美国宪法第十四修正案》通过时，正当程序的含义已经不同于“是否遵循了程序”。它意味着有些权利是不能被剥夺的，无论遵循了何种程序。这就是我们所说的实质性正当程序。卡瓦诺大法官在 Dobbs 案庭审中认为正当程序只是关于程序，但威廉姆斯主张的是——我认为这是正确的——1868 年的“正当程序”不止于此。在 1868 年，“正当程序”已经意味着有些权利受到宪法保护，无论何种程序都不得被侵犯。因此，这是我谈的第一个原则：有时宪法中的词语的现时含义与它被批准时不同，而我们应该看它被批准时的含义。法院应该始终理解，含义会随着时间的推移而改变。

我想谈的第二个原则是：语法规则会随着时间的推移而改变。例如，在 1787 年起草宪法时，每次使用“美国”时，涉及的名词和动词都是复数形式。比如，贵族头衔条款：“美国不得授予贵族头衔；在美国之下担任任何职务的人，不得……”因此，这里指的美国不是国家，而是众多的州。有关司法权的条款也很相似：“司法权应扩展到所有根据本宪法、美国法律和在其授权下签订或将要签订的条约而产生的法律和衡平法案件。”在此，美国同样不是一个国家/民族（nation），而是众多的州（states）。再如，叛国罪条款：“针对美国的叛国罪只包括对他们发动战争。”在上述三种情况下，美国的表述都是指众多的州。托马斯作为最高法院资深文本主义者，在 United States Term Limits v. Thornton 案中说：“宪法权威的最终来源是每个州人民的同意，而不是整个国家无差别的人民的同意……归根结底，在宪法中，‘美国’始终是一个复数名词。”他在这里说的是，当阅读宪法时，美国是复数而不是单数，这反映了它是州的集合而不是一个国家的基本想法。实际上，很多学者都提出了完全相同的观点。但这其实忽略了语法规则会随着时间的推移而改变。在 18 世纪末，以字母 s 结尾的名词通常被指定搭配复数动词，不管名词本身是否是复数。但在 19 世纪，这一规则逐渐被取代。一本出版于 1962 年的语法书就提到这点。另一个例子是“新闻”这个词。在英语中，现在“新闻”是单数。但在《美国宪法》通过时的 1787 年，“新闻”是复数。所以，尽管 200 多年来新闻概念的含义没有任何变化，但是其语法规则发生了变化，同样的原则也适用于“美国”的情况，但托马斯法官不承认规则已经改变。所以，这就是第二个原则：词语随着时间的推移而改变其意义，而语法规则也会随着时间的推移而改变。

我想谈的第三个原则是：法律的解释规则也会改变。比如，《美国宪法第二修正案》的序言。《美国宪法第二修正案》规定：“管理良好的民兵是自由国家安全的必要条件，人民持有和携带武器的权利不应受到侵犯。”法官们对《美国宪法第二修正案》的含义存在分歧，它是在保护个人权利，还是保护一项集体权利——各州拥有民兵的权利？对这一问题的回答取决于如何解读序言——“管理良好的民兵是 ·个自由国家的安全所必需的”。如果《美国宪法第二修正案》是关于民兵的，那么该修正案意味着人民有权利成为民兵的一部分。而如果序言部分只是把“管理良好的民兵作为自由国家的必要保障”排除在外，那么《美国宪法第二修正案》就是个人拥有枪支的权利。因此，《美国宪法第二修正案》是什么意思，实际上取决于序言是否具有执行力。在 Heller 案中，斯卡利亚认为序言是闲笔：《美国宪法第二修正案》分为两部分，即序言条款和执行条款，前者在语法上并不限制后者，而是宣布了一个目的。虽然《美国宪法第二修正案》的这种结构在宪法中是独一无二的，但建国时期的其他法律文件，特别是州宪法中的个人权利条款，通常都包含一个关于目的的序言。Heller 案判决采纳了斯卡利亚的这种理解，因此产生了一种对《美国宪法第二修正案》的个人权利式理解，而不是一种团体权利，即各州有权利拥有武装的行为。

因此，1787 年时人们对条款中序言部分的理解和今天差很多。在 19 世纪 30 年代，序言被视为修辞，没有任何较强的实质性意义，但原初含义并非如此。在 18 世纪 90 年代，当第一届美国国会召开时，有一场关于序言含义的辩论。华盛顿所属的联邦党人认为，序言是对国会的权力授予需要有真正的含义，它授予联邦政府广泛的权力。在联邦党人看来，序言中包含很多目的，它授权国会去做那些没在宪法中具体列出的事情，所以宪法的起草人之一埃尔伯里奇·盖里（Elbridge Gary）提出了这个观点：“之所以要制宪，是因为我们拥有一个不完美的联盟:缺乏公共和私人的正义,内部动乱,一个无防卫的共同体,忽视公共福利,危及我们的自由,这些问题催生了我们宪法的序言。如果这些严重的问题催生了宪法,那么宪法不仅授权消除这些问题,还授权国会制定一切必要和适当的法律来行使这些权力。难道我们应该听从那些认为序言没有意义的断言,认为新宪法像旧宪法一样无力吗?"由此可见,他把序言理解为一种授权。

但有人不这么认为,如麦迪逊所在的民主共和党。在民主共和党看来,序言只是修饰性的。其中一位议员说:"如果马萨诸塞州的先生们从宪法序言中得出的原则是正确的,那宪法只有序言就够了,没有必要再写其他条款。因为仅从序言就可以推导出国会拥有一切权力。"因此,现在的规则是序言只具有有限的含义,这种理解已经有近 200 年的历史,但这并不是原初含义。在美国建国初期,联邦党人主张序言有非常强的含义,它是一个授予国会权力的条款。所以,当斯卡利亚在解读《美国宪法第二修正案》提到序言没有意义时,他是把今天的规则当成了 1791 年的规则,但事实上 1791 年的规则并非如此。这就是我们的第三个原则,即法律解释中的结构性规则随时间变化。

第四个原则来自我 20 年前写的一篇文章。我在文章中考察了马伯里诉麦迪逊案之前的所有司法审查案件。人们通常认为,美国最高法院在 1803 年的马伯里诉麦迪逊案确立了司法审查,但事实并非如此。当人们在美国建国初期适用联邦和州宪法时,他们就已经发现法院有权宣布法规无效,所以在马伯里诉麦迪逊案之前,就已经有许多司法审查案例。我发现有 31 部立法被宣布无效的案例。在另外 7 份判决中,虽然立法得到了支持,但有一名法官认为立法违宪。这种情况是比较少见的。在大多数情况下,法律要么明显违宪,要么侵犯了法院、陪审团、州立法机关或联邦政府的权力。所以,早期对司法审查的理解非常狭窄,法院主要是在保护自己、陪审团以及偶尔是联邦政府免受州的侵犯。

但等到美国宪法第十四修正案通过时,司法审查的权力已经发生了变化。威廉·纳尔逊在大约 50 年前的一篇文章里说:"到 19 世纪 50 年代,法院已经开发出一种新的理论依据,用于司法执行宪法保障。之所以需要司法审查,是要保护少数人免受多数人的任性、鲁莽或偏见的影响。"所以随着时间的推移,法院对司法审查的认识有一个转变,最初司法审查是非常狭窄的,到美国宪法第十四修正案通过的时候,人们对审查的权力有了更广泛的认识,法院的存在是为了保护少数群体,所以对语言的解读比之前要宽松。因此,当你解释原初宪法或权利法案时,你应该适用狭窄的审查定义,因为这是当时理解这些文字的方式。但是到了美国宪法第十四修正案的时候,当像“正当程序”这样的词在美国宪法第十四修正案中被采用的时候,人们对法院适用这些词的理解已经不同了。所以,这是我谈的第四个原则:司法审查随着时间的推移而改变,人们应该关注法律通过时的法律原则是什么。

文本主义的适用:Bruen 案与 Dobbs 案

总结一下,前面谈了文本主义的四个基本原则。第一,词语的含义会随着时间的推移而改变;第二,语法规则可以随着时间的推移而改变;第三,法律解释中的结构性规则可以随着时间的推移而改变;第四,司法审查的概念随着时间的推移而改变。接下来我会谈谈美国最高法院的两个案件,正确理解文本主义对判决结果至关重要。

第一个案子是 New York State Rifle & Pistol Association v. Bruen 案(以下简称 Bruen 案)。它涉及的是美国宪法第二修正案是否允许纽约州限制在公共场合携带隐蔽武器。如果美国宪法第二修正案存在“个人携带武器的权利”,那人们的确有权在公共场合携带隐蔽的武器,国家不能阻止你。但如果美国宪法第二修正案只关乎加入民兵的权利,那纽约所做的是完全合适的,因为美国宪法第二修正案不保护个人权利,它保护的是各州拥有民兵的权利。很多学者认为最高法院会推翻纽约州立法,因为他们会对美国宪法第二修正案采取一种个人权利式的解读。但正如我之前讲过的,美国宪法第二修正案通过时,序言条款是有效力的。那么根据当时对序言条款的理解,美国宪法第二修正案的文本保护的是民兵权利,是国家拥有民兵的权利,而不是个人携带武器的权利。因此,如果最高法院的法官是真正的文本主义者,应该清楚文本在 1791 年是如何被理解的,维持纽约州的立法。

第二个案子是 Dobbs 案。争议焦点是密西西比州的一项法规,该法规禁止大多数怀孕 15 周后的堕胎。从口头辩论来看,最高法院似乎将支持该法规。现在让我们回到我之前提出的卡瓦诺法官的问题。他说正当程序条款是关于程序的,不保护任何实质性的权利。只要密西西比州的立法机关遵循了程序,那立法就是合宪的。但在 1868 年,正当程序有不同的含义,它保护了某些实质性的权利——其中包括少数人的权利。

这两个案子无疑都是大案。两案中都涉及对文本的解读。首先是序言的效力。在美国成立早期,国内有一场关于序言是否具有实质性意义的辩论。如果你采取联邦党人的观点,序言就有实质性的意义,那么美国宪法第二修正案保障的就不是个人权利,纽约州的立法就应该得到支持;如果你采取民主共和党人的观点,该法就应该被推翻。由于在文本通过时,存在两种完全不同的理解,因此在这个问题上文本主义无法提供答案。你必须找到一些其他的方法来解决这个问题。我之所以是一名文本主义者,因为文本主义反映了宪法背后的民主价值。文本主义之所以关注词语,因为这些词语是人民通过的,它制约着司法权。

与此同时,我也谈到了指导文本主义的四条原则,但法院并不是总是遵守这些原则。他们并不总是意识到:词语的含义会随着时间的推移而改变,语法规则会随着时间的推移而改变,解释的规则也在变化,而司法审查的作用也在变化。不接受这四条原则,很难真正理解词语被通过时的含义。最后我想说,对于上述两个案件,美国最高法院很可能会把判决建立在文本主义的基础上。但就像我所讲的,宪法通过时曾有过辩论:关于文字的含义、序言是否有效、何为正当程序。在这些问题上,文本主义其实给不出确定答案,所以大法官在判决 Bruen 案和 Dobbs 案时,必须考虑其他进路。

评议交流环节

沈伟伟｜中国政法大学法学院副教授

Treanor 教授对于文本主义的分析十分精彩。我听完之后触动特别大的是,对宪法的研究者而言,深入理解文本主义的内涵很有意义。我有两个问题向 Treanor 教授请教。第一个问题是,文本主义在当下的兴起和 20 世纪 80 年代的保守主义复兴之间存在怎样的关联。第二个问题可能有一点点离题。因为在几年前,当我在宾夕法尼亚大学法学院学习时,参加过一个印象深刻的讲座。当时我在进行宪法和数据法的交叉研究,而那场讲座的主题恰好是数据驱动的原旨主义。Treanor 教授肯定读过托马斯·李(Thomas Lee)教授的这篇文章,谈到对美国建国时期的英语语料库进行数据分析,可以用来更准确地分析当时人们对土地、税收的具体理解。而托马斯·李(Thomas Lee)教授之所以把这个问题提出来,很重要的原因是文本主义者倾向于只求助于某些特定的、正式的来源,如政策文件或州宪法的记录,而这可能并不完全反映当时人们如何在非正式的日常交流中理解宪法的术语和条文。所以我的问题是,即使文本主义理论真的成立,我们如何才能接近对美国建国时代日常用语的理解,特别是土地、税收等?因为相比正当程序等法律术语,不同时代的人对这些日常用语的理解可能分歧更大。

戴昕｜北京大学法学院长聘副教授

我有四个问题想要请教 Treanor 教授。第一,我理解您对文本主义的基本看法是,文本主义不能给我们所有的答案,但文本仍然是回答宪法问题的一个很好的起点——甚至,文本主义不只是一个起点,而确确实实提供了一种有指导性的方法,是可用的,并且应当在求助其他解释方案之前先用到极致。这个观点乍听起来不大会有人反对。但细想之下,文本主义的极限到底在哪儿?同一个文本,总是有些人能从其中看到许多,有些人却觉得一眼看去就含混不清,不值得浪费太多时间继续端详。不仅如此,您似乎接受了文本主义方法的一个假定,即文本本身至少在一定意义上具有中立性,因此应当作为宪法论证的起点。一方面,这听上去像是“中立原则”理论,不知道是否如此?另一方面,我们都知道,宪法文本并不是中立的,无论是在 1787 年还是在美国“内战”之后。这种并不中立的文本,21 世纪的美国在什么程度上需要坚持将其作为解决宪法问题的根本指针?

第二,您提到文本主义与原旨主义的区别,表示文本主义体现的是制宪当时通过宪法的主体——“人民”对法案的理解。这里的“人民”究竟是谁?是当时政治和法律精英们吗?如果是的话,那么这跟制宪者的原意能有多大差别?毕竟制宪者同样是当时的政法精英;而如果不是的话,那么公众对词语的理解真的优于字典释义吗?

第三,您所提及的有关司法审查的理念在历史上出现的变迁,是否意味着我们现如今在解释美国宪法不同部分时,要参照该部分制定时所对应的理念?比如,解释修正案时,解释方法应当与之前的条款不同吗?但这样做,是否会导致宪法解释缺乏整体上的融贯性?

第四,您怎样看待普通法宪法解释方法?您对向宪法解释和裁判中引入普通法方法的理论主张有何看法？毕竟，很多人不认同文本主义，不仅因为他们认为文本本身非常有限，而且还因为长时间的司法实践和美国司法的普通法传统。

阎天｜北京大学法学院长聘副教授

如果我们真的想认真对待宪法文本，我们必须承认文本的意义随着时间的推移而变化。我想说的是，您的讲座与当前中国的宪法学研究高度相关。这些年，中国学者正在努力理解我们自己的宪法的含义，现行《中华人民共和国宪法》是在1982年颁布的。实际上，中国学者们一致认为，我们应该非常认真地对待文本，我们应该努力理解每一个字或每一个语法现象，否则，它就不能被理解为法律，但我认为中国学者并没有非常认真地考虑到文本含义的变化。正如你所说的，语法规则和文字的含义都会随着时间的推移而改变，美国的宪法有200多年的历史，可能发生这样大的变化。但中国宪法有可能发生这样大的变化吗？我最近做了一项研究，发现即使在短短一代人的时间里，这种变化真的发生了。

William M. Treanor

我的大部分工作都在挑战保守主义法理学与文本主义的关系，我试图论证的是保守派法官并没有重新捕捉到宪法的原初含义。我早期研究是关于征用条款的，“征用”是指某种物理上的取得。在100多年的时间里，美国最高法院认为该条款涵盖了任何减少财产价值的政府规制。但在1791年，“征用”指的就是物理上的取得。因此，当代法院的文本主义者们其实误解了原初含义。契约条款规定各州不得损害契约义务，它只说了“契约”，而不是“私人契约”。判例法通常会把公共契约也算进去。原旨主义者会举出弗吉尼亚州批准宪法时的记录称，当时对契约的理解不包括公共契约；但文本主义者会说，词语就是它本来的意思，这里的契约就是指所有契约。我认为这是对的。我想说的是，原旨主义者试图重新捕捉宪法的原初含义，他们有时候对有时候错。但在持枪和堕胎问题上，法院不应该过于依赖文本主义，因为文本主义给不了答案。我认为托马斯·李的研究很有意思。他的论点是，不应该把自己限制在字典里，因为字典是非常狭窄的，而且只有少数几种用法，应该更广泛地看当时的报纸和小册子中某个词的用法。

关于对司法审查认识的不同是否会对文本主义解释产生影响，文本都是在特定语境下产生的。如果你是一个文本主义者，你会试图恢复美国宪法第十四修正案通过时人们的理解，而美国宪法第十四修正案之外的内容并不会被重新审查。前10条修正案在1791年通过时只针对联邦政府，而美国宪法第十四修正案在1868年通过时只针对州。因此，解读美国宪法第十四修正案不应遮蔽前10条修正案，但它可以被解读为适用于国会和州的不同具体问题，也就是对州权力的限制。法院的工作就是把语言和它们所针对的具体问题联系起来。因此，不断变化的司法审查概念并不适用于解读整部宪法，而是适用于某一部分宪法被通过时具体的语言。普通法宪法解释方法是另一学派，它看重的是时间中的演进。从民主决策的视角看，普通法宪法解释方法的确对法院有所限制，但这假设的前提是司法决策都是正当的。但如果这个前提并不成立，那普通法宪法解释方法对法院的限制也不成立。因此，文本主义相较普通法宪法解释方法的优点是，它反映了多数人的决策，而不是法官的价值观。

变化的确可以相对快速地发生。美国宪法第五修正案是1789年提出的，但美国宪法第十四修正案是1868年通过的。这中间的间隔近80年。在19世纪30年代，“正当程序”的含义开始变化。所以在40年左右的时间里，“正当程序”从纯粹程序变为“里面包含实体性权利”。同样，“财产”的概念也在过去40年的时间里发生了很大变化，如“知识产权”的概念开始出现了。

［本讲座中文内容以William M. Treanor教授所作的“北大法学院全球教席云课堂”讲座“司法审查和文本主义的原初理解”（2021年12月16日）为基础进行整理。北京大学法学院2018级本科生仇尚卿、外国语学院2020级本科生郑惠文参与翻译整理，北京大学法学院助理教授左亦鲁审定。］

美国证券法的
基本原理与前沿问题

Charles K. Whitehead

主讲人简介

Charles K. Whitehead 是美国康奈尔大学 Myron C. Taylor 商法学讲席教授，康奈尔科技园区法律、技术和创业项目主任，法兰克福歌德大学金融研究中心研究员，乌克兰雅罗斯拉夫—莫里里国立法学院的名誉博士和首位名誉教授。Whitehead 教授专门研究与公司、金融市场、金融管理和商业交易等领域相关的法律。他在康奈尔大学和哥伦比亚大学先后获得文学学士学位和法学博士学位，曾任美国联邦第二巡回上诉法院 Ellsworth A. Van Graafeiland 法官的助理。他还曾在纽约、伦敦和东京担任过多家跨国金融机构的高阶法务和管理职位。

主题演讲内容精编

美国证券法的基本框架与证券的界定：投资合同与 Howey 测试

美国联邦证券监管法律主要包括 1933 年《美国证券法》、1934 年《美国证券交易法》、1935 年《美国公用事业控股公司法》、1939 年《美国信托契约法》、1940 年《美国投资公司法》、1940 年《美国投资顾问法》等。1933 年《美国证券法》是核心，也是本次讲座的主要讨论对象。1933 年《美国证券法》的基本框架包括三个方面，分别是证券的定义、注册制度的设计以及对投资风险的监管路径。1933 年《美国证券法》自颁布起已经过去 90 年。诚然，美国证券交易委员会（SEC）拥有广泛的自由裁量权修订证券法规以反映市场变化。但是，如果在当下重新设计美国证券市场的监管框架，可能发现 1933 年《美国证券法》所基于的基本模式和方法已经难以适应当下市场的发展。1933 年《美国证券法》可能过时的风险在前述三个方面都有所体现。

1933 年《美国证券法》的核心内容之一是对证券的定义。某种资产是否构成证券这个门槛问题决定了是否应该适用《美国证券法》，SEC 是否享有管辖权，是否可以排除其他部门的监管。在《美国证券法》下，一个特定的工具是否构成证券并不总是很明确。1933 年《美国证券法》既列出了股票、期权等常见的证券类型，也列出了一些一般条款，最著名的是“投资合同”（investment contract）这个类型。美国最高法院在 1946 年的 SEC v. W. J. Howey Co. 案（以下简称 Howey 案）确立了日后美国法院和 SEC 认定是否构成投资合同的基本框架——Howey 测试。根据 Howey 测试，构成证券的“投资合同”应当满足四个要素：（1）投资者提供资金（investment of money）；（2）投资于共同事业（into a common enterprise）；（3）投资者期望从投资中获利（with the expectation of profit）；（4）投资回报主要依赖他人努力（be dependent on the efforts of others）。

Howey 测试是一个基于事实判断的分析框架，存在不确定性和模糊性。模糊性可以使该定义包含的范围广，易于适应市场变化，减少发行人利用定义的模糊性规避证券监管的可能。但是，模糊性也可能增加了不确定性，可能弱化市场开发新产品的动力，减慢新技术、新产品在美国的推出。因此，值得反思的问题是，在市场和新工具以及新的投资机会迅速变化的今天，这种分析框架是否仍有意义。我们是否应该把对比特币和以太币等加密资产的分析建立在 Howey 案这个最初与橘子相关的案例之上？我们是否应该重新思考证券的定义，或者至少在加密资产领域以不同的方式处理证券的定义。现在美国正围绕这个问题展开广泛的讨论。

数字资产对证券定义的挑战

数字资产的繁荣带来的监管问题引发了人们对证券界定方式的反思。美国没有制定特别的监管框架回应数字资产。因此，围绕着数字资产是否满足 Howey 测试并受到联邦证券法的规范，人们进行了激烈争论。2018 年 6 月，时任 SEC 公司融资部总监的 William Hinman 发表公开演讲，分析了比特币、以太币等数字资产是否满足 Howcy 测试进而构成证券。尽管 Hinman 先生强调该发言是个人观点，不代表 SEC，但实际上被市场作为 SEC 的立场来对待，由此引发了关于数字资产是否构成证券的争议乃至诉讼。

Hinman 先生提及了两个观点：一是比特币和以太币所处的运作架构中，没有相关第三方对事业的成功具有关键作用，呈现去中心化的特点，不具备 Howey 测试中的“主要依赖他人努力”要件，因而不构成证券；二是当其所处运作架构发生变化时，原本满足 Howey 测试的一项数字资产可能不再符合 Howey 测试，其定性从证券转变为非证券。

这两个观点均值得商榷。关于第一点，Hinman 先生没有区分技术构造上的去中心化和经济实质上的去中心化。美国国家经济研究局（National Bureau of Economic Research）于 2021 年 10 月发布的一篇工作论文显示，2021 年 1 月时点，最富有的前一万个比特币账户持有约 1/4 的比特币供给，而这一万个账户仅占全球总数的 0.01%。由此可见，比特币的持有结构呈现高度集中的特征。

关于第二点，Hinman 先生的关注重点只是在发行人的发行和持续披露方面。但是，联邦证券法还规定了大量有关二级市场交易的规则，包括持有一类权益类证券达到 5% 以后的大额持有信息披露义务，禁止抢跑交易（no front running）等针对经纪商和交易场所的行为规范，以及反欺诈规则等。这些规则对于保护数字资产的投资者仍然具有重要价值。

由此引发的问题是，是否应该修改投资合同的认定方式，或者可以考虑提出一个专门适用于加密资产的证券定义。SEC 曾为特定类型的工具制定规则以决定它们是否是证券。例如,衍生品掉期有自己的一套特殊规则。在掉期的情况下,这些规则在很大程度上取决于特定的掉期是如何使用的,是投机还是用来管理风险。在决定特定的加密货币资产是否应该纳入联邦证券法的监管时,可以采取类似路径。

反思注册义务的触发标准:基于交易 vs 基于发行人

注册程序是证券进入公开市场的关键环节。1933 年《美国证券法》设计了由交易触发(transaction – based)的注册制度。1933 年《美国证券法》大约 80% 的内容可以归结为一句话,即"在美国,每一笔证券销售都必须注册或取得豁免"(Every sale of a security in the United States must be registered or exempt)。该法颁布一年后通过的 1934 年《美国证券交易法》设计了另一类注册制度。1934 年《美国证券交易法》下的注册义务不是基于交易触发,而是取决于发行人是否具备相关的市场因素。如果你的证券在全国性的交易所交易,你就必须根据 1934 年《美国证券交易法》注册。即使你不在全国性的交易所交易,当你的总资产超过 1000 万美元,如果在册股东超过 2000 名,或有 500 名未获许投资者时,须根据 1934 年《美国证券交易法》进行注册。

1933 年《美国证券法》基于交易触发的注册制度存在明显弊端。由于交易标准过于宽泛,为了应对每天可能发生的成百上千的销售,需要不断增加豁免类型以平衡投资者保护和发行人利益。如果不能取得豁免,发行人需要很长时间编制注册文件,SEC 也需要时间来审查注册文件。发行人可能因注册程序而失去最佳的市场窗口。为了修补基于交易的注册制度带来的不便,美国证券监管发展出了储架注册(shelf registration)制度。发行人在没有具体的发行计划时,可以预先注册证券,把根据 1934 年《美国证券交易法》编制的年度报告(Form 10 – K)、季度报告(Form 10 – Q)或临时报告(Form 8 – K)等持续披露信息纳入注册声明(registration statement),避免重复披露和节省时间。在未来的某个时点,如果有好的销售机会,发行人可以只更新额外信息,从而迅速完成注册。

SEC 前官员 Milton Cohen 曾在 1960 年《哈佛法律评论》上撰文反思了 1933 年《美国证券法》基于交易的注册制度的合理性。Cohen 先生提出了一个重要命题:如果 1934 年《美国证券交易法》先于 1933 年《美国证券法》颁布,可能会改变注册程序的制度设计,进而改变公司进入公开市场的方式。换言之,如果投资者能够容易获得 1934 年《美国证券交易法》下的信息,那么 1933 年《美国证券法》下以交易驱动的注册程序以及发行披露的价值将会弱化。Cohen 先生的观点为储架注册的合理性提供了依据。不过,Cohen 先生的思考远远超越了储架注册制度本身。Cohen 先生的意图是摆脱 1933 年的路径,不再考虑与交易有关的注册,而专注于基于公司的注册制度,依靠该公司的持续报告,而不是将注册或披露与特定的交易挂钩。

投资风险的传统监管路径

1933 年《美国证券法》从根本上说是一部披露法,其理念是,有关发行人和证券的信息披露越准确,证券持有人和整个市场就越能管理该特定证券的风险。1933 年《美国证券法》关注的风险是特定公司或特定证券的个别风险。关于这一点,1933 年《美国证券法》的实际效果可以佐证。当时有观点认为,颁布 1933 年《美国证券法》推动企业强制披露相关信息,股票价格会随之发生重大变化。然而,该法通过后,证券的市场价格没有明显波动。一种解释是,投资者们知道他们需要什么信息以便了解被投资证券的风险和价值,市场机制已经促使企业做出了适当的披露,引入联邦监管没有改变市场所需的信息。此外,强制信息披露的内容可能过于严厉,增加了企业的融资成本,而没有创造新的价值。这种观点忽视了 1933 年《美国证券法》对投资者管理投资风险的价值。单只股票的市场调整回报(market – adjusted return)构成正态分布。诚然,1933 年《美国证券法》引入的信息披露没有改变单只股票的投资回报均值,因此法案出台后没有展现出股票价格的巨大变化。但是,通过强化信息披露,说明积极事件的风险和消极事件的风险,投资者对证券的潜在上涨空间和下跌空间有了更好的了解。这些信息披露帮助投资者更有能力管理一只股票可能面临的极端风险,降低低概率极端风险事件的发生,单只股票市场调整回报的分布更加集中。

金融理论的发展以及投资策略的创新影响了投资者对风险的认识,进而对 1933 年《美国证券法》下风险监管路径提出了挑战。首先对 1933 年《美国证券法》的风险监管路径提出挑战的是 20 世纪 50 年代在欧美发展起来的投资组合理论。股票组合通常包含20只到30只不相关的股票,上涨和下跌会相互抵消,可以更好地管理来自单只股票的个性化风险。持有投资组合时,投资者更容易管理单只股票的个别风险。

1933年《美国证券法》是在人们仅从个别股票本身来考虑风险的情况下起草的。1933年《美国证券法》促使企业提供信息披露,以便投资者更好地管理特定股票的极端风险。在分散投资的策略普及前,这种类型的披露是有价值的。分散投资策略普及后,投资组合内个股之间的相关性以及系统性风险信息的重要性提升,而1933年《美国证券法》专注于个股的风险,难以满足投资者新的信息需求。

采用分散投资管理个人风险的策略仍然会关注被低估或被高估的股票,卖掉被高估的,买入被低估的。与1933年《美国证券法》监管风险的路径相类似,单一股票的风险和价值仍然具有重要意义。我把这称为一种“自下而上”的方法。

“自上而下”的风险管理策略带来的挑战

在过去30年里,银行、共同基金等大型机构投资者开始采用“自上而下”的方式管理风险和投资策略。“自上而下”的方法反映了一种不同的资产配置思路。投资者会先设定风险上限,在此基础上找出投资回报最大化的资产配置策略。回报利润相对于投资组合维度风险的比率构成夏普比率(Sharpe Ratio),可以衡量交易商的业绩。“自上而下”的策略是在投资组合层面上管理风险,投资者真正感兴趣的是一只股票对投资组合的总风险的影响是什么,不再关注每只股票。

投资者持有一家公司的股票,实际上也是公司将风险转移给投资者的过程。投资者采用“自上而下”的方式管理投资风险的,可以通过分散投资来管理,也可以通过风险的转移来管理。问题是使用哪种架构设计来转移证券上的风险,而不实际转移证券本身。例如,公司A向对冲基金B非公开发行股票。这些股票因取得豁免而未经注册,对冲基金B必须持有该股票一段时间后才能在证券交易所转卖该股票。

现在,对冲基金B采用“自上而下”的方式管理投资组合,对冲基金B愿意持有这些股票的权益,但是希望在限售期结束前将所持有的公司A的股票的风险转移出去,从而降低投资组合整体的风险。如果对冲基金 B 直接将这些股票在公开市场出售,则违反了注册和限售的要求。其通过设计交易架构,可以在不违反注册要求的情况下转移风险。具体而言,对冲基金 B 从托管银行 C 借出与限售股相同数量的非限售 A 股,并在交易所出售。此后,将注册后的限售股还给托管银行 C。

问题是,在联邦证券法下应该如何对待上述分离权益并转移风险的交易架构。如果关注点在风险的转移,那么,前述交易架构规避了披露注册声明等要求,将与公司 A 的限售股有关的风险转移到市场上。如果关注点在于权益,那么前述架构可以视作两个独立的交易。只有非限售股在市场上出售,不用担心限售股进入市场的风险。SEC 针对前述交易架构曾提起过诉讼。1933 年《美国证券法》侧重的是证券本身,而不是与这些证券分开的风险,因此,几乎每个法院都倾向于认定为两个独立的交易而不是单一的风险转移。但是,投资者是从经济实质的角度关注风险,思考投资策略。这就提出了一个问题。考虑到今天人们交易证券的方式,考虑到投资者思考风险的方式已经发生转变,我们是否应该构想与风险挂钩的新监管框架。

个人投资者基本上仍在继续以旧的方式管理风险,包括分散投资、寻找被低估或被高估的股票。但是,机构投资者更关注风险与回报的关系,如夏普比率。机构投资者关注被投资企业之间的相关性,这些信息有助于更好地管理投资组合层面的风险。就目前而言,SEC 通过监管规则开始增加交叉比较的信息数量,如有关于环境、社会责任和公司治理(Environment, Social and Governance, ESG)披露的新规定。此外,SEC 也越来越多推广使用可扩展商业报告语言(XBRL)标记财务报表。XBRL 标记便于机构投资者横向比较个股之间的相关性。

Milton Cohen 曾预言,技术的变化如何推动信息披露的变化。也许我们需要从根本上重新思考证券法。1933 年《美国证券法》在颁布时是一个很好的系统。但是,放在当下来看,它并没有真正反映人们在当代资本市场上管理风险和交易的方式。如果今天重写证券法,我们不再关注如何将 Howey 测试适用于所有资产。我们将关注在加密资产的情况下,以不同的方式解释什么是证券。相较于 1933 年《美国证券法》当初颁布时基于交易设计的注册制度,当前需要一个基于公司注册和持续报告的披露系统,而不需要担心任何特定的交易会引发披露。因证券受限或不受限而引发的披露问题也将不复存在。这种风险管理方式的转变意味着需要更多地关注相关的、比较性的信息，以使投资者能够更好地评估他们在投资时所拥有的投资组合关系。这就是我重写证券法的蓝图。

评议交流环节

郭雳｜北京大学法学院教授

当我们研究美国证券法时，经常遇到两个术语，一个是 registration（注册），另一个是 filing（正式递交）。在某些情况下，这两个词似乎可以互换使用。当我们谈论 registration 时，它更像是一份声明、文件。当我们谈论 filing 时，它的重点有什么不同？此外，也为你提供一点目前情况与大约 10 年前你来北京时有所不同的信息。最大的区别是现在监管系统已经从核准制转变为注册制。与美国的注册体制侧重交易不同，中国的注册制度相当注重发行人，发行人的控制人也受到了很大的关注，这与你所倡导的完全一致。中国的证券监管仍在变化，仍有待完善之处，期待日后可以继续我们的讨论。

Charles K. Whitehead

registration 和 filing 的关系是一个具有技术性的问题，也是一个非常好的期末考试题。此外，还可以联系 submission（提交）一起来比较。filing 和 submission 都是向 SEC 提交文件，但存在正式与非正式的差异。与之相比，submission 是一种非正式的递交。例如，希望进入美国证券市场的外国发行人可以向美国 SEC 递交注册声明的草案，供其审查。基于反馈意见，外国发行人决定是否放弃发行计划。如果该公司决定继续前进，它将在注册声明的草案中处理这些反馈意见，然后正式递交（filing）注册声明。

registration 是一个单独的过程。递交注册声明的目的是让注册声明生效。因此，当我们谈论注册证券时，更准确的说法是注册声明生效。这意味着你已经向美国 SEC 正式递交了注册声明，由此开始 SEC 工作人员的审查过程。SEC 工作人员审查该文件，他们提供意见。最终，注册声明反映了这些意见。SEC 会宣布注册声明生效。当他们宣布有效时，这就是证券现在被注册了，在这一时点上发行人可以公开出售它们。你有时还会听到“qualification”（认证）

一词。认证是在A条例豁免规则下。A条例是一种简化的注册制度，不是完全的豁免。这意味着，你可以交易某些类型的A条例证券。

李胡兴｜时任北京大学法学院博士后研究人员[1]

关于对风险的看法，我们现在知道有一种趋势，即从关注单只股票到股票的组合。那么，如何将这种趋势反映到披露的设计中呢？John Coffee教授在2021年发表的论文中提及，ESG事项的重要性凸显，反映了上市公司的股东结构正在向机构化转变。机构投资者，特别是指数基金，会进行组合投资，而不是对个别股票的投资。因此，他们关注更普遍的问题和更普遍的风险。在设计披露文件时，如何平衡个人投资者和机构投资者之间的需求？在中国，个人投资者仍是市场的主要参与者，很难忽视来自散户投资者的信息需求。

关于注册豁免制度的设计。在2000年之前，美国证券监管框架内公开发行和非公开发行的界限是相当明确的。但至少从2002年之后，随着豁免条款扩大，这种界限和基本框架开始模糊。这种变化是否有投资者保护方面的担忧？

Charles K. Whitehead

Coffee教授和我合著证券法教材，也是我学生时代的教授，所以我永远不可能不同意他的观点——当然，这是玩笑。他在那篇论文中描述的内容与我描述的内容相似，但我采取的方法与他在那篇论文中描述的内容不相同。你提到的那篇论文，是他谈到的更加注重公司之间的比较，特别是在ESG事项上，所以在你看这些类型的问题时，你必须在比较的基础上理解它们，否则这是很困难的。因为这涉及很多主观因素，能够在公司与公司之间进行比较。关键的一点是关注ESG，它实际上是有价值的。有许多研究表明，在环境问题、治理或社会问题上更强的公司，股票价格会提高，公司的价值会上升。因此，ESG是一件重要的事情，不仅是因为它是一件好事情，是一个社会问题，而是因为涉及价值。因此，Coffee教授所强调的是，大型机构对比较信息更感兴趣，而不是个人投资者。在关注风险的程度上，我们是一致的。他用ESG作为一个例子，但我认为这适用于任何跨公司的比较。在这种情况下，你会看投资

[1] 现任中南财经政法大学罗马—大法与经济学院讲师。

组合中的特定公司 A、B、C 和 D,你会想了解他们是如何相对于彼此在运作。这不仅是 ESG 事项的比较,我还想知道他们在一般生产方面是如何做的,因为这有助于平衡我的投资组合的总风险。

Coffee 教授的论文也忽略了一些问题,即对风险本身的更大关注。如果回到三四十年前,一个公司的风险是与你购买的股票联系在一起的。因此,购买股票会获得经济回报,也会承担风险,即公司表现更好或更差的风险。如今,因为我使用投资组合来管理我的风险,所以风险与单个股票是分开的。换句话说,我不太关心股票是 IBM 还是苹果或其他什么。我更关心的是与其他股票相比,该股票的相对风险性。因此,1933 年《美国证券法》下风险和股票是一体的想法在今天已经松动了。这意味着现在我可以开始购买和出售风险,而不是购买和出售证券。这个市场存在的其中一个原因是,机构投资者不太关注股票或公司,而更关注与该股票或公司相关的风险。这又是一个与 50 年前不同的情况。因此,Coffee 教授所描述的和我所描述的是相似的,我更关注风险和工具之间的分拆。我认为这是更加关注个股之间的交叉比较而不是单个股票的背景。

你的第二个问题与豁免有关,我认为你是正确的。豁免的数量已经上升了,主要有两个原因。第一个原因与 2008 年的金融危机有关,人们认为有太多的监管,所以小公司更难进入公开市场。因此,时任美国总统奥巴马制定了就业法案,其中包括一些豁免。第二个原因是特朗普政府。特朗普政府认为,法规总体上过于严厉。因此在特朗普政府期间,有一系列的豁免被通过,现在确实倾向于模糊公开和非公开之间的界限。你们可能知道,美国的公共市场在新 IPO 方面没有像 10 多年前那样繁荣。这有很多原因。其中一个原因是,公开发行伴随的披露等要求对公司来说可能太昂贵了,而发行人有其他流动市场可以选择。这些市场上的诉讼要少得多,而且可以用较低的成本来做。由于发行人不太需要进入公开市场,在非公开市场获得同样的利益,你已经看到美国的新股发行量下降。这并不意味着个人没有机会进入这些非公开市场。在非公开市场中投资者往往是大型机构,是养老金计划、保险公司和银行。他们在管理我的钱。即使我可能不是一个直接的投资者,但我确实得到了经济利益。我认为这不是一个投资者保护的问题,而是投资者准入的问题。这确实意味着现在我个人要进入 IPO 市场变得更加困难,因为这个市场缩小了,它现在更像是一个非公开市场,且这个市场更多的是机构投资者。但我仍然能够通过其他方式获得经济风险,比如我的养老金、共同基金或其他投资机会。它确实提出了这样一个问题,即我们是否正在远离这个广泛的零售市场,历史上,美国一直以这个市场而闻名,而现在则更多地集中在一个由大型机构持有的机构市场。

[本讲座中文内容以 Charles K. Whitehead 教授所作的两场“北大法学院全球教席云课堂”讲座:“美国证券法入门”(2022 年 4 月 25 日和 27 日)为基础进行整理。北京大学法学院 2021 级博士研究生尚博文、外国语学院 2020 级本科生郑惠文参与翻译整理,时任北京大学法学院博士后研究人员李胡兴审定。]

国际税收领域的新发展

Henk Vording

主讲人简介

Henk Vording 是荷兰莱顿大学法学院税法教授、欧洲税法教授协会学术委员会委员、荷兰税务研究协会董事会成员。他曾任荷兰税务改革委员会委员、莱顿大学法学院副院长和美国加州大学哈斯汀法学院访问教授。Vording 教授的研究领域包括国际税法政策、欧洲税法政策、税法及其制度的历史发展、税收和再分配的哲学基础。他新近的学术成果包括《荷兰何以成为跨国企业的避税地》《2020 年荷兰税收政策说明》等。

主题演讲内容精编

税基侵蚀与利润转移行动计划

在过去几年,国际税收领域有一些令人兴奋的新发展,二十国集团(G20)和经济合作与发展组织(以下简称经合组织)(OECD)为解决国际避税问题做了大量工作。这些工作的背景是跨国公司从事的国际避税对国家造成了巨大的损失,即跨国企业应当但实际上并未缴纳公平数额的税款。然而,对于何为"公平"(fairness)或"公平份额"(fair share),我们目前很难进行准确界定。从表面看来,跨国公司的行为均合法,却几乎不纳税,这让人感到不对劲。在经合组织采取行动大规模打击避税措施之前,各国就已经采取了打击避税的措施,但以下三个主要原因导致国内法和税收协定在这个问题上显得无力:第一,各国的税收激励措施所导致的税收竞争;第二,各国努力保护自己的税基留在本国境内,而且它产生的利润不能通过人为的避税策略汇到境外;第三,对国际利润征税本来难度就很高。当前越来越多的经济活动都是跨国活动,虽然我们知道跨国公司的利润总是在地球上某个地方发生,但我们不知道跨国企业的利润如何在世界范围内被分配给企业活动所在的不同国家。由于没有世界性税收主管机关,各税收管辖区只能针对发生在其境内的跨国企业活动采取行动。值得注意的是,全球税收筹划的问题至少有一半是由少数国家的少数公司所导致的。美国的大型公司通常也是从事大型税务筹划的公司,比如谷歌、亚马逊、脸书等,他们所利用的主要渠道是荷兰、卢森堡、爱尔兰,而利润流向的最终目的地通常是百慕大或巴哈马。

经合组织试图加以应对的国际税收筹划途径主要有六种。第一种是混合错配。一个最简单的例子,是一个实体向其关联实体提供一笔资金,这笔资金在一个国家被定性为股权资本,从而对股息免税,但在另一个国家被定性为贷款,从而利息可作为支付人的成本扣除。第二种是转让定价。在对两个关联企业的交易进行转让定价调整时,两个企业所在国可能都很难找到独立交易价格或可比市场价格。当两国都计算了过多或过少的利润时,就可能损害纳税人的利益。第三种是避税地和高税收国家的优惠制度。第四种是可扣除的支付,这可以改变企业集团内部的利润分配,也可以利用混合错配达到双重不征税的目的。第五种是规避来源地征税的联结点。当一些行为发生在某个国家并产生利润时,这个国家却可能并没有可据以征税的联结点。第六种是预提税税收筹划,即利用税收协定来减少应缴纳的国内预提税。这些都是税收筹划的主要要素,每个税收筹划计划都利用了上述一个或多个途径来避税。

2013 年启动的税基侵蚀与利润转移(BEPS)行动计划共 15 个议题。每个议题都解决了上述税收筹划途径所利用的一个或多个法律漏洞。BEPS 行动计划的成果中,最强有力的被称为“最低标准”,其他强制力较低的被称为“共同方法”和“最佳实践”。举例来讲,BEPS 包含的议题 2 是针对混合错配安排的。如果一个管辖区对一笔支付的定性导致双重不征税的后果,那么另一个管辖区就可适用自己的税收规则进行征税。这是一种非常聪明的方法。议题 3 是受控外国公司规则,它的建议并非最低标准。假设某公司在一个避税地拥有一家子公司,如果该外国子公司存在 BEPS 问题,该公司所在辖区就能对子公司可归属为母公司的所得征税。议题 4 旨在限制公司支付款项的扣除,这是一项只针对利息而不适用于特许权使用费的共同方法。不过,特许权使用费的 BEPS 问题甚至更严重,因为知识产权的公平市场价格更加不容易确定。议题 5 是要更有效地打击有害的税收竞争实践,特别要求一个辖区给予知识产权税收优惠时应要求知识产权的研发与该管辖有充分的关联。议题 6 则是通过限制利益条款和主要目的测试条款,防止空壳公司滥用税收协定。

BEPS 行动计划为打击避税提供了一些工具。比如,仅仅基于税收方面的考虑,跨国公司将其商标放在某个管辖区,这不再构成由该管辖区征税的依据。如果 X 荷兰公司是“X fashion”商标的所有者,那么 X 荷兰公司必须能够证明它为该商标的发展付出了努力。如果 X 荷兰公司将商标放在百慕大且没有经济实质,就不能主张由居所在百慕大的公司享有这个商标所带来的收入。BEPS 行动计划在几年之内就产生了显著的成果,这是非常可观的。在 2015 年 BEPS 行动计划的报告出台后,经合组织继续推动国际税收规则的改革,并提出了双支柱方案。[1]

支柱一方案

支柱一是经合组织提出的对数字经济征税的具体建议。数字经济给国际税收带来的问题可以从两个角度分析:一是物理存在(physical presence),二是特许权使用费。假设从前你在某个大公司的当地实体店购买书籍,现在你可以通过网站订书,该网站与当地实体店的商业功能一致。不过,常设机构是一个辖区对非居民征税的必要条件,而网站无法构成常设机构。根据经合组织税收协定范本,如果一个公司在某个境外辖区的机构只承担辅助功能,该机构就不会被该境外辖区认定为该公司在当地的常设机构,该境外辖区也无法对该公司的营业利润主张来源国管辖权。显然,为了维护来源国的征税权,需要扩展税收协定下常设机构的概念范围。此外,谷歌、苹果、脸书、亚马逊等公司的任何境外物理存在所取得的应税利润,都可能被可扣除的特许权使用费侵蚀。这些大型互联网公司通常是由无形资产驱动的(IP - driven)。无形资产是指专利、商标和算法等资产。以脸书为例,如果所有人都决定不再使用脸书,它就变得毫无价值。所以,脸书除了无形资产以外,几乎没有什么有价值的资产。所以当公司价值的很大一部分由商标或算法构成时,公司的大部分内部资金流动就是特许权使用费的支出和收入,这使其很容易开展税收筹划,因为商标或算法的所有者可以轻易将它们所处的位置更改为避税地。通常用于反避税的独立交易原则(Arm's Length Principle)在知识产权方面无法很好地发挥作用,因为谷歌商标使用权的公平市场价格难以确定——没有任何事物能与谷歌相比较。

还有一个问题从概念角度来讲很有趣:用户在电子商务中的角色有所改变,特别是在网络中。世界上的许多用户喜欢脸书的商标和网络,可以说脸书

[1] 2019 年 1 月,经合组织在其《应对经济数字化的税收挑战——政策说明》(*Addressing the Tax Challenges of the Digitalisation of the Economy - Policy Note*)中首次提出了应对数字经济税收挑战的双支柱方案设想,并在 2020 年 10 月发布了《支柱一蓝图》(*Tax Challenges Arising from Digitalisation - Report on Pillar One Blueprint*)和《支柱二蓝图》(*Tax Challenges Arising from Digitalisation - Report on Pillar Two Blueprint*)。本书有关双支柱的内容系根据 Vording 教授基于双支柱蓝图的讲座整理。在此之后,双支柱的方案还在进一步地发展和细化。读者可在经合组织的官网(www. oecd. org)上了解最新的进展。——编者注

的价值是由它的用户创造的。据估计,每当有人成为脸书的用户时,脸书的股票价值就增加 100 美元。这种价值的增长不是发生在用户所在的欧洲,而是在美国,甚至可能是百慕大。从前人们没有预料到网络效应引起的垄断。如果一个网络把人们连接起来,让他们得以分享照片、交朋友,那么任何人都会喜欢那个最大的网络——在大的网络中,你可以和更多人交流。所以,对于依赖网络通信的事物,最大的网络总是会取胜。目前,美国企业正在大量收集用户的数据和消费者信息,这都是有价值的。其他国家想对这些价值征税,但却不能这样做,因为价值都位于美国。

经合组织尝试在销售额超过最低限度时,给予一个管辖区(如市场国)征税权。2019 年 2 月经合组织的咨询文件讨论了三种征税基准:用户参与、营销型无形资产和显著经济存在。2019 年 11 月,针对自动数字化服务平台(如脸书)和面向消费者的业务(如亚马逊),支柱一方案提出了更加灵活的以销售为要素的联结点,类似于另一种常设机构。就从事前述两类业务的跨国企业来讲,如果销售额超过 200 亿欧元且利润率超过 10%,即使其在市场国没有物理存在,部分非常规利润仍可以分配给市场国,这些利润就是金额 A。[1] 但是通过为当地市场提供客户服务和广告,公司也能获得一部分常规利润。这些服务独立第三方也能提供,此时适用传统的独立交易原则,这些利润是金额 B。这个机制如何运作呢?以脸书为例,如果它的全球销售额超过 200 亿欧元,利润率为 16%,那么它的非常规利润率就是 6%,相应超额利润的 30% 会分配给其市场所在国,也就是 Facebook 的用户所在国。[2]

支柱一方案仍然在商议中,我不太确定它何时能形成具体方案以及被实施。在如何对数字经济征税的问题上,经合组织的做法是让不同利益相关方持续参与辩论。事实上,这是一个在美国和其他国家之间分配税基的问题。如果只是简单地围绕这一项利益冲突展开谈判,由于此种利益冲突始终存在,谈判很难取得进展,可以将这一问题与其他谈判结合起来。在其他领域,美国希望从欧盟那里得到一些利益。欧美可以制定“一揽子”计划来处理数字税收和其他领域的问题。

---

〔1〕 根据双支柱方案的最新发展,支柱一的金额 A 规则适用于全球营业收入 200 亿欧元以上且利润率(税前利润/收入)10% 以上的跨国企业,但采掘业和受监管的金融服务业不适用金额 A 规则。——编者注

〔2〕 根据双支柱方案的最新发展,分配给市场所在国的超额利润的比例现在是 25%。——编者注

支柱二方案

当关注国际税收筹划的统计数据时，会发现跨国公司进行国际税收筹划的总规模并没有减少。BEPS 行动计划的目标是结束避税策略的实施。经合组织是通过应对具体形式的避税操作来解决问题的。然而，实践中总会出现一些脱离现有避税行为清单的新的避税形式。这就是2015 年的成果不完全令人满意的原因，因此我们需要进一步的工作，这就把我们带到了支柱二方案。支柱二方案的目标是解决剩余的 BEPS 问题。与支柱一不同，支柱二首要关注的不是由谁来征税，而是跨国集团的所有收入都要在某个地方缴税。支柱二部分借鉴了美国的 GILTI（global intangible low - taxed income）规则，它是一个全球合作版的 GILTI。

支柱二的全球反税基侵蚀规则（Global Anti - Base Erosion Rules，GLoBE）提案中最重要的两个组成部分是“收入纳入规则”（Income Inclusion Rule）和“低税支付规则”（Undertaxed Payment Rule）。收入纳入规则是说，如果纳税人有子公司，而其收入以低于最低税率的有效税率纳税，此时就认定它没有缴纳足够的税款，应向该子公司或分支机构征收一定金额的税款（补足税，top - up tax）。与该规则不同的是，受控外国公司规则通常关注公司集团内部支付特许权使用费或股息等特定交易，且要求纳税人行为的主要目的是避税。收入纳入规则完全不考虑意图，唯一考虑的是子公司支付的税额比最低税额要少。低税支付规则是指，当一笔款项在跨国集团内部支付从而离开某个辖区时，如果这笔款项在其他地方并没有按照最低税额标准被有效征税，该辖区可通过拒绝扣除或征收预提税的方式来对它征税。与解决混合错配问题的方法相比，它的适用范围更广。

支柱二的适用范围只包括有外国商业存在且合并收入不低于 7.5 亿欧元的公司集团，政府实体、国际组织、非营利组织、符合要求的实体养老金、投资或房地产基金被排除在外。补足税根据 GLoBE 所得和补足税率计算，补足税率是商定的最低税率和辖区内有效税率的差额。[1] GLoBE 所得的计算基础是会计规则，这能够协调所有管辖区的税基计算规则。基于实质的收入排除

---

〔1〕 根据支柱二的最新进展，最低税的税率为 15%。——编者注

以有形资产价值和工资支出的百分比计算，减少了跨国公司缴纳最低税的风险。根据收入纳入规则，最低税在母公司层面按其在低税收入实体中的所有者权益比例缴纳，从最高层的最终母公司开始适用，并沿着所有权链条向下运行。如果低税收入无法在这一过程中被征收补充税，则由低税支付规则进行替补。目前，与此相关的一些技术细节还不是很成熟，所以不就此多做讨论。

相比于支柱一，支柱二更有可能成功。原因有以下两点：第一，跨国企业和国家的旨趣相互矛盾，经合组织必须在跨国企业所要求的统一性与政治可行性所要求的多样性之间寻求平衡。我认为支柱一平衡得不是很好，因为它太偏向于统一性，从而缺乏可行性。但在支柱二中，我认为这种平衡做得更好。第二，美国已经实施了 GILTI 规则，欧盟也对全球最低税有兴趣。因此，支柱二方案可以得到执行，如果美国和欧盟都根据收入纳入规则和低税支付规则征税，其他国家很难不参与其中。一个辖区如果不实施支柱二且准备给纳税人税收优惠时，美国和欧盟都会因实施支柱二相应增加税收。还应当看到的是，支柱二方案提出了新的国际税收规则、理念和征管要求，对发展中国家来说，遵循它们可能有一些难度，发展中国家能否按照预期落实支柱二方案还有待观察。

评议交流环节

张智勇｜北京大学法学院长聘副教授

双支柱规则是高度复杂且技术化的。现有国际税收体系已有 100 多年的发展历史，然而随着科技的发展，国际社会需要针对新形势找到新的解决方案，双支柱正是各国艰难谈判之后所取得的成果。对各位同学来说，要想更好地理解双支柱方案，需要对税收管辖权的基础性规则进行深入思考。事实上，双支柱方案是居民国和来源国之间的博弈。不同于既有规则中以商业存在作为来源国主张征税权的基础，该方案需要进一步在理论上找到更好的支持。

提问环节

提问一

避税和滥用税法(the abuse of tax law)的区别是什么?

Henk Vording

这是一个很好的问题,因为这两个概念通常可以互换使用。在目前的讨论中,避税通常是一个比滥用税法更广泛的概念。滥用税法是一个技术术语,它是基于某种特定标准所做的判断,通常涉及两点:第一,支付的比被要求支付的更少,考虑到法律的意图,我们认为这种现象是不公平的;第二,关于“刻意性”或意图的,比如减少税收的意图是你行为的主要驱动力。这二者的差异并不是非常大。荷兰的传统做法明显是从纳税人的意图出发的,但我们通常会使用“刻意性”作为意图的指标。无论在哪种情况下,这些法律传统都是非常具有技术性的。滥用税法的概念仅适用于有限的几个方面,而在剩下的大多数情况中,尽管你认为存在不公平的情况,但这并不是对税法的滥用。此外,“避税”的真实含义比报纸上使用的含义范围更小。我们要意识到,在律师能做什么和公众相信什么之间存在一种紧张关系。

提问二

近年来 BEPS 行动计划取得了超出预期的成果,国际社会能够达成合作共识的核心驱动是什么?考虑到国家间的平等参与问题,如何理解经合组织等国际组织通过报告、指引及范本等软法重塑国际税法规则的正当性基础?

Henk Vording

从欧洲的视角来看,就围绕国际税法提出的制度性争议及改革建议而言,欧盟委员会扮演了重要的引领角色。从美国的视角来看,因为美国拥有着最多的大型跨国企业,其在选择接受国际规则时显然有着不同的利益考量。对中国来说,作为全球第二大经济体,任何新的制度建设想要取得成功不可能没有中国的参与。这个问题没有一个确定的答案，当下各国正在试图寻找对跨国公司更有效的规制方案，其中当然不仅涉及税收管辖权，同时也包括公平竞争及市场准入等一系列问题。

提问三

支柱一方案对发展中国家来说是否是公平的解决方案？

Henk Vording

这是个好问题。经合组织一直以来所做的，是就达成一套更好的国际税收规则体系与相关各方展开辩论。这套体系会更有效，也会让纳税人更清楚国家对他们的期望。经合组织试图将世界其他国家也包括进来。因为它意识到，如果这只是一场富裕国家之间的辩论，就会让人怀疑这只是游戏中最富有的玩家改变了规则。

BEPS 行动计划的建议对发展中国家有帮助吗？我不太确定，因为当看到这些建议时会发现，很多内容技术性都很强，需要我们对本国的税法和国际税法有充分的了解。许多发展中国家可能无法投入太多人力资源来参加讨论。经合组织也向它们伸出援手，比如通过培训其员工来帮助理解这一切是怎么回事。大体上，经合组织是在对发展中国家说：“你是新兴全球经济的一部分，你必须理解全球经济中复杂的税收规则；如果你不理解，这里有很多文件，你可以通过学习来基本掌握；如果你不愿意，我们可以给你提供一些专家，他们会帮你培训你的员工。”

我们猜测，数字服务的大多数用户和消费者并不居住在发展中国家。即便不是这样，发展中国家对消费者的管理能力也比发达国家更弱。所以，支柱一很大程度上仍然是富裕国家之间的一场关于谁应该对谷歌、脸书和亚马逊等的财富征税的辩论，这对于发展中国家来说并不是利害攸关的问题。我只能阐释一个非常简单的关于金额 A、B 的概念，看看利润如何在两个不同的国家分配。很明显，对于发展中国家来说，要分得一杯羹并非易事。但是在支柱二中，可能有更多关于发展中国家利益的内容。

提问四

消除有害税收竞争是双支柱方案的重要目标之一。但支柱二中仅就税收竞争问题有一些限制性规则,为各国以税收工具提供经济激励预留了政策空间,这是否可能在未来引发不同税收管辖区之间的争端?另外,基于 GloBE 的实施,发达国家不仅能够巩固其税收收入,同时还提升了与发展中国家之间的相对竞争优势,应该如何理解这一状况?

Henk Vording

这取决于我们如何认识企业所得税的经济影响。整体而言,发达国家相对于发展中国家对外国投资更具有吸引力,这也是为什么前者能够课征更高税率。如果发展中国家不能再提供低于 15% 的税收激励,这当然会对其经济产生一定损害。对于国际投资者而言,只有发展中国家的税率远远低于发达国家税率,税收因素才会影响投资决策。发展中国家之间的税收竞争或许是更为严重的问题,如一些非洲国家之间为吸引外资所提供的免税期(tax holiday)竞争。有害税收竞争与非有害税收竞争之间的界限实际上并不是十分清晰,对二者概念上的认识仍处在不断发展的过程中。

[本讲座中文内容以 Henk Vording 教授所作的 6 场"北大法学院全球教席云课堂"讲座"避税概念认定的疑难问题"(2020 年 10 月 12 日)、"经合组织关于数字经济税收的第一支柱方案"(2020 年 10 月 13 日)、"经合组织关于数字经济税收的第二支柱方案"(2020 年 10 月 15 日)、"金融业的税收问题"(2020 年 10 月 16 日)、"国际税法的新发展:经合组织支柱一方案"(2022 年 5 月 10 日)、"国际税法的新发展:经合组织支柱二方案"(2022 年 5 月 17 日)为基础进行整理。北京大学法学院 2022 级博士研究生李欣颐、2021 级博士研究生华骏、2021 级法学硕士研究生张文嘉、2020 级法律硕士研究生马旺资、2018 级本科生仇尚卿参与翻译整理,北京大学法学院长聘副教授张智勇审定。]

新冠疫情和下一场全球大流行病之间的国际法

Anne Peters

主讲人简介

Anne Peters 是德国马克斯·普朗克比较公法与国际法研究所所长，兼任德国海德堡大学法学院教授、弗赖堡大学法学院教授、瑞士巴塞尔大学法学院教授、美国密歇根大学 L. Bates Lea 全球法学教授。她是欧洲国际公法学术研究的领军人物之一，主要研究方向包括国际公法、欧洲宪法、比较宪法、国际人权法等。她先后求学于德国维尔茨堡大学、瑞士洛桑大学、德国弗赖堡大学、美国哈佛大学。Peters 教授目前担任德国联邦外交部国际法委员会成员、国际法协会使用武力委员会成员、德国国际法学会会长和巴塞尔治理研究所董事会副会长。她具有丰富的法律实务经验和深厚的学术理论功底，所著《国际法史手册》曾获美国国际法学会图书奖。

主题演讲内容精编

此次讲座不涉及国际卫生法的细节,而是探讨疫情将对整个国际法以及全球治理与国内法的互动所产生的影响。我们是否见证了国际法的范式改变时刻、一个转折点,还是实际上并无改变?在第一部分,我将回顾新冠疫情作为全球化阴暗面之缩影的情况,并讨论国际法是否以及如何在新冠疫情之前和新冠疫情之中作为评价国家行为的基准发挥作用。第二部分探讨应对新冠疫情的国际法。第三部分分析新冠疫情作为事实与法律上的转折点——我认为并未出现任何彻底的革新,只存在温和的改革。第四部分预测和评估以大流行病为标志的国际法的未来趋势。结论是,新冠疫情并未动摇国际法的根基。相反,它促进了渐进的国际改革,形成更加社会化且更以生态为中心的国际法律秩序道阻且长。

疫情与国际法的基准作用

新冠疫情是全球化的产物。几个世纪之前,鼠疫和霍乱的传播需要几十年,并且往往不会波及全世界,但是新冠疫情仅花费了数月就席卷世界。疾病一直与国际关系和全球化相伴随,疾病既是它们的成因,也是结果。疾病传染奠定了国际法的基础。在哥伦布到达"新世界"之后,大量美洲原住民因欧洲人携带的麻疹、天花和流感而死亡。使欧洲人取胜的真正"杀手"是欧洲人的病菌,这些病菌最初是在不知情的情况下传播的,但后来也被故意用来消灭原住民。

如今,疫情迅速传播的主要原因是世界范围内高度的人口流动性。全球价值链和供应链条内相互的经济依赖使国家及其居民都易受影响。疫情本身和其间接后果以不均衡的方式影响着世界各地的人们。越脆弱的群体(穷人、原住民、女性等)受疫情影响越严重。人们获得肥皂、水、隔离空间、药物和疫苗接种的机会并不平等。近年来,大多数国家内部收入和财富之间的物质不平等一直在加剧。相比之下,国家之间的财富差距已经略有缩小。在此种情况下,疫情进一步加剧了不平等,成为全球化阴暗面的一个缩影。

在考察各国行为是否遵循其在国际法下需要承担的法律义务时,必须区分两种不同的情况。一种情形是国家面对疫情准备不足,会违反国际卫生法及其对人权保护的要求。《国际卫生条例》第 13 条规定,世界卫生组织成员有义务在 2012 年 6 月 15 日之前发展、加强和保持快速和有效应对公共卫生风险和国际关注的突发公共卫生事件的能力。《国际卫生条例》附件 1 详细阐述了国家在 2012 年 6 月 15 日之前需要建立的核心能力的要求。然而,直到 2014 年,只有 64 个国家完全遵守了这项法律义务。此外,因疏忽而不作为不仅违反了世界卫生法律的特别规则,同时也危害了《公民权利及政治权利国际公约》等公约中规定的生命权和健康权。国家具有改善公民一般生活条件的义务,包括提供对患危及生命的疾病的人的保护,以及制定应急计划的义务。健康权[《社会公约》(The Social Pact)第 12 条第 c 款]明确要求缔约方“预防、治疗和控制流行性疾病”。此外,国家在防止病毒传播方面未尽应有职责(due diligence)可能违反国际法禁止跨界损害的原则(no – harm principle)。另一种情形是国家过度反应。个别国家采取的关闭边境、禁闭和隔离等防疫措施违反了《国际卫生条例》,以及世界贸易组织和欧盟法律所规定的自由化义务、人权和投资者的权利。通常,这些措施已经被《国际卫生条例》或《关税与贸易总协定》的例外条款或者人权法制度(特别是在拉丁美洲国家)宣布的公共紧急情况的规定所涵盖。

就目前而言,国际法发挥着基准性的作用,在贸易、人权和卫生法方面的现有规定大体适当,并不存在国家大规模或系统性地违反这些规定的情形。关闭边境、囤积疫苗、禁止出口医疗供给品等措施并未达到彻底偏离国际法原则的程度。这些单边举措基本上都属于国际法自身所包含的例外条款和兜底条款。因此,国际法秩序作为一个系统,并没有遭到削弱。那些违反现有规定的例子并未危及国际法的根基。

国际法是否允许在法庭上追究缺乏准备、提供虚假信息、掩盖事实或反应过度的违法者的法律责任?答案是否定的,原因有三:第一,目前并无拥有全面性或强执性管辖权的国际性法院。第二,几乎不可能从法律意义上确定重大流行病损害的因果关系。第三,更根本的是,因果关系(causation)和损害(harm)都是完全规范性的概念,缺乏被国际社会所接受的内涵。即使我们把重点放在违反独立于结果的程序义务(特别是维持基础设施的义务和报告疾病暴发的义务)上,情况仍然如此。因此,人权法和禁止损害这两套国际法行为标准,在国家责任法中都难以作为实际责任(actual liability)的法律依据。行为标准起到的是指导性的作用。

总体来看,疫情已经显示出国际法在确定责任方面存在显著的缺陷。我们甚至可以论证,通过诉讼途径来确定国际责任是有问题的。这种途径可能适得其反,催生出国际主体对国际法的愤恨。然而,对于国家缺少准备这一问题的发现,却能够推动国际社会开展与价值有关的对话,这些价值目前尚缺乏其在国内社会所拥有的那种深厚的文化和社会根基。

应对新冠疫情的国际法

第一个问题是,国际法是否以及如何为抗击新冠疫情作出贡献?国际法律程序和机构一直采取积极措施来应对这一疾病,但是效果如何呢?

世界卫生组织总干事从 2020 年 1 月 30 日起每隔约三个月向成员国发布临时性建议。然而,世界卫生组织本身无法采取有约束力的措施,它的建议仅仅是一种呼吁。即使《国际卫生条例》具有正式的法律约束力,但《国际卫生条例》只给了世界卫生组织通知权和建议权。除此之外,世界卫生组织还具有国际组织的典型缺陷。正如独立调查小组所说:“世界卫生组织无力兑现人们对它的期望。”世界卫生组织,如同其他的国际组织,也在资金方面依赖于成员国。世界卫生组织在建立公私伙伴关系(PPPs)方面在所有国际组织中走得最远。然而,与基金会等私营机构以及制药公司的合作并非毫无风险,因为这种合作可以引向不透明、利益冲突和国际组织被裹挟。所有这一切会使人们对世界卫生组织的可问责性和合法性产生怀疑。总之,世界卫生组织在抗击疫情中重要但功能薄弱。

世界卫生组织在采取其他举措之外,还促成了“新冠疫苗实施计划”(COVAX)的建立。COVAX 是一种加快开发、生产和公平分配新冠检测、治疗和疫苗的国际机制。欧盟成员国、中国和美国加入了 COVAX,而俄罗斯则尚未加入。经济实力强的国家已承诺通过 COVAX 来购买疫苗,所购疫苗中的一部分会捐赠给较为贫困的参与国。直至今日(2022 年 5 月 27 日),COVAX 已经提供了 13 亿剂疫苗,占向低收入国家提供疫苗总剂量的 82%。COVAX 并非国际组织,但是却从属于全球疫苗免疫联盟。全球疫苗免疫联盟在实质上将诸多利益相关群体结合在一起,特别是世界卫生组织、国家、非政府组织和比尔及梅琳达·盖茨基金会。因此,COVAX 是一种公私伙伴关系。然而,加拿大等富裕国家捐赠了资金,但是并未参与共同购买疫苗。

除了世界卫生组织之外,联合国系统也已动员起来。在新冠病毒肆虐的第一年,联合国大会通过了多项决议。在 2020 年 9 月份,联合国大会通过了《全面协调应对冠状病毒病(COVID－19)大流行》。在此决议中,联合国大会“重申致力于在各级推动国际合作、多边主义和团结互助”,并“促请各国确保在抗击疫情过程中尊重、保护、实现所有人权,确保各国对 COVID－19 大流行的应对措施完全符合其人权义务和承诺”。联合国人权机构强调所有人权的统一性和不可分割性。例如,它们强调了言论自由和信息自由对于保护健康权的重要性。然而,由于联合国大会并不享有决策权,也没有资金来落实其自身的建议,上述文件和众多其他的文件都不具有约束力。联合国安理会通过了第 2532 号决议,将冠状病毒的传播描述为“可能危及国际和平与安全”。该决议采用了《联合国宪章》第六章的术语,并且没有规定强制措施。该决议呼吁所有冲突停火(除了针对“伊斯兰国”的军事行动)。该决议还呼吁联合国秘书长委派受其派遣的维和人员开展针对新冠疫情的人道主义行动。

各国在抗击疫情方面始终处于主导地位,这不仅是因为各国拥有监管、物质和财政资源。《国际卫生条例》第 3 条第 4 点指出:“根据《联合国宪章》和国际法的原则,国家具有根据其卫生政策立法和实施法规的主权权利。在这样做时,它们应遵循本条例的目的。”迄今为止,各国未能采取政策和规则以应对一些重要的跨国问题。例如,国际法中没有传递基因样本的义务,关于公平获得医疗的规则也仍处于较为初步的状态。另外,一些国家通过指责包括世界卫生组织在内的国际组织来转移矛盾焦点。当出现问题的时候,世界卫生组织会受到指责,尽管它并没有足够的权力,而错误往往出自成员国及其代表。

总而言之,各国的卫生主权并未受到疫情影响,但是各国也未曾完全承担起随之而来的责任。

■ 国际法的转折点到来了吗?

我们已经看到,这场疫情不仅引发了人们对于国际法及其机构的结构性缺陷的关注,还强化了这些结构性缺陷。这场疫情是一个转折点。疫情突出、放大并加速了全球性的社会问题,尤其是社会不平等的问题。疫情的应对措施导致各地的公共债务急剧增加。

这是否会引向去全球化(de－globalisation)？这突如其来的冲击使得各国领导人重新考虑国家自给自足的问题。另外,囤积疫苗、关闭边境和禁止出口医疗产品的反应措施都建立在原有的民族主义潮流之上。然而,最初的关闭边境的措施已经被修正,并被更为精细化的出入境方案所取代,后者要求人们提供疫苗接种的证明并承担隔离的义务。同时,从捐赠设备等行动中我们可以发现许多国家间合作的例子。各国寻求通过给其他国家提供建议和援助来提升自身的国际声誉且获得影响力。这展示出良好的国际地位的重要性。

在过去的几十年里,消费者已经习惯于购买来自全球各地的廉价商品。投资者并不会轻易地从外国撤资。世界富裕地区的生活方式的图景将继续吸引着移民。出于这些原因,全球化不太可能会被逆转。话虽如此,20 世纪 90 年代和 21 世纪初的“超全球化”(hyperglobalism)可能要结束了,并且会被经济学家所说的“慢全球化”(slowbalisation)所取代。在此种以疫情的影响(以及俄乌冲突及其造成的能源短缺、通货膨胀、粮食短缺和饥荒等后果)为标志的事件之中,存在着一种要求国际法改变的压力。这种压力是否足以成为彻底变革的催化剂?

对于国际法的根本性批评呼吁彻底的革新。许多公共卫生系统遇到了困难,它们在国际金融机构对结构调整贷款所施加的压力或者给出的条件限制之下分崩离析。此种因素助长了对所谓“新自由主义”国际法的严厉批评。此种激进批评的对象之一是投资保护法。人们呼吁中止投资保护法的施行,原因是担心封锁等类似的措施会在投资者——国家仲裁索赔案件中遭到外国投资者的攻击。然而,显然至今尚未有投资者提出仲裁索赔的“威胁”。这一辩论已经逐渐平息,因为投资保护条约通常包含紧急情况下的免责条款。

第二个问题围绕以专利保护为内容的国际法展开。专利持有人可以阻止他人使用其产品,生产仿制药。与之相反,《与贸易有关的知识产权协定》(TRIPS)第 31 条则允许成员在有限的条件下授权其他制造商在未取得专利权人同意的情况下生产、使用和销售疫苗或药品(“强制许可”)。2017 年《与贸易有关的知识产权协定》第 31 条之二修正案生效,允许出口基于此种强制许可而生产出来的药物。然而,实施强制许可的国家依旧必须向专利持有人支付充足的报酬。因此,修正后的《与贸易有关的知识产权协定》仍然使南半球的人们难以获得疫苗和药品。更激进的策略是公开知识和数据,哥斯达黎加曾提出有关建议,世界卫生组织也作出呼吁,但并没有成功。

第三个问题围绕潜在的根本性批评是国际法的碎片化。法律的某些子领域会比另外一些子领域更为强势,存在一种“不均衡的司法化”的现象。劣势的制度会被强势的制度玩弄于股掌之间,相较于国际贸易和投资保护法,国际卫生法在此种意义上处于劣势地位。《国际卫生条例》甚至直接言明要保护自由贸易的利益。例如,《国际卫生条例》要求世界卫生组织的临时建议“尽量减少对国际交通的干扰”,并且这些建议对国际交通和贸易的限制不能超过其他能够实现合适健康保护水平的合理可行替代方案所造成的限制。

因此,存在公共卫生从一开始就被忽视的危险。然而,国家能够为实现健康保护的目的而克减自由化义务(liberalization obligations)。公共卫生利益作为自由化规则的法定例外也并未使此种克减过分复杂化。再者,即使没有强有力的国际执法机构,以人权为根基的做法仍然占据上风。到目前为止,通过相互参照的规范性文本和相互协调的解释方式,国际主体已经能够在新冠疫情之中处理制度间的冲突。国际机构已经克服了有害的筒仓思维(silo thinking)。因此,制度冲突并未在这场疫情中引发真正的问题。总之,对于国际法各种特征的根本性批评要么缺乏说服力,要么迄今为止并未导向任何彻底的革新。

在 2020 年 5 月,世界卫生大会(世界卫生组织的全体会议)成立了大流行病防范和应对独立小组。其任务范围非常广泛,要“全面评估和审查从世界卫生组织协调的新冠疫情全球卫生应对措施中得到的经验和教训”。2021 年 5 月,该小组发布了一份报告,其中写道:“世界卫生组织拥有的权力不足。疫情应对举措加剧了不平等问题。全球政治领导力缺失。”该小组继而提出了一系列改革建议。随后,在 2022 年 5 月 18 日,该小组根据其建议审查了进展情况,发表了题为《改革还是修补? 不作为将导致下一场大流行病》的报告。该报告指出:“在新冠疫情的应对方面存在不充分、不平等,并且关注度不断下降的问题。正在进行的国际体系的改革缺乏连贯性、紧迫性和焦点。各种论坛均在提出改革建议,但是这些建议之间缺乏充分的关联,并且很大程度上需要数年时间才能有所进展。”

政府间谈判机构(INB)是上述论坛之一。从 2021 年 12 月以来,该机构致力于制定针对疫情预防、防范和应对的世界卫生组织公约、协定或者其他国际文件。欧盟以及其他 40 个国家均赞成制定此种条约。然而,也有一些国家对此持有怀疑态度。这些努力不太可能促成一份正式的条约。总之,目前对于世界卫生治理体系的改革似乎依旧存在缺陷,并且改革需要强化。新冠疫情的危机在各个方向上加速了现有趋势的发展。国际团结展现在致力于新冠疫苗的研发和分配的全球性努力之中。国际法如同其他法律一样,它能够在全球范围内阻碍或者促进健康、公平和正义,但最终的作用取决于那些制定、解释和适用法律的主体。

总之,这场疫情看上去并不契合“危机”这个词原本的内涵,也并不是通向新的国际法律秩序的转折点。换句话说:新冠疫情并不是国际法的范式改变时刻(“格劳秀斯时刻”,Grotian Moment)。我们并未看到显著的飞跃,我们看到的是不成文的国际法和一些辅助性原则的温和演变。

新冠疫情后的国际法秩序

我在全球化的世界和国际法中看到了何种趋势?新冠疫情后的国际法应该是什么样的?

国际关系中有三种趋势值得注意。第一,经济保护主义可能会对国际贸易制度的运行、国际补贴和金融法制度造成影响,但还不清楚是何种影响。第二,一些法律可能会“再生产”不平等的生活条件。专利法常受到此种诟病。然而,我们需要专利保护制度来鼓励创新。获取疫苗和药品的主要阻碍并不是法律,而是国家缺乏生产能力。第三,新冠疫情间接推动了数字化。在疫情防控过程中,一些国家正在使用新的技术,一方面,它们仍可能会继续使用这些技术以约束民众。另一方面,数字化也在卫生治理领域提高了透明度。新的技术可能性和对控制的接受度的改变将有可能影响国际互联网治理的现有举措,但是我们并不清楚该影响的程度及方向。在这一背景之下,至少已经形成了初步的部分国际法律原则,如何细化和践行这些原则仍然需要呼吁。

不同于气候变暖这一抽象的威胁,疫情迫使我们意识到全人类必须同舟共济,共同行动。这场疫情是一场“最弱环节博弈”,某一国家的失败将威胁全人类的健康安全。但是,首先要在本地采取行动,以从根源上来应对全球化的问题。与此种策略相匹配的法律原则是辅助性原则。更小的单位(如国家,甚至地区或城市)更接近实际,对事实更为了解,能够更为迅速地做出反应。辅助性原则要求更小的单位首先应当是具备相应能力的。只有在更小的政治单位无法有效解决问题的时候,上级单位才能够介入。

为了找出良好的法律手段,管理方式的竞争仍然是必要的。我们可以在充分考虑不同的文化和经济背景的前提下,将结果进行比较,来看看何种手段的效果更好。然而,在全球化的格局之中,国家间的竞争唯有在依循规则的情况下才能够发挥出积极的作用。换句话说,竞争决不能是毫无约束的,而是只能发生在约束此种竞争的元规则的框架之内。例如,人类尊严这一原则会禁止采取牺牲年老者以保证经济运行的法律措施。健康权这一概念应该更多地被实践,应当进一步增强对于所有人权的统一性和不可分割性的认识。例如,我们应当认识到言论自由和信息自由对于保护健康权有多么重要。

国际团结(international solidarity)的原则已经成为热点,且正在西方国家之中获得更多的认可。联合国大会关于新冠疫情的三份决议均基于此原则,并且世界贸易组织不断地呼吁国际团结。在几个月内搭建起来的疫苗分配平台 COVAX 拥有复杂的合同和金融工具系统,展现出国际卫生团结的理念。团结原则要求公正和平等地分配医疗产品。该原则与健康权相辅相成,后者要求缔约国承担适度的域外义务。根据联合国经济、社会与文化权利委员会第 14 号一般性意见,缔约国必须尊重其他国家人民所享有的健康权。这似乎暗示着国际法禁止囤积疫苗。另外,该意见认为,国家必须“尽可能为他国获得基本的卫生设施、商品和服务提供便利,并且在需要的时候提供必要的帮助”。这可能意味着,富裕国家在某种程度上要承担捐赠疫苗给贫困国家的法律上的义务。国家需要对其民众承担起特殊的义务,这是其拥有主权的必然结果。然而,所有国家也必须根据其能力,致力于实现全球性的、公正且平等的分配。我们如今需要讨论的是,何种程度的本国“优先”在法律上是可被接受的。

“同一健康”(one health)这一流行语已经进入了法律文本,比如它出现在了有关大流行病条约的倡议之中,具有规范上的号召力。同一健康原则指出人类、动物和整个生物圈的健康是相互依存的,因此只能够作为整体以获得保障。其背景是,大部分大流行病(如禽流感、猪流感,以及新冠病毒)起源于人畜共患病。人类不断入侵自然栖息地,使人类面临更多其无法免疫的新病原体。政府间生物多样性平台(the Intergovernmental Platform on Biodiversity)指出,哺乳动物和鸟类是数百万种尚未发现的病毒的宿主,其中 54 万到 85 万病毒能够感染人类。这些威胁不仅来源于野生动物,也来自家畜,因为工厂化养殖中抗生素的过量使用使动物和人类出现了抗生素的耐药性。在此种背景之下,我们必须采取同一健康的策略。

总之,尽管国家、国际组织、公民社会和经济行为体可以且应当单独地寻求解决办法,但是只有全球性集体行动才能够战胜新冠疫情。新冠疫情后的国际法需要为此种行动提供诸如前述的原则和机制。最为重要的是,国际法必须变得既以生态为中心,同时更加社会化。我们需要负责促成这些改革。

评议交流环节

陈一峰｜北京大学法学院长聘副教授

Peters 教授强调了国际法所面临的持续的挑战、问题和困境,而且给出了国际法应该努力的方向。本次讲座是对现有问题以及国际法如何与我们的未来相关联的反思。

以下几个观点非常具有启发性:

第一点是新冠疫情充分体现了全球不平等问题。在卫生问题之外,发展中国家也面临着经济和社会危机,如失业、生产率下降、债务危机等。在未来的国际法学术研究中,有必要突出对这些问题的讨论。传统的国际法学术研究强调法律形式主义,倾向于研究学说和制度。未来,国际法应更加关注实质问题,让发展中国家和发达国家加强合作,推动建立国际法的新构架。

第二点是对国际卫生监管框架的理解。目前关于改革的讨论是要进一步加强《国际卫生条例》及其现有框架。在 2005 年修订《国际卫生条例》的时候,卫生问题被进一步安全化(securitization)。在辩论中,发展中国家主张,应该更多地将资源投向基础卫生领域以解决深层次的问题,而不仅着眼于如何阻止病毒的传播。

第三点是关于全球卫生治理中新自由主义运动的泛滥。世界卫生组织作为联合国专门机构,其绝大多数资金来自捐款、私人基金会或公司。疫苗行业是一个由少数大企业集中控制的行业。这种新自由主义的卫生治理方式可能会加剧世界卫生不平等问题。我们有必要思考,未来如何使国际法更加开放、更具公共性。

第四点是边界问题。传统的国际法注重消除边界,加强国界交流与合作。

经济民族主义、对移民难民的排外、对技术的垄断等都不断挑战国际主义。值得担忧的是，边界的制定将是国际法发展中的一个重要动向——鼓励制定新的法律、规范和制度，使不同边界永久化、长期化和结构化。这可能会对自由主义式国际法想象造成结构性冲击。

提问环节

提问一

生存主义的心态（survivalist mindset）使得一些较富裕的国家在面对危机的时候选择囤积疫苗，您如何看待此种趋势？

Anne Peters

国家有权甚至有义务采取一些预防性的措施，因此一定程度地囤积疫苗是被允许的。但是，我们可以看到疫苗分配已经被政治化和工具化，深受疫苗民族主义和疫苗外交的影响。也许我们可以对这些问题继续跟进。

提问二

如何看待在美国以及其他一些国家针对中国政府在新冠疫情问题上的诉讼？这些诉讼是否有国际法依据，又或者只是纯粹民粹主义的体现？新冠疫情的受害者在意大利提起了对政府的诉讼，您如何评估该诉讼？

Anne Peters

美国国内针对中国的诉讼更多是策略性的。在国内法院，除非他国放弃了国家主权，否则是不能被起诉的。因此，这些诉讼注定要失败，可以将其解释为一种霸权策略，或在中美存在经济与政治竞争关系的背景下来对其进行解读。更深层次的问题是，病毒的起源是非常复杂的事实性问题（确定因果关系非常困难），因此很难触发国际法下的国家责任。就意大利国内的诉讼而言，鉴于在挪威的与气候目标相关的类似诉讼取得了成功，其中运用的将国内侵权法和欧洲人权法相结合的思路，或许会使在意大利的这些诉讼也获得成功。

提问三

世界卫生组织是否有可能建立国家间申诉制度？

Anne Peters

不太可能。类似的制度在人权法领域从未被应用，因为国家并不想由于起诉他国而给自身带来麻烦，这并不值得。不过，在欧洲内部确实存在这样的案例。但是，我认为目前不具备建立此种制度的前景；纵使建立了，也不太可能会被使用。

提问四

团结（solidarity）的原则具体如何运作，运作领域是什么，会产生何种具体影响？

Anne Peters

团结原则起源于法国大革命，强调朝着一致认可的目标共同努力。这一原则在南北半球关于自然资源的讨论中被广泛适用。最近，该原则也被用于与难民相关的问题。在欧洲内部，欧盟法庭曾认为德国在能源问题上违背了团结原则。作为一个宽泛的原则，它很难用来处理具体问题，如确定德国这样的国家需要捐赠多少剂疫苗给他国，但是可以作为解释更加具体的规则的指导性原则。团结原则与同一健康原则也密切相关。

［本讲座中文内容以 Anne Peters 教授所作的“北大法学院全球教席云课堂”讲座“新冠疫情后的国际法”（2022 年 5 月 27 日）为基础进行整理。北京大学法学院 2021 级法学硕士研究生叶慧敏、2021 级法律硕士研究生鲁雨锦、元培学院 2021 级本科生徐奕辰参与翻译整理，北京大学法学院助理教授廖雪霞审定。］

经济和商业视角下的美国专利法历史

Robert P. Merges

主讲人简介

Robert P. Merges 是美国加州大学伯克利分校 Wilson Sonsini Goodrich & Rosati 讲席教授、法律与技术中心创始人及联合主任。他曾独立或参与撰写多本著作，包括《专利法和政策：案例及材料》《新技术时代的知识产权》《计算机技术的法律保护》《商标、不正当竞争和商业侵权》《知识产权的正当性解释》等。

主题演讲内容精编

写作初衷和讲座主旨

我写过很多关于法律和经济学的文章。在美国,经济学教学通常涉及三个分支:理论、实证与历史。第一个分支是理论,我一直从事这方面的工作,中国学者也时常借助经济学尤其是交易成本理论来思考知识产权问题。第二个分支是实证,能够用数据检验我们的理论很有价值。在美国,越来越多的实证研究正在展开,方法也愈发先进。第三个分支是经济史。很多经济学家相信,从历史中学习的知识不同于甚至在某种意义上优于从理论和实证中学习到的知识。学习历史让我们可以了解不同的力量如何汇聚到一起,也可以了解事物如何随着时间的推移而变化。对于知识产权学者而言,学习历史可以帮助我们更深刻地了解有关规则的来龙去脉,当某个著名案例被判决、精彩文书被书写,专利和技术世界中究竟发生了什么。

讲述专利法历史的文献不在少数,但大多着眼于零散的历史阶段和事件,一直缺少一本全面的、叙事性的书籍。我在研究的过程中一直寻求这样一本书而不得,这便是我写作《美国专利法:经济和商业视角下的历史》一书的初衷。本场讲座也将围绕这本书展开。

美国经验与中国借鉴

如果说美国专利史中存在可被中国借鉴的经验,理解专利是更大的国家创新体系的一部分是很重要的。与美国早期的专利制度不同,现在的专利作为政府激励创新的政策工具并非单独存在,而是处于一个更复杂、更庞大的政策组合之中。专利法不需要完成促进科技创新和经济发展的全部工作,仅需要完成它的部分,但要高效完成。我的导师,哥伦比亚大学的里查德·尼尔逊(Richard Nelson)教授创造了“国家创新体系”(National Innovation Systems)一词,用来描述各国政府所采用的包括知识产权在内的激励创新的政策组合。

商人使用专利的方式常常富有创造性。多年来,专利制度的很多细节发生了变化,如说明书的详细程度、对权利要求的强调等。然而,“政府授权给发明人”在14世纪70年代意大利威尼斯的专利制度中就已经存在的基本概念却从未改变。然而,商人为实现其商业目标,使用专利的方式却随着时间的推移而变化,从作为商业组织的基础到事后市场的形成。我无法预测中国商人未来会如何使用专利,但一定是灵活和富有创造性的。

从对专利的创造性使用出发,专利制度与诸如科研经费或财政补贴一类的政策工具相比,最重要的区别在于其无须预先计划,我将这一特性称为去中心化(decentralization)。政府将专利权授予个人和公司,然后让到一边,不指导和干涉后续使用,也不会制定目标和评估使用效果。从某种意义上说,政府无法掌握完美的信息,也不需要掌握,他们只是授权,然后让个人和企业去探索究竟能做什么。这是专利作为政策工具非常独特的部分,也是专利制度的目标,即帮助个人和企业在政府无法预见的技术领域和方向上进行探索和建立业务。

专利的创造性使用:历史分期

从1790年美国设立专利制度以来,商人是如何使用专利的?我将从历史分期入手回答这一问题。

□ 初创时代:1790—1820年

1790年,美国联邦政府通过了第一部专利法。之后30年,商人以一种历史和传统的方式使用专利,即赞助(patronage)。在那个年代,许多与国会具有良好关系的商人通过游说获得专利,他们会事先制定商业计划(如销售蒸汽船),然后找政府寻求授权。这种赞助的方式系承袭欧洲大部分地区的商人使用专利的方式,并不新奇。

□ 民主财产时代:1820—1880年

19世纪,美国政府采用了去中心化的战略,扩大了创新基础,这是美国经济发展中一个非常重要的部分。专利及其庇佑下的创新活动不再集中在少部分受过高等教育的精英群体手中,越来越多的普通民众开始获得专利、参与专利体系。去中心化的战略带来了很多好处,与资助和补贴等政策工具相比,专利的财产权特性发挥了举足轻重的作用,后面会详述。

在美国专利制度的最初几年,专利通常涵盖一个完整的产品,如犁地的犁或砍树的斧头,这与我们今天的专利仅涉及一个产品组件甚至组件的一部分非常不同。当时,发明人会通过向投资人出售部分专利权来筹集资金,投资人则通过购买部分专利权来投资发明和项目,类似于今天的股权交易。除了在投资人之间进行分割,专利权还可以在地理区域上进行分割。值得注意的是,这种交易并非许可,而是转让,受让人不仅可以实施专利权、在特定地理区域内经营相关业务,还可以在被侵权时提起诉讼,独立对抗第三方。这种依靠专利而不是合同来发展的现在被称为"独家区域特许经营"的商业模式,无疑是一种极具创造性地使用专利的方式。

举例来说,1831 年,美国北部佛蒙特州的一家叫作费尔班克斯地磅公司(Fairbanks Scale Company,以下简称费尔班克斯)的小公司申请了有关简易秤的专利。这种秤具有矩形的台面,可以把东西放在台面上称重,与传统秤通过双臂计算重量不同。费尔班克斯在开发产品市场时是如何使用上述专利的呢? 他们把市场分为三个区域。区域一距离费尔班克斯的总部很近,他们在该区域生产和销售简易秤,并负责把秤运输到买家手中。区域二距离费尔班克斯总部较远,他们在区域一生产高精度部件(如重量梁)并运输到区域二,然后由区域二的权利人在当地购买木材和其他硬件并完成组装。区域三距离费尔班克斯的总部最远,向该区域运输部件耗时且昂贵,因此,他们仅进行区域专利权的交易,让区域三的权利人自己生产精密部件、采购其他硬件和组装。此外,有一段时间,商人们将专利纳入信托,以专利作为信托的对象构建信托协议。信托是一种从合伙到公司形式的过渡工具,这也是对于专利的创造性使用。

□ 公司时代:1880—1920 年

1880 年至 1920 年是美国高速发展的时期,也是公司作为一种企业组织形式逐步确立的时期,任何人都可以成立公司,即普遍的公司化运动(general corporation movement)。公司形式的出现从根本上改变了商人使用专利的方式,他们无须再以专利替代公司作为商业组织的基础。

公司与其他企业组织形式相比,具有若干特点,其中最重要的无疑是有限责任。通过公司,股东可以将个人资产与公司资产隔离,既可以满足投资谋利的需求,又可以控制风险。此外,公司还允许股权交易,股权代表了公司资产的部分所有权,不只包括传统的固定资产和无形资产,还包括专利。从公司的角度出发,专利与卡车或工厂并无不同,只是该公司所拥有的众多资产之一,这代表着上一个时代(以专利作为商业组织基础的时代)的终结。然而,即使专利不再作为商业组织的基础,公司仍然发掘了一些创造性地使用专利的方式,一直延续到今天,我们将在后面讨论。

□ 反垄断时代:1920—1982 年

1920 年至 1982 年时期的美国专利法以反垄断执法为主要特征。尤其是 20 世纪 30 年代至 60 年代,经济学家担心经济权力过于集中,政府成立监管机构并开展反垄断调查作为回应,专利也作为垄断的帮凶被牵扯进去。一时间,报纸头条都是对专利的批评以及专利协助大公司实施垄断的新闻。然而,不为人知的是,很多技术导向的小公司正在起步,他们非常依赖专利。这传递出一个重要的讯息,即新闻头条不能反映全部事实,在新闻没有报道的地方还可能存在大量被忽视的故事。

□ 现代:1982 年至今

在以 1982 年联邦巡回上诉法院的设立为起点的现代,商人使用专利的方式可以概括为两种趋势:专利巨魔和专利组合,我们稍后会详细讨论。

■ 低准入门槛与去中心化创新

在欧洲和早期的美国,专利被视为政府的恩惠(government favor),只有有权力和有关系的人才可以获得专利。然而,美国专利制度的创新之一便是通过将专利费维持在较低水平等一系列操作向尽可能多的公民开放专利制度,这便是低准入门槛与去中心化(low barriers to entry and decentralization)战略。把专利颁给众多的普通人(little guys),而不是特定的大人物(big shots),这与 19 世纪美国联邦政府以很低的价格转让或无偿分配国有土地的政策十分相似。我可能是第一个真正看到 19 世纪美国土地政策和专利政策之间联系的人,我很兴奋。

在这一阶段,美国经济史上的一个重要事件是农村至城市的人口迁徙。

当时,尤其在新英格兰地区,很多农村居民被吸引到新兴的工业中心,在纺织厂或其他工厂工作,这与20世纪80—90年代的中国类似。重点是,这些被吸引进工业经济的农村居民最终贡献了发明。他们中的一部分擅长制造和改进机器,通过机器省钱和减轻工作量,并申请了专利。我认为应该让尽可能多的产业工人参与到发明创造中来,他们通常有很好的想法,如果能以较小的障碍进入到专利体系,就能做出贡献。

以1817年的一项专利为例,它的技术方案非常简单,涉及一个收集树液的可拆卸的桶,发明者是纽约北部的一个小农场主。另一个例子是玛格丽特·奈特(Margaret Knight),一位来自缅因州的造纸女工。她想出了一种折叠纸袋底部的方法,就是我们现在常用的钻石折,并发明了可以生产这种纸袋的机器。围绕这一专利,玛格丽特设立了东方纸袋公司(Eastern Paper Bag Company),该公司后来参与了著名的大陆纸袋公司诉东方纸袋公司案(Continental Paper Bag Co. v. Eastern Paper Bag Co.)。玛格丽特没有上过麻省理工大学或清华大学,她只是一个来自缅因州农场的孩子,但她对机器十分敏锐,能够通过低准入门槛进入专利体系。

可见,低准入门槛对于去中心化创新十分重要。中国的专利申请费非常合理,准入门槛也不高,这是好事。

现代专利图景

从1982年美国联邦巡回区上诉法院的成立开始划分现代时期非常合适。在某种意义上,美国专利制度于1982年重启,而中国的知识产权制度于1978—1979年创立。换言之,20世纪80年代,中美存在一段平行的历史,也有一些共同的经验。

事后市场

专利制度在1982年后的若干发展趋势之中,最直接的表现是专利数量增长,以及与之相辅相成的产品复杂性的提升。诸如脸书或亚马逊一类的互联网平台产品包括诸多组件,如数据库技术、支付系统、安全系统等,每一个组件背后又涉及诸多专利。然而,正如费尔班克斯所处的区域特许经营时代或是玛格丽特·奈特所处的去中心化创新时代,商人逐步适应现代经济和专利制度的上述变化，并找到了将专利纳入商业图景的新方法。

让我们想象一个特定的商业或技术领域：最开始，很多不同的主体在市场上竞争，不同的技术被开发出来。然后，由于市场力量和网络效应，出现了赢家通吃的局面，某一家公司逐步占据主导地位，如电商领域的亚马逊。大量的商人和发明人在市场竞争中败下阵来，但他们的技术最终为主导产品所吸收，成为主导产品的一部分。对于这些商人而言，他们虽然无法与亚马逊竞争，但仍然可以通过许可或诉讼收回投资。我将这个过程称为事后市场的形成（ex－post market making）。值得注意的是，在事后市场形成的过程中，技术发展与支付报酬这两个环节脱钩了，利用今天的专利诉讼补偿过去的技术贡献，无疑是对于专利的创造性使用。

□ 专利组合

与此同时，围绕专利的交易和市场变得更加复杂，我们不再以单一专利作为交易对象，而是更关注专利组合。通常情况下，公司会以持有覆盖自己产品各个组件的专利为目标，以与竞争对手抗衡。他们频繁地检查自己的专利组合，当发现漏洞时，就会购买专利。反过来讲，对于小公司，如果他们在某个小的领域拥有非常强大的专利组合，可以填补大公司在该领域的空白，就可能被大公司购买。小公司可以通过上述交易获得收入，并用这些收入资助未来的研究。利用专利收入资助未来研究并非新鲜事物，以专利组合作为交易对象是相当新颖的，也是对于专利的创造性使用。

随着手机技术的发展，许多围绕专利组合的交易在2010年前后进行。有一些专利组合规模很小，只有650项专利，还有一些专利组合规模巨大。谷歌收购摩托罗拉即是由专利驱动的并购活动，涉及近25，000项专利权的转移。同时，还有一些传统工业公司（包括通用电气和美国杜邦）通过购买专利组合武装自己。但与谷歌收购摩托罗拉不同，他们是直接买卖专利组合，而不是通过并购的方式。将专利本身作为一种独立的资产进行买卖是直到现代才出现的交易模式，我们称专利买卖市场为二级市场（secondary market），这也是一种对于专利的创造性使用。

此外，还有标准必要专利和专利池机制。在美国专利史早期，授权专利数量合理，许可或转让可以通过面对面谈判实现，相对容易达成。然而，随着专利数量的增长、交易成本激增，当不同的公司对同一产品或技术皆有所贡献时，就需要相对复杂的交易机制来处理交易成本的问题。标准必要专利和专利池就是这样的机制，也是对于专利的创造性使用。

□ 专利巨魔

授权专利数量的增长还导致了专利巨魔的出现。当授权专利数量增加，从概率上说，诉讼数量会随之增加。自 20 世纪 90 年代开始，美国的一系列有关专利的政策皆围绕着如何处理和限制过度的专利诉讼展开，我们称之为专利巨魔（patent troll）。然而，历史告诉我们，专利巨魔并非新鲜事物，我们在不同的历史阶段都处理过过度诉讼的问题，解决方案也与今天类似。

有一种对于专利的创造性使用，即以对抗专利巨魔为目标，更具防御意味。现在出现了很多不同的商业实体，旨在帮助大公司免受专利巨魔诉讼的困扰。例如，RPX 公司试图抢在专利巨魔之前买下特定的专利；Lot Network 组织要求所有成员在出售专利时附加条件——如果专利巨魔最终获得了该专利并向组织中任何成员主张权利，这一专利将被免费许可给所有成员。倒推 30 年，这些商业模式无法想象，但它们的确是一种对于专利的创造性使用。

■ 结 语

美国专利制度已经运行了 200 多年，从最简单的农业和工业设备发展到异常复杂的诸如手机和自动驾驶之类的技术。商人使用专利的方式也发生了翻天覆地的变化，包括事后市场、专利池、标准必要专利、专利驱动的收购等。然而，与技术和商业活动的变化相比，专利制度“政府授权给发明人”的基本概念从未发生改变，仍然在为国家创新体系做出自己的贡献。

对于中国而言，美国专利历史传递出怎样的经验？那就是要保持专利体系的低准入门槛，同时尽量减少拖累整个体系的专利巨魔诉讼和寻租。中国的经济发展正处于一个激动人心的时刻，从重工业和大宗商品制造业向高端技术产业转型，如果可以保持专利体系的可用性并控制寻租，就会出现意想不到的技术和利用专利技术的新商业模式。

评议交流环节

边仁君｜北京大学法学院助理教授

Merges教授提到了专利只是国家创新体系的一部分。同时，在不同的历史时期，主导的技术不同，专利制度所发挥的作用也不尽相同。学术界一直存在这样一种声音，即对不同的技术制定不同的规则，如对生物医药技术进行强专利保护，对计算机软件技术进行弱保护甚至不保护，将激励留给市场。从实证的角度来说，是否不同的历史时期、不同的主导技术、不同的专利保护反而可以支持上述观点？

Robert P. Merges

我认为如果制定太多迎合特定技术行业的规则，最终会扼杀专利制度的灵活性和去中心化的创新。我们的专利体系一直向前发展的主要原因就是保持结构的简单。当然，生物医药和信息技术的确非常不同，专利制度有可能在未来的某一天被撕裂。尤其是在美国，英特尔、谷歌、强生、礼来等企业都非常强硬，让他们针对特定问题达成一致将非常困难。

李明德｜中国社会科学院法学所研究员

Merges教授关注历史，我相信历史总能给我们智慧。我也很赞同他从20世纪80年代划分现代时期的做法。20世纪80年代是一个非常富有成效的年代，知识产权制度为美国经济和社会发展做出了诸多贡献。关于您的演讲，我有四点评论：(1)从历史的角度出发，包括版权和专利在内的知识产权制度是市场经济的产物。反观中国，我们补贴专利申请、降低申请费和年费，是否符合市场经济的规律？(2)我们应当借助历史明确知识产权保护的对象。在过去300多年的时间里，知识产权保护的是人类的发明和作品。然而近年来，许多中国学者对人工智能产物感兴趣，我比较怀疑其中的意义。(3)您提到是政府授予了专利权，这是十分重要的。专利应当授予新的发明，而不是为了授权而授权。(4)您强调专利只是国家创新体系的一部分。但在中国，尤其是知识产权领域的专家和学者,他们认为知识产权是关键问题,从而扩大了知识产权的角色。因此,正视知识产权的角色和功能,对中国非常重要。

我的问题是您是如何看待诸如计算机软件和人工智能之类的软技术(soft technology)的?

Robert P. Merges

人工智能是一个有趣的领域,美国加州大学伯克利分校正在围绕着人工智能、专利法和发明主体等问题展开相关研究。我认为大多数人工智能最终会成为非常有用的工具,不太担心人工智能会成为独立发明人。至于您提到的另一个问题——政府授权,我接下来的研究就是思考专利权是如何融入私法的,这是一个好问题。

崔国斌 | 清华大学法学院教授

我十分期待您的新书,它非常有趣。您谈到的三个主题都十分重要,我将逐一评论。首先,您强调专利法是国家创新体系的一部分。但在中国,在一些关键行业,中国政府和人民可能更相信集中统筹和补贴制度。冯象教授写过一篇文章,题目很有趣,叫《知识产权的终结》。他的观点是,随着互联网的兴起,外包越发普遍,知识产权维权将变得非常困难。我认为,我们需要更多的工作来弄清楚知识产权制度尤其是专利制度是否真的有助于激励创新。您如何看待专利制度的正当性问题?

其次,您列举了各种创造性地使用专利的方式。一是区域特许经营,这在中国十分普遍,但常常是通过许可而非转让。同时,权利穷竭也在发挥作用,产品一旦售出,第三方就可以自由地进行区域转移。二是部分专利的转让,这是否是一种专利证券化?在中国,一些商业人士在研究这种模式,但还不是很成功,最大的问题可能是权利的可靠性和稳定性。

最后,您提到了去中心化的创新,认为让更多的人成为创新者会促进技术的进步。但是,去中心化也会导致很多问题,如专利的增殖(proliferation)、技术碎片化、交易成本升高和过度诉讼。虽然美国已经发展出了一些新的商业模式以应对上述问题,如 RPX 公司和 Lot Network 组织,但我们依然无法得出上述负面效应已经得到有效控制的结论。当我们为了解决一类问题创设了中介机构,这些中介机构本身也可能带来新的问题,将商业活动置于新的力量的控制之下。所以我想请问,您认为我们是否已经解决了这类问题,还是刚刚着手解决?另一个问题是,当您回顾历史,尤其是重要判例时,如何看待美国联邦最高法院的表现?

Robert P. Merges

关于第一个知识产权正当性的问题,我之前写过一本书试图回答。在这本新书里,我希望从更实证的角度切入,不讨论是否会建立专利体系,而是当我们有了专利体系之后,人们会利用这个体系做些什么。我们可以从历史中发现一些有助于论证规范问题的事件,也会发现一些相反的事件,很难从纯粹实证的视角下得出规范问题的结论,所以我没有进行这样的尝试。

第二个关于商业模式的问题。关于区域性的专利权,我认为这是转让而不是许可的结果。因为区域专利权人无须原权利人的同意即可提起诉讼,被许可人却不行。关于证券化,这是一个棘手的问题,现在在版权音乐领域相对比较成熟,那是因为音乐领域的收入流非常稳定且可预期。但对于专利组合而言,收入流非常不稳定,很多因素都会影响专利组合的价值,如事后无效或更有竞争力的技术的出现等。

对于美国最高法院过去的表现,我会说,取决于年份和案件。从历史上看,他们通常意识到自己并非相关领域的专家而十分谨慎,尽量不去破坏一个没有深入了解的体系。然而,在类似于 Myriad 的案件中,他们以一份判决使上千个专利变得无效,打破了一贯谨慎的传统。作为研究经济的学者,面对如此大胆的、以一种强烈的意识形态行事的法院,我十分害怕。强烈、教条的意识形态偏见,无论方向如何,都是事实和实证数据的敌人。

杨明 | 北京大学法学院长聘副教授

我非常赞同 Merges 教授的研究方法,我在教学和科研中也运用了这些方法。您今天的讲座给了我很多启发,我想谈谈我的三点感受。

第一,从商业和经济的角度梳理制度发展的历史非常重要。制度发展的背后是产业和经济的发展,我相信您的新书可以帮助我们了解当今专利制度的来龙去脉,并为未来法律的修改提供启发。

第二,知识产权法尤其是专利法与市场和商业的关系非常紧密,具体的法律规则对相关主体的行为选择具有重要的指导作用。因此,无论是司法判决还是法学研究,都应该进行动态而非静态分析。近年来,关于标准必要专利、专利非实施主体、反垄断监管等问题的司法实践和学术研究充分证明了这一点。

第三,专利集中,包括专利组合、专利巨魔和标准必要专利在内,都是产业发展、标准化、公司化和资本化的必然结果。当然,在很多情况下,专利集中会带来效率和社会整体福利的损失,但并非总是如此。因此,如何识别损害市场竞争和创新甚至损害社会整体福利的市场策略非常重要。我个人认为,从商业和经济的角度出发思考问题将为识别上述主体和行为提供有意义的指导和帮助。

您还提到了诸如 Lot Network 组织一类的平台是解决专利实施问题的一种有效的组织形式,但是,他们也可能成为最大的专利巨魔。对于创新和专利实施之间的冲突,我们是否不得不依靠反垄断法,甚至政府直接的干预?

Robert P. Merges

当我们面对专利集中的负面影响时,第一道防线仍然是在单个专利的层面上,高质量的专利审查和无效机制无疑是对抗经济权力过度集中的最好措施之一。如果这道防线成功了,便无须后续的监督和监管。当然,即使进行高质量的专利审查,也有可能出现大量专利集中在一个公司手中的情况,但这是合法权利的集合。

考虑到私人交易的价值,在涉及专利的问题上,不要过快地援引和信任竞争法,这是来自历史的教训。我们在反垄断执法盛行的时期过度敌视专利和许可,对有益的、不会伤害消费者的专利许可进行了谴责。在诸如莫顿盐业(Morton Salt)之类耳熟能详的案例中,反垄断执法在破坏合同、中断私人交易方面干预过多,而这些私人交易实际上是无害的甚至有益的。我一直在思考,为什么我们总是怀疑私法的价值,怀疑权利人和被许可人之间的私人交易?然而,当有人用专利来成立一个卡特尔、维持寡头垄断或进行明确的价格绑定或市场分割时,反垄断法应当介入。但是,专利集中本身不应当成为反垄断干预的理由。关键问题始终是:存在多大的市场影响力?市场地位是否被滥用了?如果有人持有高质量的专利组合,但不将其用于市场协调,不伤害消费者,我认为这是合法的专利组合。因此,在专利案件中展开反垄断调查存在风险,即被被控侵权者利用的风险。

当前，在标准必要专利领域需要更加小心。这些制度并非总是负担，尤其是在您所说的动态分析的视角下。现在的中国公司可能多是被许可方，但他们不可能永远是被许可方。华为是5G技术的主要领导者，已经加入了一些专利池，小米也加入了一些专利池。如果现在攻击这些制度以摆脱付许可费的业务，未来就无法从中盈利。试想，在中美贸易摩擦的影响下，华为的产品不得进入美国市场，但他们依然可以通过在美国的专利来获得一些收入，间接参与美国市场。因此，我们不能忘记自己在未来将成为许可人，我们的目标应该是更多地参与这些制度。

总而言之，大量的专利的确带来了异常复杂的交易格局。但到目前为止，针对交易瓶颈的私人解决方案已经足以克服碎片化的问题。这场战斗是在两条战线上进行的：一是在授权阶段，不能让专利过于细碎；二是在维权阶段，这种私人交易机制可能像服务于其他国家的企业一样服务于中国公司的利益。

提问环节

提问一

从经济学的角度入手，应该如何评估专利的价值？

Robert P. Merges

这是一个好问题，也是一个复杂的问题。在商人的世界里，他们总是从如何利用专利来发展商业角度入手思考问题，答案也因人而异。但一般而言，评估专利价值的最好方法是专利技术与次优选择相比的贡献，即边际贡献。如果我不能使用这个专利技术，次优选择是什么？如果选择该专利技术，能带来多少额外的利润？从商业的角度看，是否应该为额外的利润支付使用费？一言以蔽之，专利的价值即该专利技术在绝对的竞争性价格之上能够提供的额外利润。

但是，计算专利基础提供的额外利润的方法成千上万，这在有关标准必要专利诉讼和侵权赔偿的讨论中得到了充分的体现。最方便和快速的方法即计算专利数量，尤其适用于专利质量较低的情况。稍微精细的方法包括联合分析的统计方法等。例如，如果需要评估手机上一个功能组件的价值，我们可能可以收集具备和不具备该功能组件的手机的销售数据。但这种方法依然粗糙，专利估值还有很大的发展空间，希望同学们未来可以在这一领域有所贡献。

［本讲座中文内容以 Robert P. Merges 教授所作的“北大法学院全球教席云课堂”讲座“美国专利法的商业和经济史”（2022 年 7 月 2 日）为基础进行整理。北京大学法学院 2021 级法律硕士研究生孙玮蔓、2021 级法学硕士研究生张文嘉参与翻译整理，北京大学法学院助理教授边仁君审定。］